阅读推广

阅　读　推　广　丛　书

中国图书馆学会阅读推广委员会　编

城市阅读品牌构建与创新

——“鸿雁悦读”计划

张浩如　刘锦山　主编

国家图书馆出版社

图书在版编目（CIP）数据

城市阅读品牌构建与创新 ：“鸿雁悦读”计划 / 张浩如，刘锦山主编． — 北京 ：国家图书馆出版社，2021.12
（阅读推广丛书）

ISBN 978-7-5013-7383-3

Ⅰ.①城… Ⅱ.①张… ②刘… Ⅲ.①读书活动－研究－中国 Ⅳ.①G252.17

中国版本图书馆 CIP 数据核字（2021）第 225741 号

书　　名　城市阅读品牌构建与创新——“鸿雁悦读”计划
著　　者　张浩如　刘锦山　主编
丛 书 名　阅读推广丛书
责任编辑　王炳乾
封面设计　程言工作室

出版发行　国家图书馆出版社（北京市西城区文津街 7 号　100034）
（原书目文献出版社　北京图书馆出版社）
010-66114536　63802249　nlcpress@nlc.cn（邮购）
网　　址　http://www.nlcpress.com
排　　版　北京旅教文化传播有限公司
印　　装　河北鲁汇荣彩印刷有限公司
版次印次　2021 年 12 月第 1 版　2021 年 12 月第 1 次印刷

开　　本　710mm×1000mm　1/16
印　　张　20.5
字　　数　400 千字
书　　号　ISBN 978-7-5013-7383-3
定　　价　99.00 元

本书编委会

主任： 兰　毅

主编： 张浩如　刘锦山

编委： 兰　毅　张浩如　刘锦山　陶明杰
娜　敏　张　英　刘锦秀　邢小兰
刘剑英　卜险峰　刘　燕　满　达
陈　荣　渠浩鹏　钟　声　敖嘉璐
马晓艳　潘　磊　王　宇　刘　聪
翟凤飞　刘　敏

“鸿雁悦读”：公共文化服务的“中国创新”

（代序）

党的十八大以来，我国的公共文化服务体系建设纳入“五位一体”总体布局和“四个全面”战略布局，呈现出整体推进、重点突破、全面提升、快速发展的局面。2015 年初，中共中央办公厅、国务院办公厅印发《关于加快构建现代公共文化服务体系的意见》，对新时期构建现代公共文化服务体系做出顶层设计，提出到 2020 年基本建成覆盖城乡、便捷高效、保基本、促公平的现代公共文化服务体系的目标任务。如今，我国覆盖城乡的公共文化服务体系基本建成，公共文化服务效能明显提高，人民群众的文化获得感显著增强。伴随着第二个百年征程的起航，推动高质量发展已经成为新时期公共文化服务体系建设的主旋律。

回顾 21 世纪以来我国大力推进公共文化服务体系建设的历程，启动于 2011 年的国家公共文化服务体系示范区（项目）创建经过持续十年连续四批建设，推出了 120 多个率先实践、引领发展的示范城市（区），催生了一大批堪称公共文化服务“中国创造”的创新做法和经验。内蒙古自治区呼和浩特市在 2015—2018 年间成功建成第三批国家公共文化服务体系示范区，创建过程中创造的“鸿雁悦读”，成为享誉全国的公共文化服务中公共阅读体系建设的创新品牌。

鸿雁，既是一个特色鲜明的地域符号，同时也蕴含着鸿雁翱翔，书香遍洒北疆大地的期许。变“阅读”为“悦读”，则昭示了呼和浩特以“大阅读”的现代理念，创造贴近生活、融入大众、创新方式、提升品质的公共阅读体系的宗旨。“鸿雁悦读”从初创到今天，逐步形成了一系列具有时代特色的创新元素：新型阅读空间的打造、公共阅读设施的快速布局、以“你荐书，我买单”为代表的资源建设革命性变化、互联网与全民阅读的深度融合、社会力量全面参与全民阅读新渠道的开辟、公共文化服务与文化产业的协同推进，等等。概括地讲，“鸿雁悦读”的创新特色和引领示范价值集中体现在以下四个方面：一是开辟了政府主导全社会参与构建公共阅读服务体系的新渠道。呼和浩特市委市政府实施了一系列鼓励、调动社会力量参与“鸿雁悦读”的政策措施，激发了全社会投身公共文化服务体系建设的生机与活力，一大批社会力量参与到“鸿雁悦读”的设施建设、服务提供中来，典型的如大规模的“馆店合作”，一个覆盖呼和浩特城乡、满足老百姓多样化需求的公共阅读服务体系快速构建起来。二是打造了一大批高品质的公共阅读新空间。适应人民美好生活的新期待，“鸿雁悦读”在实施过程中新建、改建、扩建了一大批公共阅读设施，并且着力在设施布局优化、功能创意性设计、空间品质化提升、服务多样化融合等方面下功夫上档次，彻底改变了基层阅读设施“灰头土脸”的形象，“鸿雁悦读”空间成为老百姓身边舒适化、品质化、便捷化的阅读和活动场所，成为呼和浩特一道亮丽的城市风景线。三是应用了一整套与互联网紧密结合、线上线下有机融合的服务方式。如依托互联网的预约和借阅、阅读活动的互联网直播、线上线下相结合的阅读分享等，“互联网+”有效扩大了全民阅读的覆盖面，提升了实效性。四是创造了公共图书馆与经营性文化单位融合发展、合作共赢的模式。“你荐书，我买单”将书商、书店和公共图书馆紧密连接在一起，不同的行业目标和共同的社会责任实现了有机统一，一方面变革了几百年来公共图书馆资源采购的体制和机制，让以人民为中心的思想在公共阅读资源建设上得以真正落实，同时也推动了公共文化服务与文化产业的融合发展，有效带动了文化消费。

发端于呼和浩特的“鸿雁悦读”目前在内蒙古已经呈现出万紫千红春满园的景象。2018 年以来，“鸿雁悦读”计划在全自治区推广，同时也成为“呼包鄂乌”区域协同发展格局中公共文化服务一体化建设的重点项目。在“鸿雁悦读”的带动下，整个内蒙古的全民阅读跃上了一个新台阶，充分体现了呼和浩特市作为国家公共文化服务体系示范区所发挥的引领示范作用。“鸿雁悦读”创造的做法和经验，放到全国范围看，也具有普遍的适用性，称得上是解决公共阅读均衡、高质量发展的“中国方案”，是公共文化服务的“中国创新”。

由张浩如和刘锦山先生主编的这本《城市阅读品牌构建与创新——“鸿雁悦读”计划》，以城市阅读品牌构建与创新为背景，分析了“鸿雁悦读”的产生背景，阐述了“鸿雁悦读”的理论基因，介绍了“鸿雁悦读”的主要做法，提炼了“鸿雁悦读”的创新经验，展望了“鸿雁悦读”的未来发展，同时还选列了“鸿雁悦读”推进进程中涌现出的典型案例，对“鸿雁悦读”做出了全景式、立体式描述。张浩如先生和刘锦山先生的联手，是“鸿雁悦读”的设计者、操盘手和研究者、传播者的结合，由他们带领研究团队编写的这部书的内容，有实践感悟，有理论升华，有未来展望，有学者情怀，相信是人们全面系统准确地了解“鸿雁悦读”的第一手资料，也会对我国公共文化服务高质量发展阶段进一步提升公共阅读水平起到很好的参考借鉴作用。

北京大学教授、博士生导师
北京大学国家现代公共文化研究中心主任
国家文化和旅游公共服务专家委员会首席专家
李国新
2021 年 11 月 21 日

目　录

前 言

十八大以来，党中央始终把发展公共文化服务摆在重要位置。2015 年初，中办、国办印发《关于加快构建现代公共文化服务体系的意见》，对构建现代公共文化服务体系做出全面部署，提出到 2020 年基本建成覆盖城乡、便捷高效、保基本、促公平的现代公共文化服务体系的目标。习近平总书记指出："要大力繁荣发展文化事业，以基层特别是农村为重点，深入实施重点文化惠民工程，进一步提高公共文化服务能力，促进基本公共文化服务标准化、均等化。"推进革命老区、民族地区、边疆地区、贫困地区公共文化建设实现跨越式发展，实现基本公共文化服务的标准化、均等化成为"十三五"时期我国现代公共文化服务体系建设的主攻方向。

"十二五"期间，虽然我国公共文化服务体系建设成效显著，覆盖城乡的公共文化服务设施网络基本建立，公共文化服务效能明显提高，但依然存在着一些问题：城乡区域间资源配置不均衡，基层设施不足和利用不够并存；人才短缺严重，服务水平差异较大，公共文化服务尚未有效惠及全部流动人口和困难群体；公共文化服务体制机制创新滞后，社会力量参与不足。2011 年，为探索如何形成网络健全、结构合理、发展均衡、运行有效、惠及全民的公共文化服务体系，进一步推动公共文化服务广覆盖、高效能，为构建基本完善的公共文化服务体系提供实践示范和制度建设经验，文化部、财政部启动了国家公共文化服务体系示范区（项目）创建工作，在全国东、中、西部创建、培育一批具有创新性、带动性、导向性、科学性的公共文化服务示范区（项目）。2013 年，随着第一批国家公共文化服务体系示范区（项目）的验收，在示范区（项目）创建过程中涌现的诸多新做法、新典型、新经验不仅对其他地区起到了很好的示范作用，也掀起了全国各地争创公共文化服务体系示范区的热潮。

呼和浩特地区公共文化服务体系存在的问题，既有和其他地区一样的共性问题，也有因当地经济、文化和地理因素而形成的个性问题。呼和浩特市地处黄河上游敕勒川草原附近，作为内蒙古自治区首府，是自治区的政治、经济和文化中心，是一个地域广阔、历史悠久、文化多样的地区，下辖新城区、回民区、玉泉区、赛罕区市内四区及土默特左旗、托克托县、和林格尔县、清水河县、武川县五个旗县。虽然近年来呼和浩特市城镇化水平稳步提高，但依然有众多农牧民生活在十分广阔的农牧区。根据人口统计数据，目前近八成的人生活在占全市总面积不到两成的城镇中，而另外八成以上的广袤土地上居住着仅两成多的农牧民。要在这样一个地广人稀、人口分布极度不均、文化多样的民族地区实现公共文化服务的标准化和均等化，呼和浩特市面临着严峻考验。2014 年，呼和浩特市成立工作组，开始筹备示范区创建工作，2015 年 7 月被文化部、财政部列入第三批创建国家公共文化服务体系示范区名单（全国 30 个城市，其中西部地区共 12 个），进入全面创建阶段。2019 年 2 月，文化和旅游部、财政部最终公布“第三批国家公共文化服务体系示范区（项目）名单”，呼和浩特市成功入选第三批国家公共文化服务体系示范区。示范区创建以来，在文化和旅游部、自治区文化厅的正确领导和大力支持下，呼和浩特市严格按照创建指标开展创建工作，以设施全覆盖为基础、路径标准化为遵循、服务均等化为目标，不断完善文化阵地、增强文化供给、改进服务方式，有效保障了群众基本文化权益。

示范区的创建过程，是一个发现问题、解决问题并不断学习和创新的过程，也是一个补短板、保基本、保公平、提效能、促进公共文化服务体系高质量发展的过程。借鉴和学习其他地区的先进经验和做法，调查和研究呼和浩特的实际情况和群众需求，呼和浩特市在示范区创建过程中，以政府主导、多方参与为抓手，采取推进基本公共文化服务制度建设、强化公共文化服务主体单元建设、强化公共文化服务基础设施建设、加强公共文化服务人才队伍建设、跨界融合快速推进服务体系建设、创新供给载体大力开展文化活动、依托现代科技大力提升服务效能等七大举措，着力创新、打造了具有地方特色又具有一般指导意义的公共文化服务体系建设模式——呼和浩特模式。“鸿雁悦读”计划作为呼和浩特模式品牌体系中的核心品牌在整个示范区创建过程中发挥了重要的示范和引领作用：有效解决了群众阅读的最后一公里问题，实现了城乡公共文化服务的均等化、标准化；激发了全市社会力量参与公共文化服务建设的热情；为文化馆、博物馆等公共文化服务机构的服务质量提高提供了参考和借鉴；为整个自治区乃至民族地区的公共文化服务体系高质量发展起到了很好的示范作用。应该说，对于呼和浩特市公共文化服务体系示范区的成功创建以及呼和浩特模式的形成，“鸿雁悦读”计划功不可没。

“鸿雁悦读”计划是呼和浩特市文化旅游广电局在内蒙古自治区党委宣传部支持下，指导呼和浩特市图书馆推出的公共文化服务创新品牌项目。“鸿雁悦读”计划的成功，离不开党和国家对公共文化事业的高度重视，离不开文化和旅游部、中共内蒙古自治区委员会宣传部、内蒙古自治区文化和旅游厅、呼和浩特市委市政府、呼和浩特市文化旅游广电局的正确领导和大力支持。“鸿雁悦读”计划酝酿之初，2017 年 1 月 1 日，《中华人民共和国公共文化服务保障法》正式实施；“鸿雁悦读”计划刚刚启动不久，2018 年 1 月 1 日，《中华人民共和国公共图书馆法》正式实施。一系列公共文化服务相关政策的出台使“鸿雁悦读”计划有了顶层的法律保障。2018 年 1 月，文化部简报以《“鸿雁悦读”打通公共文化服务最后一公里》为题，介绍了“鸿雁悦读”计划。2018 年 12 月 25 日，中共内蒙古自治区委员会宣传部、内蒙古自治区文化和旅游厅、内蒙古自治区广播电视局联合印发《内蒙古自治区“鸿雁悦读”三年行动计划（2018—2020 年）》，在全区推广“鸿雁悦读”计划；2019 年 7 月，“鸿雁悦读”计划入选中组部组织编选的《贯彻落实习近平新时代中国特色社会主义思想、在改革发展稳定中攻坚克难案例》丛书，被列为示范案例在全国推广其经验。这既是对“鸿雁悦读”计划的肯定，也是对呼和浩特市公共文化服务体系未来发展的鞭策和鼓舞，唯有不断前进、不断创新，“鸿雁悦读”才能走得更远，飞得更高！

“鸿雁悦读”计划的成功，也离不开全市城乡广大的基层文化工作者，尤其是基层图书馆的工作者，他们始终奋斗在服务一线，发扬蒙古马精神，热心服务群众，默默奉献，不计辛劳，为“鸿雁悦读”计划在基层的实施和推广做出了重要贡献。

本书系统总结和提炼了“鸿雁悦读”计划的成功经验，旨在为构建现代公共文化服务体系提供示范和借鉴，为形成现代公共文化服务的“中国经验”“中国模式”“中国道路”贡献具有鲜明时代特色的地方实践样本。本书共分五个部分：

第一章绪论部分阐述了高质量发展与城市阅读品牌建设的关系，并总结和梳理了我国城市阅读品牌建设实践与理论研究的现状。

第二章城市阅读品牌构建与创新部分从定位策划、标识设计、组织运营、宣传推广、持续发展几个方面论述了城市阅读品牌构建、创新与可持续发展路径。

第三部分系统而全面地介绍了呼和浩特市“鸿雁悦读”计划的建设背景、核心理念、构建运营、创新经验和未来展望。其中构建运营部分从制度设计、供给主体、内容建设、平台建设、标准建设、体系建设、效能建设、营销推广等八个方面介绍了“鸿雁悦读”计划品牌构建的主要做法，对于想参考“鸿雁悦读”做法的图书馆来说，这部分内容可谓详实具体，可操作性强。

第四部分是“鸿雁悦读”计划典型案例的介绍，具体展示了“鸿雁悦读”计划实施过程中，典型阅读推广活动、服务方式、鸿雁书房建设的情况，是从微观层面对“鸿雁悦读”计划更为详尽的展示。

第五章则总结和分析了城市阅读品牌未来的发展趋势。

此外，本书附录部分的“鸿雁悦读”计划入选中组部案例文本、“鸿雁悦读”体系建设与服务规范、“鸿雁悦读”项目宣传片脚本、“鸿雁悦读”计划国际图书馆界奖项申报文本以及自治区和呼和浩特市相关政策文件，也值得借鉴。

2021 年是“十四五”开局之年，也是开启全面建设社会主义现代化国家新征程、向第二个百年奋斗目标进军的关键之年。希望“鸿雁悦读”计划的探索和经验可以为推进革命老区、民族地区、边疆地区、贫困地区公共文化建设实现跨越式发展提供有益借鉴，并对我国其他地区公共文化服务体系的标准化、均等化和高质量发展发挥积极的示范作用。

在本书的编写过程中，我们得到了相关专家、领导以及图书馆界同人的热情支持和帮助，在此对大家的支持和帮助表示衷心的感谢！

张浩如

2021 年 11 月 18 日

第一章　绪论

一、高质量发展与城市阅读品牌建设

1. 高质量发展中的公共文化服务建设

高质量发展是2017年党的第十九次全国代表大会首次提出的新表述，表明中国经济由高速增长阶段转向高质量发展阶段。党的十九大报告指出，我国经济正处在转变发展方式、优化经济结构、转换增长动力的攻关期，已由高速增长阶段转向高质量发展阶段，必须坚持质量第一、效益优先，以供给侧结构性改革为主线，推动经济发展质量变革、效率变革、动力变革，不断增强我国经济创新力和竞争力。同时，中国特色社会主义已进入新时代，我国社会主要矛盾已经转化为“人民日益增长的美好生活需要和不平衡不充分的发展之间的矛盾”。高质量发展，是能够很好地满足人民日益增长的美好生活需要的发展。改革开放以来，随着我国经济社会的发展，人民美好生活的需要日益广泛，不仅对物质生活和文化生活提出了更高的要求，而且在民主、法治、公平、正义、安全、环境等方面的要求也日益增长。党的十九大在全面总结经验、深入分析形势的基础上，从经济、政治、文化、社会、生态文明五个方面，制定了新时代统筹推进“五位一体”总体布局的战略目标。习近平总书记2020年9月22日在教育文化卫生体育领域专家代表座谈会上的讲话中强调：统筹推进“五位一体”总体布局、协调推进“四个全面”战略布局，文化是重要内容；推动高质量发展，文化是重要支点；满足人民日益增长的美好生活需要，文化是重要因素；战胜前进道路上的各种风险挑战，文化是重要力量源泉。

中国特色社会主义不仅要满足人民的物质生活需求，而且要最大限度地满足人民的文化生活需求。改革开放以来，随着人们物质生活的极大改善，文化生活需求的范围进一步扩大，质量也进一步提高，满足人民日益增长的文化生活需要成为美好生活不可或缺的重要组成部分，文化建设的高质量发展也成为极为重要的时代课题。而衡量文化发展的质量和水平，主要看能不能提供更多既能满足人民文化需求，又能增强人民精神力量的文化产品。当前，我国文化需求和文化供给之间的结构性矛盾比较突出，虽然“缺不缺、够不够”的问题总体上得到解决，但“好不好、精不精”问题越来越凸显，高水平公共文化服务还相对缺乏。2021 年 3 月，文化和旅游部、国家发展改革委、财政部三部委联合印发《关于推动公共文化服务高质量发展的意见》，明确了坚持正确导向，推动品质发展；坚持统筹建设，推动均衡发展；坚持深化改革，推动开放发展；坚持共建共享，推动融合发展的公共文化服务高质量发展原则；围绕公共文化服务发展中的重点领域和关键环节，提出了新发展阶段公共文化服务高质量发展的目标和主要任务，为当前和今后一个时期公共文化服务工作提供了政策依据，也为新时期我国公共文化服务高质量发展构画出了总体蓝图和行动指南[①]。

坚持正确导向，就是要坚持以人民为中心，以社会主义核心价值观为引领，以高质量发展为主题，牢牢把握社会主义先进文化前进方向；强化政治引领，提升人民文明素质，切实承担起举旗帜、聚民心、育新人、兴文化、展形象的使命任务。这是公共文化服务高质量发展的核心理念所在。推动品质发展，是公共文化服务高质量发展的主要特征，通过深化公共文化服务供给侧结构性改革，完善制度建设，强化创新驱动，努力推动文化治理体系和治理能力现代化，为人民群众提供更高质量、更有效率、更加公平、更可持续的公共文化服务。坚持深化改革，推动开放发展是公共文化服务高质量发展的基本保障。只有扩大社会参与，有效调动和汇聚多方力量，才能形成开放多元、充满活力的公共文化服务供给体系。坚持共建共享，推动融合发展，促进公共文化服务与科技、旅游相融合，文化事业、产业相融合，则为公共文化服务的高质量发展提供了全新动能和无限可能。

2. 阅读推广的高质量发展与城市阅读品牌建设

大力推进全民阅读，树立阅读品牌，提升公共文化服务水平，为百姓提供丰富的精神食粮，提升人民群众美好生活的获得感，是新时期公共文化服务高质量发展的重要内容。2021 年 6 月，文化和旅游部印发的《“十四五”公共文化服务体系建设规划》中强调，要树立“大阅读”“悦读”等现代理念，创新

① 文化和旅游部，国家发展改革委，财政部. 文化和旅游部 国家发展改革委 财政部关于推动公共文化服务高质量发展的意见[EB/OL].[2021-10-21]. http://www.gov.cn/zhengce/zhengceku/2021-03/23/content_5595153.htm.

活动方式，培育一批具有时代感的城乡阅读品牌。

在经济领域，品牌是用于识别产品（品类）的代码、记号，是品牌拥有者的产品、服务或其他优于竞争对手的优势能为目标受众带去同等或高于竞争对手的价值，是质量、技术、信誉和文化的重要载体。品牌的本质和基础就是产品质量，是企业、产品或服务的质量和信誉的保证，能够给企业和社会带来较高的经济利益和社会效益。品牌化意味着品牌需要不断向消费者传达“特色化的产品和服务”的信息，从而吸引消费者的注意力并增加消费者对产品或服务价值的认同感①。品牌建设，已经成为企业生存与发展的重要因素，是企业竞争力的重要价值体现，也是国家经济高质量发展的具体体现。在文化领域，由于文化本身的复杂与多元性，文化产品品牌与实体的产品品牌相比，则包含有更丰富的精神元素。其蕴含的价值理念、情感表达、审美品位、生活情趣、个性修养等精神元素，能带给消费者高层次的情感体验，从而触动消费者的内心，激发他们对品牌的认同，是文化高质量发展的具体体现。

城市阅读品牌作为文化品牌的一种，是明显区别于城市其他阅读推广活动、具有个性化和特色化的城市阅读组织行动。与实体产品的品牌不同，城市阅读品牌建设的目标是通过不断向其目标受众传达品牌所承载的文化意蕴，并通过相应的服务引荐读者阅读，鼓励和激励读者的阅读行为，最终达到宣传和推广所有阅读行为的目的。也就是说，城市阅读品牌建设不具有排他性，在突出品牌阅读活动的同时，积极鼓励和宣传其他阅读行为和活动。好的阅读品牌不仅在时间上有较强的持续性，在空间上其影响力可由一地向多地延伸，不仅能加深阅读推广活动的深度，还能将阅读推广的效果向更大范围拓展，从而提高阅读推广的质量和社会效益，是阅读推广高质量发展的重要途径，对推动群众广泛参与公共文化活动，提高公共文化服务影响力和吸引力有着重要作用。

过去的几十年，国外很多好的阅读品牌的建设和推广对当地乃至整个国家、区域和全球的阅读推广产生了重要影响，深刻地说明了阅读品牌建设的重要性。例如，1998 年美国西雅图发起“如果全西雅图人共读一本书”活动，通过动员西雅图各地图书馆和读书会全力推荐一本书，并配合讨论会、讲座、征文等活动来提高公民的阅读兴趣。活动引起强烈反响，美国及全世界多个城市

① 李娜娜，肖先沛.社会力量参与城市阅读空间品牌化研究——以郑州市高新区为例[J].图书馆，2021(8):57-63.

竞相效仿，即每一个城市选择和本地区相关的一位作家或一部作品，组织作品重温、作家探访等活动，最终这一活动发展成为以城市名字命名的“一书一城”的阅读推广品牌，如“一书一芝加哥”“一书一温哥华”等，进而延伸到加拿大、英国、法国、澳大利亚、荷兰、韩国、新加坡等世界各地的许多城市。截至 2012 年 9 月，美国共有 36 个州的 500 多个城镇开展“一城一书”活动[①]。“一城一书”活动的成功很重要的原因是因为其强烈的品牌意识，该活动不仅有专门的名称和标识，每个城市都制定了明确的品牌目标，例如加利福尼亚州帕萨迪纳市的“一城一书”活动目标为“扩大和加深对阅读的欣赏，使朋友、家人和邻居在阅读同一本书时分享他们的经验；让社区参与对话，并通过促进对不同观点的学习和理解，将帕萨迪纳市民团结在一起”。“一城一书”活动还具有丰富的品牌内涵，即通过市民共读一本书，将整个城市变为一个大读书会，从而实现信息和精神的交流乃至价值观共塑。在活动策划开展中，注重活动的覆盖面和影响力，每期活动持续半年到 1 年，每年持续开展；注重活动形式的不断创新和宣传报道，使得该活动成为美国最具影响力的阅读推广品牌[②]。

成立于 1992 年的英国儿童阅读推广项目“阅读起跑线”（Bookstart），由英国图书信托基金会、基层医护服务信托基金会和伯明翰图书馆共同发起，其基础服务内容为面向全英儿童提供免费阅读礼包，目的是让每一个英国儿童从一出生就能接触书籍，参与早期阅读，接受良好教育、享受阅读的乐趣并培养终身阅读的理念。项目初期对 300 个家庭的婴幼儿进行阅读服务的试点研究，通过运用各种途径宣传阅读试点研究成果以及有关早期阅读的好处，成功引起政府关注，到 2000 年已发展成为一个全国范围的儿童阅读推广项目。2004 年，英国政府正式将“阅读起跑线”项目纳入到政府早期教育项目“确保开端”（Surestart）中，成为政府管理和资助体系的一部分。随着该项目在运营中的不断完善和优化，它逐步获得了来自包括图书馆、社区、幼儿园、儿童中心、早教机构、大学等的场地、人力和资金的支持；同时，项目聘请专家团队对阅读活动进行创新设计，服务项目越来越丰富，社会影响力也越来越大，最终发展

---

① 吴彩凤.美国“一城一书”阅读活动的推广实践及思考［J］.图书馆学研究，2013（3）：95-97，91.

② 王小平.中国“扫码看书，百城共读”与美国“一书一城”比较研究［J］.图书馆学研究，2020（12）：82-85.

成为一个为全世界婴幼儿提供免费阅读服务的大型公益项目。到 2021 年，“阅读起跑线”项目已运营 29 年之久，项目覆盖人群范围不断扩大，仅 2016—2017 年间，就为 250 万儿童发放了免费阅读包。通过举办各种阅读活动，“阅读起跑线”项目显著改善了参与家庭对阅读的态度和他们的阅读习惯，提高了儿童的读写能力；同时，该项目的成功运营对英国家庭教育、阅读服务行业、图书馆和书店运营、学校教育等均产生了积极和深远的影响[①]。

德国最初由几家报社发起的“国家大声朗读日”，其目标是提高德国公众的识字和阅读意识，让“国家大声朗读日”成为全国性的灯塔，提醒德国所有公众阅读的重要性。其品牌内涵是没有阅读，就没有教育，没有工作资格，没有经济增长，没有融合，阅读是社会进步的关键。该活动既可在幼儿园、学校、家庭举办，亦可办在商场、咖啡馆、音乐厅等地，深受读者欢迎，参与人数连年增加。2016 年有 13 万读者参加，2017 年第 14 个国家阅读日有超过 17 万人参加，而到了 2018 年 11 月 16 日的第 15 个国家阅读日，约 66 万多人参加了这一活动[②]。目前，“国家大声朗读日”不仅遍及德国，还在德国之外的墨西哥城、悉尼、迪拜和雅加达等城市举行。此外，众多有影响的名人和政治家也参与其中，如知名记者、奥运会冠军、知名演员、喜剧演员、电视节目主持人等，更是增加了这一活动的号召力和影响力[③]。

法国北部诺曼底大区利用许多法国人夏天会选择去海滨度假的机会，于 2005 年推出“沙滩读书”计划，在沙滩上设立沙滩小屋图书馆，每个沙滩小屋的藏书量为 1000 本，开放时间为下午 2 点至晚上 7 点，鼓励人们在度假的同时阅读。沙滩图书馆还有一个贴心安排——会把读者当天没读完的书收起，隔天继续阅读，过后还可以借给其他人。为了兼顾外国游客的需求，还准备了英文、德文、意大利文的图书。这一创新阅读计划深受读者欢迎，从 2005 年的 3 个沙滩小屋发展到 2018 年在诺曼底 12 个度假设施包括以白色悬崖海岸闻名的埃特塔海滩均设立了沙滩小屋，并为海滩读者提供 400 把躺椅。如今，这项创新阅读计划已扩展到法国其他地区，2017 年起法国南部埃罗省也设立了沙滩小

---

① 黄巾. 英国婴幼儿“阅读起跑线”项目研究［D］. 重庆：西南大学，2018.

② EURead. Reading Aloud Day (Germany)[EB/OL].[2021-10-25]. https://www.euread.com/projects/campaigns/national-reading-aloud-day/.

③ EURead. Reading Aloud Day (Germany)[EB/OL].[2021-10-25]. https://www.euread.com/2018/11/16/german-reading-aloud-day/.

屋图书馆[①]。

由国外阅读推广品牌的发展可以看出，一个好的阅读品牌项目的持续运营和不断创新，不仅可以带动一城、多城，甚至可以带动全国乃至世界其他城市的阅读推广活动的蓬勃开展。因此，城市阅读推广活动项目的品牌化是深入推进全民阅读的必由之路，是公共文化高质量发展的重要内容，在新时期非常有必要对城市阅读品牌建设的实践和理论进行梳理、归纳和总结，对优秀案例进行分析和研究，找出适合我国国情的提升城市阅读品牌质量、效能和社会价值的普适规律，探讨政府在优化品牌发展环境、促进品牌推广主体多元化和协作化方面的作用和策略，以及如何通过品牌建设和创新推进构建制度化、体系化的全民阅读体系，为城市文化的高质量发展做出贡献。

二、我国城市阅读品牌建设现状

阅读推广作为公共文化服务的主要内容和重要组成部分，近年来受到我国党和政府的高度重视。早在 2006 年，中宣部、新闻出版总署等 11 个部门就发出《关于开展全民阅读活动的倡议书》，并联合成立了全民阅读组织协调办公室；2000 年，全国知识工程领导小组把每年的 12 月定为“全民读书月”；2016 年，全民阅读被纳入《国民经济和社会发展第十三个五年规划纲要》；2017 年 6 月，《全民阅读促进条例（草案）》正式实施；2020 年，为深入推进全民阅读，中央宣传部印发了《关于促进全民阅读工作的意见》，明确到 2025 年，通过大力推动全民阅读工作，基本形成覆盖城乡的全民阅读推广服务体。2021 年 3 月，中宣部办公厅又印发了《关于做好 2021 年全民阅读工作的通知》，提出了 2021 年全民阅读工作的总体要求，部署了重点工作及组织保障等措施。从 2014 年至 2021 年，“全民阅读”已连续 8 年写入政府工作报告。这一系列规划、条例、措施和意见的发布，意味着全民阅读已上升到了国家政府层面，成为我国的一项国家战略。

从 2006 年 11 个部门发起倡议书到 2021 年的 15 年间，在党和政府的支持下，我国的全民阅读活动开展得如火如荼，既丰富了公共文化服务的内容，又

---

① 赵怡蓁. 法国沙滩推广“图书计划”供游人躺在沙滩椅上看书［EB/OL］.［2021-10-25］. https://baijiahao.baidu.com/s?id=1607575874012294314&wfr=spider&for=pc.

提升了城市文化发展的水平，还间接促进了城市经济的发展。以深圳为例，在其成为经济特区的短短40余年里，不仅创造了举世瞩目的经济奇迹，还实现了文化的崛起：2009年被世界知识城市峰会授予“杰出的发展中的知识城市”，连续四次获评“全国文化体制改革先进地区”，连续六次荣获“全国文明城市”称号，2013年更是被联合国教科文组织授予“全球全民阅读典范城市”。几十年来，深圳将全民阅读作为学习型城市建设中最关键、最重要的环节来推广、落实。20世纪80年代“勒紧裤带”兴建包括图书馆在内的八大文化设施；建成全国第一座以“书城”命名的新华书店——深圳书城；政府主导每年举办深圳读书月，让市民共享阅读盛宴；制定读书月发展规划，在全国首次把全民阅读提升到市委市政府决策规划范畴；打造一系列深受市民喜爱的文化活动品牌和文艺精品，为市民提供优质的公共文化产品。政府主导、全社会参与的全民阅读推广活动的长效开展让深圳文化实现了跨越式发展，全民阅读带动形成的全民学习、终身学习和持续创新精神也促进了深圳经济的快速发展。

15年间，全民阅读推广活动无论内容、形式还是举办主体和参与主体都呈现出多元化的发展态势。其中，阅读品牌建设作为推动阅读推广活动高质量发展的重要途径受到各地青睐，全国许多城市开展了各自的品牌阅读活动，如阅读节庆类活动（深圳读书月、“书香八闽”全民读书月、“书香天津”读书月等）、竞赛类活动（如朗诵大赛、读书征文、知识竞赛等）、讲座类（如广州图书馆的中图悦读会、首都图书馆的首图讲坛等）等。15年来，阅读品牌在全国各地可谓是遍地开花，推广主体包含行业协会组织如中国图书馆学会，各类阅读组织如由企业组成的“全民阅读联盟”、非营利社会组织深圳市阅读联合会，各级各类图书馆、学校、政府机关、民间公益组织以及出版社等，这些规模不等、主题各异的阅读品牌的出现和推广，一定程度上增强了全民阅读活动的吸引力与感召力，提高了阅读推广活动的社会效益，增加了社会大众参与阅读的兴趣，也增强了阅读推广活动举办者的信心。但同时我们也应该看到，由于品牌策划、运营、推广、经费等诸多问题，很多阅读品牌缺乏创新，且持续性较差，有些品牌甚至举办一两期后就再难觅其踪影；其次，一些城市由于没有很好地发挥政府的主导作用，由不同推广主体举办的阅读品牌之间缺乏协调性，没有完整的阅读推广体系，大都各自为改，因而品牌虽多，受众面却不广，难以形成整个城市的阅读氛围。

1. 政府主导的城市阅读品牌建设

所谓政府主导的城市阅读品牌建设，指由政府创立和举办的城市阅读推广活动，发展较好的阅读品牌多分布在经济较发达城市，如“深圳读书月”“株洲读书月”“福州读书月”“东莞读书节”“苏州读书节”等。“深圳读书月”由深圳市委市政府创办于2000年，已持续举办21届，被誉为开我国城市读书月之先河[①]。2000年4月，深圳市文化局提交《关于在深圳市举办“深圳读书月”活动的报告》，获得中共深圳市委宣传部的同意批复，决定将每年11月确定为“深圳读书月”。2000年8月，深圳市成立读书月活动组委会，并建立了办公室和秘书处，在市宣传文化事业专项发展基金中拨出80万元人民币作为启动资金。此后几年，政府拨款逐年递增。2003年，“深圳读书月”由政府主办改为政府委托承办制，两年后确定由深圳发行集团总承办。2015年12月24日，深圳市第六届人大常务委员会第四次会议通过《深圳经济特区全民阅读促进条例》，明确规定“每年11月为深圳读书月”，“深圳读书月活动采取政府倡导、专家指导、社会参与、企业运作、媒体支持的机制举办”。20多年来，“深圳读书月”以“阅读·进步·和谐”为总主题，每年制定不同的年度主题，创出了深圳读书论坛、经典诗文朗诵会、年度十大好书、中小学生现场作文大赛、书香家庭、绘本剧大赛、青工阳光阅读、手机阅读季、海洋文化论坛、温馨阅读夜等许多知名的子品牌，参与人数逐年上升，由首届的170万人上升至逾千万人次，成为深圳市民的文化庆典，影响遍及全国和港澳地区。政府的领导、保障和支持被认为是“深圳读书月”成功的重要因素，加上其敢于创新、善于创新的举办理念以及汇集各方力量、集思广益、群策群力、充分发挥社会各方优势的活动机制，使“深圳读书月”成为全国知名的阅读推广品牌。

在“深圳读书月”的感召和影响下，多个城市陆续开展了读书月活动。“东莞读书节”是东莞市委、市政府以推进阅读和谐文化建设、学习型城市建设、“图书馆之城”建设和打造知识传播品牌为目标，依托东莞市镇（街）两级图书馆总分馆体系设立的阅读推广品牌活动，自2005年始，每年一届，由东莞市委、市政府两办下发读书节工作方案的通知文件到市直属各单位和各镇

① 徐雁，陈哲彦．挥别“文化荒漠”，营造“书香之都”——在创意创新中发展的“深圳读书月”活动[J].出版广角，2021(12)：6-9.

街，要求按照方案落实，并将读书节作为财政重点资助对象[①]。2017年3月1日，《东莞市公共图书馆管理办法》正式实施，明确规定“文化行政主管部门、公共图书馆等单位应当通过各种形式组织开展全民阅读推广活动，每年举办东莞读书节”[②]。截至2020年，“东莞读书节”已举办16届，共举办各类读书活动逾7000余项（其中含全市性重点活动397项），参与群众约6040余万人次。从初期的5、6项重点活动发展到每届30多项市级重点活动和几百项镇街活动，通过差异化考评、丰富活动项目设计、引入民间阅读活动、加强新媒体宣传等手段对品牌长期持续运营和凝练升级，多维度带动了整个城市各级各类阅读活动品牌的培育与提升[③]。

2005年，福州市委宣传部、市委文明办牵头，并联合有关单位，在孔子诞辰日9月28日启动了首届“福州读书月”活动，此后每年的9月28日至10月28日定期举办。2020年10月1日，《福州市文明行为促进条例》正式实施，“鼓励开展‘书香榕城’全民阅读活动”被写入该条例，使阅读推广工作有法可依。经过十几年的培育，“福州读书月”已成为福建参与人数最多、持续时间最长的社会文化活动，其影响力贯穿全年，各类书院、书吧、书友会、读书会的读书活动精彩纷呈、全年不断[④]。2019年，第十六次全国国民阅读调查结果发布，福州名列城市阅读指数排行榜前十位。

“株洲读书月”是由株洲市委、市政府主办，市委宣传部、市文体广电新闻出版局承办的阅读品牌活动，首届于2007年启动，开设了“评选十大书香人家”“好书进社区、进企业”“经典诗文朗诵比赛”“图书漂流”等活动，在社会上引起了强烈的反响。“十大书香人家”评选活动中首次报名的市民家庭就超过了200户。十多年来，株洲市按照“广泛参与，全民受益”的原则，吸呐社会各届参与读书月活动，实现了从数万人到数百万人参与的跨越，城市阅

① 黄文镝.公共图书馆阅读推广活动管窥——从东莞读书节谈起[J].图书馆学刊，2011,33(8):69-71.

② 东莞市人民政府.东莞市人民政府令第146号《东莞市公共图书馆管理办法》[EB/OL].[2021-10-26].http://www.dg.gov.cn/zwgk/zfxxgkml/szfbgs/zcwj/gz/content/post_591193.html.

③ 龚名扬.让“书香东莞”提质增效，东莞第十七届读书节启动[DB/OL].[2021-10-26].http://www.chinalibs.net/ArticleInfo.aspx?id=504326.

④ 马丽清.十五载读书月，文明福州添“书荣”——福州读书月 今日再启幕[DB/OL].[2021-10-26].http://www.chinalibs.net/ArticleInfo.aspx?id=504338.

读指数连续多年在全省14个市州中排名第二；涌现出诸多形式多样的读书品牌活动，仅2020年第14届“株洲读书月”就有超过600项公益阅读活动在全市各县区、社会各层面开展①。

上述城市阅读品牌成功地带动了一城的阅读氛围，且持续时间较长，发展成熟，已经形成了一定的品牌效应。据统计，全国有400多个城市常设读书节、读书月等，但多数追求“大而全”，活动缺乏创新，形式化严重。而发展较好的阅读品牌多集中在经济较发达城市，这些城市地方政府公共文化建设资金相对充足，公共文化服务基础设施建设较为完善，为阅读品牌的持续发展提供了较好的保障。而经济欠发达地区由政府主导的城市阅读品牌起步较晚，形成品牌效应的示范案例较少。本书将着重介绍的“鸿雁悦读”计划就是近几年发展起来的经济欠发达地区政府主导的城市阅读品牌的典型案例，其发展模式与经济发达地区的城市阅读品牌有着明显的区别。

2. 中国图书馆学会倡导和创建的城市阅读品牌

2003年7月，中国图书馆学会受文化部委托，开始组织、协调和引导全国图书馆行业的全民阅读活动。2006年4月，中国图书馆学会阅读推广委员会（当时名为中国图书馆学会科普与阅读指导委员会，2009年9月更现名）成立，旨在搭建活动平台，培育专门人才，以帮助全国图书馆、学校、企业、政府部门等机构开展阅读推广活动。从2004年开始，中国图书馆学会每年发布“全民阅读”工作通知，倡导各分支机构、各地方学会指导各级各类图书馆根据当地实际情况，联合社会力量，开展多种形式的读书活动。为了鼓励更多单位参与“全民阅读”活动，中国图书馆学会创立全民阅读表彰激励机制，设立“全民阅读”活动“优秀组织奖”和“先进单位奖”，对在上年度推广“全民阅读”活动中组织得力，策划新颖，内容丰富，形式多样，宣传面广，具有较大社会影响力的图书馆学会和图书馆进行评选和表彰。为了鼓励更多单位参与全民阅读活动，推动全民阅读活动深入持久开展下去，2008年起，中国图书馆学会设立“全民阅读示范基地”命名机制，对两次获得优秀组织奖或先进单位奖的图书馆进行“全民阅读示范基地”称号的申报和评选工作。作为我国图书馆行业

---

① 温琳，严丹. 第十四届株洲读书月来啦！株洲引领新时代“悦”读新风尚［DB/OL］.［2021-10-26］. http://www.chinalibs.net/ArticleInfo.aspx?id=504344.

最具影响力的全国性和学术性的社会组织，中国图书馆学会在长期对图书馆阅读推广活动进行积极引导、协调和组织的过程中，打造了“全民阅读论坛”、“阅读推广人”培育行动等面向图书馆等文化机构的品牌项目以及“全国少年儿童阅读年”“扫码看书，百城共读”等面向社会公众的有影响力、辐射范围广的全国性阅读品牌项目。

“全民阅读论坛”由中国图书馆学会阅读推广委员会于2007年创办，是该委员会重要的学术品牌活动，每年举办一次，邀请社会阅读研究专家及学者、图书作者、获奖论文作者、阅读推广优秀项目单位代表、优秀阅读推广人等参会，围绕阅读领域的研究新成果、实践新经验以及发展趋势做主题发言、学术报告和专题讨论，以促进“全民阅读”向深度和广度发展。截至2019年，“全民阅读论坛”已举办13届，每届均根据阅读推广发展情况设置不同的会议主题，如第一届论坛主题为“数字时代的阅读”，第二届论坛主题为“阅读促进发展”，第六届论坛主题为“阅读地方文献，弘扬乡土文化”，第十三届论坛主题为“阅读，链接美好生活”等。“全民阅读论坛”为研讨阅读推广新对策，分享阅读推广经验，巩固全民阅读工作已有成果，展望和规划全民阅读推广的未来搭建了平台。

2014年12月，中国图书馆学会在江苏省常熟市召开2014年全民阅读推广峰会，正式启动“阅读推广人”培育行动。培育行动邀请图书馆界、出版界、教育界专家学者成立专家委员会，搭建科学培育体系，出版系列专业教材，将专家授课与实践教学紧密结合，旨在系统培养一批具有一定资质，能够开展阅读指导、提升读者阅读兴趣和阅读能力的“阅读推广人”，促进我国图书馆及相关业界更加规范有效地开展阅读推广活动，进而推动我国全民阅读事业持续快速发展①。参加培训的学员由中国图书馆学会颁发结业证书，通过评测的学员可获得中国图书馆学会“阅读推广人”徽标，可在阅读推广工作中佩戴，表明其是中国图书馆学会认可的“阅读推广人”。截至目前，“阅读推广人”培育行动已举办18期，培育了几千名“阅读推广人”，受到业界广泛关注，获国家新闻出版署2019年全民阅读优秀项目。

“全国少年儿童阅读年”由中国图书馆学会首倡，从2008年开始酝酿，在中国图书馆学会少年儿童专业委员会的积极推动下，经过少儿图书馆界数次讨

① 中国图书馆学会.“阅读推广人”培育行动获评2019年全民阅读优秀项目［EB/OL］.［2021-10-27］. http://www.lsc.org.cn/contents/1198/14635.html.

论，于2009年中国图书馆年会上形成全年工作草案。2009年4月全国知识工程领导小组办公室签发了《关于在全国开展全国少年儿童阅读年活动的通知》，在全国范围内开展以少年儿童、家长、教师为主体的“全国少年儿童阅读年”系列活动[①]。“全国少年儿童阅读年”系列活动每年举办一次，时间为每年的4月至下一年的4月，每年的主会场启动仪式由不同城市的少儿公共图书馆承办，各主要参加馆同时在各地分会场举办启动仪式，如首届“全国少年儿童阅读年”主会场启动仪式在天津市少年儿童图书馆举办，2017年主会场启动仪式在株洲市图书馆举办。10多年来，“全国少年儿童阅读年”主会场邀请国内外专家对从事少儿阅读服务的工作人员进行阅读推广培训，各省级公共图书馆、少年儿童图书馆和各省图书馆学会积极策划和组织适合少年儿童参与的讲座、展览、故事会、演讲、朗诵、表演等多种形式的阅读推广活动，有力地推动了各地少年儿童阅读活动的开展。

“扫码看书，百城共读”是中国图书馆学会于2016年发动全国各地图书馆及其他社会阅读机构共同开展的一项数字阅读推广活动，旨在引领和推动各图书馆和相关单位的数字阅读推广工作。活动以电子图书和二维码为推广内容和阅读方式，利用海报宣传、名人形象推广等方式将包含在线阅览地址二维码的电子图书信息推送到读者身边，读者利用智能手机或平板电脑等扫一扫，即可在线阅览电子图书全文，或通过移动端App下载图书全文阅读。全国各城市的图书馆及其他阅读机构只需在阅读推广委员会网站填写申报信息，就可以参加活动，并免费获取阅读推广委员会组织书目推荐专家小组挑选的推广书目在线阅读二维码、海报模板和素材。活动参与机构除图书馆外，还包括企业、社会各界名人和各类媒体等[②]。该活动第一年举办七期，共推荐63本书，选题主要以畅销程度为标准；组织者为该活动专门设置反馈表，内容包括经费来源、媒体报道、邀请名人情况、海报数量以及活动总体情况及亮点等，在活动届满一年召开研讨会，并进行实证研究，形成年度报告[③]。

---

① 中国图书馆学会. 2009全国少年儿童阅读年启动[EB/OL].[2021-10-27]. http://www.lsc.org.cn/contents/1204/1546.html.

② 中国图书馆学会. 关于开展“阅读推广公益行动——‘扫码看书，百城共读’”活动的通知[EB/OL].[2021-10-27]. http://www.lsc.org.cn/contents/1129/9217.html.

③ 王小平. 中国“扫码看书，百城共读”与美国“一书一城”比较研究[J]. 图书馆学研究，2020(12):82-85.

作为行业性全民阅读活动重要的组织和推动力量，中国图书馆学会多年来整合业界资源，调动社会力量，发挥专门委员会的引导作用，通过品牌活动的带动作用和建立表彰激励机制，宣传展示图书馆在阅读推广中的核心地位，并帮助和呼吁社会各界参与全民阅读推广。但实践中这些项目尤其是面向公众的阅读项目，虽然已具备品牌意识，但由于举办周期长、主题不集中、活动频次过高、形式雷同以及经费和人力等原因，活动举办流于形式；同时，品牌项目虽然年年举办，但并没有将全国各级各类图书馆的阅读推广真正整合起来，没有形成全国性的、区域性的品牌效应；此外，由于缺乏对活动效果的量化评估，阅读推广的方向性、技巧性和推广重点还缺乏一定的依据①。

3. 公共图书馆主办的城市阅读品牌

公共图书馆作为公共文化服务体系的重要组成部分，是阅读推广的主力军，也是全民阅读活动中最为活跃的公共文化机构。进入 21 世纪以来，随着普遍均等的公共图书馆服务理念的强势回归，以及我国提出建设标准化、均等化的现代公共文化服务体系，我国公共图书馆人对“让公民享受平等阅读权”为核心理念的阅读推广倾注了极大的热情，成为全民阅读理念的积极倡导者和实践者。10 多年来，全国各地公共图书馆自行创建的阅读品牌规模不等，主题各异，服务人群范围也各有不同。主要有以下几类：

阅读推荐与导读类。如佛山市图书馆于 2017 年 4 月 23 日推出的“佛山领读者”项目，邀请来自社会各领域的读书人担任“领读者”，通过社交平台开展网络拆书，向市民推荐电子图书资源。其中，领读的图书为佛山市民最喜爱图书评选活动中市民票选的馆藏图书；领读者成员有企业家、知名作家、文化学者、教育名师等。所谓网络拆书，就是领读者读完整本书并形成自己的观点，再把全书拆分成若干部分，通过分享阅读感受、诠释阅读内容、下发共读任务、发起话题讨论，引导大家跟读和分享②。“好书有约”是嘉兴市图书馆联合《嘉兴日报》、嘉兴市新华书店推出的阅读项目，在当年出版的 30 多万种图书中精选重量级新版图书和再版经典图书，定期发布推荐好书目录及简介，并

① 张章. 中国图书馆学会阅读推广创新发展思路研究[J]. 2015,35(9):93-94.

② 蔡畯. 领读者[EB/OL].[2021-10-27]. http://www.lib-read.org/UserFiles/file/20190416/20190416002.pdf.

收录读者书评结集出版，同时以讲座沙龙为载体，多形式开展阅读活动[①]。国家图书馆的文津图书奖设立于2004年，每年举办一次，每次评出获奖图书10种，获奖图书通过社会投票与专家评审相结合的方式产生，并在每年4·23世界读书日当天举办颁奖仪式。

讲座类。讲座类是公共图书馆较为常见的阅读品牌。2010年12月在国家图书馆成立的全国公共图书馆讲座联盟更进一步地推进了这一类阅读品牌的创建。如“天中讲坛”是郑州图书馆于2015年3月创办的公益文化讲座，旨在让讲座成为传播优秀传统文化、推广全民阅读的平台。“天中讲坛”打破常规，创新性地将极具地方特色的河南豫剧、音乐表演、非遗传承、旗袍秀等各种形式的优秀文化搬上讲坛；打破“一人一讲”，开设专人专场和专题专场，如邀请知名中医开设“中医文化与健康”专题讲座，与河南省演讲与口才学会合作开设演讲与口才专场，围绕重大课题开设专题学术讲座，如开设“中华古代文明探源”系列讲座等。“天中讲坛”除了在郑州图书馆学术报告厅设立主会场外，还在馆内设立多个分会场进行同步直播，可满足近千人现场同时听讲[②]。“巴蜀讲坛”是四川省图书馆2007年创建的文化惠民流动讲座活动，讲座采取现场面对面讲课与网上远程教育相接合的方式进行，在全省市州县区图书馆流动举办，进学校、进社区、进企业、进军营、进工地、进乡村，送文化、送科技、送图书下乡[③]。此外还有国家图书馆的“文津讲坛”、上海图书馆的“上图讲座”、山西省图书馆的“文源讲坛”、杭州图书馆的“文澜讲坛”等[④]。

竞赛类。竞赛类阅读品牌一般包括诵读、讲故事、写作、绘画、知识比赛等。“阅读之星——重庆市民诵读大赛”是重庆图书馆策划的市民大型诵读活动，旨在积极引导市民阅读风尚、推动书香重庆建设。该活动2019年入围国际图联2019年国际营销大奖。大赛将全市38个区县分成5个片区海选，经过初赛、复赛、决赛、总决赛四个赛程，采取“（朗读亭、网站和微信）报送

---

① 赵晓华.定位需求 精准服务 阅读普惠——嘉兴市图书馆“好书有约”项目实践与探索[J].山东图书馆学刊,2021(1):80-84.

② 搭平台 创品牌,让讲座成为新的阅读方式——郑州图书馆“天中讲坛”纪实[J].文化月刊,2020(12):98-99.

③ 何先进,何先秀.“巴蜀讲坛”——四川省公共图书馆界文化惠民百场流动讲座的探索与实践[J].四川图书馆学报,2008(5):43-46.

④ 刘婵.全国公共图书馆讲座联盟成立 让更多的人享受精彩[DB/OL].[2021-10-28].http://www.chinalibs.net/ArticleInfo.aspx?id=504543.

音频 + 现场诵读”“网络点赞 + 专家评审”相结合的方式进行参赛、评选，最终评选出“阅读之星”以及单位组织奖，颁发荣誉证书和奖金[①]。“龙江故事大赛”是黑龙江省图书馆组织的竞赛类活动，旨在以故事为表现形式，通过比赛挖掘、开发、宣传龙江大地涌现出的优秀历史典故、历史人物、先进典型和感人事迹，弘扬龙江历史文化和龙江精神。大赛由黑龙江省各地市图书馆组织初赛，汇总上报后组织专家进行初评，最终评出进行决赛的作品，在黑龙江省图书馆进行决赛，由专家现场评出一、二、三等奖以及优秀组织奖[②]。“青青草杯”原创作品大赛是吉林省图书馆2017年创办的面向全省青少年举办的原创作品比赛，征集绘画、书法、作文、剪纸、手工等作品，经过评委会初评、终评，选出精品在图书馆一楼少儿展厅、吉林省图书馆少儿网站“青青草网站”进行展出。

婴幼儿早期阅读品牌项目。受国外婴幼儿早期阅读项目如英国的“阅读起跑线”计划的影响和启发，我国一些公共图书馆也开展了类似的项目。“青苗计划”是长沙图书馆面向0—18岁未成年人开展的长期阅读跟踪服务项目，通过阅读推荐、阅读时间、阅读分享、阅读展示、阅读评估五个环节形成服务闭环体系，激励和引导孩子及家庭养成阅读习惯，提升阅读能力。已经推出“青苗国学馆”“青苗分享会”“青苗看世界”等服务项目，2021年，青苗计划研究基地也正式开馆开业。“悦读宝贝计划”是苏州图书馆2011年启动的婴幼儿阅读品牌，下设多项读书活动，包括向0—3岁婴幼儿免费发放阅读大礼包、针对3—6岁儿童的“听故事姐姐讲故事”、专门服务家长的“家长课堂”和“悦读妈妈”志愿者培训、亲子阅读辅导活动“我给孩子讲故事”等。2013年，“悦读宝贝计划”正式被英国“阅读起跑线”总部认可，成为中国大陆首家成员[③]。

综合类。一些公共图书馆推出包含多种活动的综合性阅读品牌，如北京东城区图书馆的“书海听涛”涵盖文学、艺术、语言、史地、民俗等十余个系列的学习资源，包括作家与读者见面会、经典诵读、档案见证北京、北京古都

---

① 田贵兴，张冰梅，易红．公共图书馆阅读推广品牌化运作案例研究——以“阅读之星——重庆市民诵读大赛”为例［J］．图书馆研究与工作，2020（2）：60-64.

② 焦洋，李万华．“美丽家园·幸福生活”龙江故事大赛在黑龙江省图书馆举行［DB/OL］．［2021-10-28］．http://www.chinalibs.net/ArticleInfo.aspx?id=504542.

③ 陈力勤．从“阅读起跑线”（Bookstart）到“悦读宝贝计划”——苏州图书馆特色婴幼儿阅读服务实证研究［J］．图书馆理论与实践，2018（5）：88-93.

历史文化、书画赏析、科学讲堂、红领巾读书、文化助残、外文影片等多个系列的活动。杭州图书馆以“YUE 杭图”为活动总品牌，“YUE”旨在表达其多元化的内涵。总品牌下设 7 个活动子品牌：音乐及影视活动 YUE 杭图 · 乐，体验型活动 YUE 杭图 · 悦，讲座和沙龙 YUE 杭图 · 约，少儿活动 YUE 杭图 · 跃，出版、展览和教育培训 YUE 杭图 · 阅，党建品牌 YUE 杭图 · 越先锋，志愿者服务品牌 YUE 杭图 · 悦志愿。

以上只是列举了我国公共图书馆不同类别阅读品牌项目中具有代表性的少数项目，实践中各地公共图书馆创建的阅读品牌不胜枚举。综合来看，能形成全城效应的阅读品牌不多，多数品牌只局限于特定的用户群体。2018 年 1 月 1 日，《中华人民共和国公共图书馆法》正式实施，“阅读推广”作为公共图书馆应当按照平等、开放、共享的要求向社会公众提供的服务之一被列入其中，成为公共图书馆责无旁贷的法定责任。

4. 出版机构创建的阅读品牌

截至 2019 年，我国出版社总数为 585 家，且都集中在城市。多年来，出版行业积极响应国家全民阅读号召，组织了形式多样的阅读推广活动，一方面助力全民阅读活动的开展，另一方面通过阅读推广也促进了图书营销。在多年不断的探索和发展中，出版机构也涌现出一批阅读推广品牌。

山东教育出版社 2015 年在全国范围内联合优秀中小学校开展了“阅读与写作基地”建设项目，由各地新华书店推选具有较高知名度、具有良好阅读与写作氛围的学校报送给出版社，出版社对学校进行考察后授予合格者“山东教育出版社阅读与写作基地”称号，邀请作家进校园开展公益讲座和一系列后续活动①。截至2018年，该项目已累计在全国中小学建立“阅读与写作基地”240多个，举办公益讲座、开展公益活动近 400 场次，参与体验的中小学生 30 多万人②。

“鼓楼西 · 享读”是中国社会科学出版社打造的文化阅读品牌。中国社会科学出版社坐落在北京市西城区鼓楼西大街，这里五步一景，十步一典故，每个角落都值得读者细细品味、琢磨，“鼓楼西 · 享读”通过阅读分享、作者见

---

① 白汉坤. 读者为本，教育和出版深度融合——融媒体时代山东教育出版社“阅读与写作基地”建设创新之道[J]. 山东画报，2018(6):94-97.

② 张彤彤. 教育社两大全民阅读品牌双双获奖[EB/OL].[2021-10-31]. http://www.sdpress.com.cn/News/6/50/NewsDetail_8122_1.html.

面会、读者讨论形式的沙龙来推广出版社的一些轻阅读著作，为读者开辟一方阅读与思考的天地。

商务印书馆针对校园阅读开展了“为中国未来而读——阅读行动论坛”，为广大教师和学生提供优质的教育和阅读资源。近年来，论坛在安徽、青海、河南、四川、陕西、宁夏、吉林、北京举办，主题聚焦“阅读延伸”“分享阅读”“阅读与核心素养”“阅读与中国传统文化教育”“新课程与名著阅读”等，成为中学语文教育界的品牌活动[①]。

中国少年儿童新闻出版总社创办的青少年阅读体验大世界，以“体验式阅读”为理念，与百余家学校、图书馆等企事业单位、社区及传媒机构合作建立阅读基地，邀请热心儿童阅读推广的各界人士开展阅读推广等活动，成为出版界有名的儿童阅读推广品牌[②]。2019 年国庆长假期间，共推出各种阅读活动 40 余场，全部围绕“听、说、读、演、做”等方式进行，由专业的阅读助理带领大家讲故事、画绘本、演儿童剧等，让孩子们接触全新的阅读形式，有近 3000 名小读者参加[③]。

三、城市阅读品牌的研究现状

近几年来，随着全民阅读工作的持续和深入开展，阅读推广已形成新的热点研究领域。有研究表明，2010—2019 年，我国全民阅读公开发表的研究文献总体呈现快速增长的趋势，且图书馆在全民阅读中起主导作用，特别是在阅读推广中的作用较明显[④]。截至 2021 年 11 月，国家社科基金项目以阅读为主题的立项课题共计 358 项，其中以阅读推广为主题的项目有 26 项，且均为图书馆、情报、文献学[⑤]。随着城市阅读品牌建设的逐年增多，在阅读推广、全民

① 商务印书馆. 学习中华传统经典　厚植优秀文化基因——“为中国未来而读:2020阅读行动论坛”举行[EB/OL].[2021-10-31]. https://www.cp.com.cn/Content/2020/08-21/1551372822.html.

② 中国少年儿童新闻出版总社. 青少年阅读体验大世界[EB/OL].[2021-10-31]. http://www.ccppg.cn/books/yd/2014-09-25/144300.html.

③ 王坤宁. 青少年阅读体验大世界“十一”迎来开门红[EB/OL].[2021-10-31]. http://www.shsdcbs.com.cn/cache/books/219/bkview-219317-668500.htm.

④ 田江，宋景锐，蒋晓. 全民阅读研究热点及发展趋势[J]. 新阅读，2020(9):12-15.

⑤ 数据来源于国家社科基金项目数据库。

阅读大的研究框架下，城市阅读品牌的相关研究虽然也在逐渐增多，但总体数量较少。笔者在中国学术期刊（网络版）数据库（CNKI）中以“主题 = 阅读推广 OR 主题 =（全民阅读 + 经典阅读 + 阅读服务 + 阅读指导 + 数字阅读 + 绘本阅读 + 亲子阅读 + 少儿阅读 + 青少年阅读）”的检索方式进行检索，同时将时间限定在 2017 年 1 月 1 日至 2021 年 11 月 1 日之间，学科限定为图书情报与数字图书馆和出版，文献类型限定为研究论文，共获取 2095 篇论文记录，通过人工筛选，最后获得与城市阅读品牌研究相关度较高的文献 83 篇，其中 2021 年最新文献发表于当年 9 月。各年的文献分布如下表。

表 1–1　城市阅读品牌各年度文献数量统计

年度	2017 年	2018 年	2019 年	2020 年	2021 年
文献数量	5	11	16	31	24

综合来看，这些文献对城市阅读品牌的研究主要涉及以下几个主题：

国外城市阅读品牌的研究。其中对国外婴幼儿早期阅读项目和儿童阅读推广项目的研究较多。如黄巾（2018）通过对英国婴幼儿“阅读起跑线”项目的演变、理念、实施及成效的研究，提出我国应注重早期阅读研究，提高社会关注度，加大政策支持力度，营造社会阅读氛围的建议[①]。崔稚英（2018）分析了德国的婴幼儿阅读项目“阅读礼包”和“阅读测量尺”以及法兰克福图书馆的青少年阅读项目“阅读螺线”的设计思路、形式、服务内容和具体做法，为国内图书馆提供借鉴[②]。寻海燕（2019）采用案头调研法对 11 家德国“阅读起跑线”成员馆的少儿阅读推广服务进行实证分析，认为注重协同推广与跨界合作，协同培养阅读兴趣与阅读能力，营造数字化阅读推广服务场景，提供凸显人文关怀的服务内容，是这些图书馆“阅读起跑线”项目成功的原因[③]。屈南（2020）对英格兰公共图书馆广泛开展的韵律时光项目开展状况、活动模式、成功要素等进行深入分析，提出我国公共图书馆开展学前儿童阅读推广可借鉴的方面：重视参与者视角的活动效果、质量，充分考虑服务对象的特殊性，采

① 黄巾.英国婴幼儿“阅读起跑线”项目研究[D].重庆:西南大学,2018:1-44.

② 崔稚英.德国公共图书馆阅读推广活动典型案例与分析[J].山东图书馆学刊,2018(6):77-80,114.

③ 寻海燕.德国公共图书馆少儿阅读推广服务研究——基于“阅读起跑线”计划的实证[J].出版广角,2019(10):55-57.

用标准化活动模式等[①]。唐雅琳（2021）分析了荷兰婴幼儿阅读推广项目“阅读起跑线”的发展历程、服务内容、项目特点等[②]。此外，一些学者也对国外一些全国性阅读推广项目进行了研究，如樊伟等（2017）对俄罗斯“阅读马拉松”进行了全面考察和剖析，认为该活动充分发挥了纸本文献阅读、电视平台阅读、广播听读、网站在线阅读、社交媒体平台阅读、移动终端阅读等全媒体的融合效应，对全媒体环境下我国开展地区和国家层面的阅读推广活动有一定的借鉴和启示作用[③]。王小平（2020）从选题方法、行动指南、活动开展与组织、品牌意识、活动成效与评估几方面对中国“扫码看书，百城共读”和美国“一书一城”活动进行了比较研究，提出我国应尽快为阅读推广提供法律保障，同时要优化选题方法、丰富品牌内涵、完善行动指南、制定活动评估模板，业界联动，不断完善创新，努力将其打造为能够持续开展的国家阅读推广品牌[④]。

社会力量参与的阅读品牌建设。严贝妮、程诗谣（2019）分析了合肥市图书馆与民营实体书店“保罗的口袋”合作共建品牌阅读阵地的背景、过程，建成后的服务拓展、空间优化、活动创新、品牌设计、宣传以及品牌建设存在的问题，提出图书馆与书店合作的建议：立足公共文化，保持书店经营特色；发挥图书馆专业优势，强化导读服务；完善运营机制，提供第三方保障等[⑤]。杨奕（2019）介绍了社会力量参与天津和平区“文化阅读之旅”项目的实践与成效，包括项目特点、品牌优势、特色创新等，分析了社会力量参与全民阅读推广存在的问题，并提出了搭建合作平台，坚持有法必依，构建监管、评估和标准体系的对策建议[⑥]。邹也静（2020）介绍了广州图书馆的阅读品牌项目“广泛公益

① 屈南.英国学前儿童家庭阅读推广活动模式及成功要素分析——以英格兰公共图书馆韵律时光项目为借鉴[J].图书情报工作,2020,64(3):145-152.

② 唐雅琳.阅读起跑线:荷兰婴幼儿阅读推广项目探析[J].图书馆学研究,2021(12):77-85.

③ 樊伟,李桂华,姜晓,等.全媒体环境下的阅读推广活动典范——俄罗斯“阅读马拉松”活动个案分析[J].国家图书馆学刊,2017,26(6):43-49.

④ 王小平.中国“扫码看书,百城共读”与美国“一书一城”比较研究[J].图书馆学研究,2020(12):82-85.

⑤ 严贝妮,程诗谣.公共图书馆与民营实体书店合作共建阅读阵地的案例解析——以合肥市图书馆与“保罗的口袋”合作为例[J].图书馆研究与工作,2019(4):28-34.

⑥ 杨奕.社会力量参与公共图书馆全民阅读推广的实践与思考——以天津市和平区“文化阅读之旅”项目为例[J].图书馆研究与工作,2019(S1):142-146.

阅读”引入项目和项目管理理论，以创投项目合作的方式引导、凝聚社会力量参与后取得的成效，认为通过建立阅读品牌广泛征集创投项目是公共图书馆凝聚社会力量推广全民阅读的有效途径，同时也应结合公共图书馆服务理念和社会需求发展阅读品牌特色，充分调动各类社会资源推动阅读品牌的发展[①]。李娜娜、肖先沛（2021）以郑州市高新区为例，采用访谈法、观察体验法开展研究，探讨社会力量参与城市公共阅读空间品牌化建设的现状、问题与经验，并从运营主体、产品服务、宣传三个方面分析了城市阅读空间品牌化的实现路径[②]。

城市阅读品牌构建与运营。司新丽（2017）对“书香中国·北京阅读季”的品牌化建设进行分析，认为该活动具有强烈的品牌意识、鲜明的形象设计、清晰的定位和活动方案，以及完善的推广平台和全方位的传播体系，为全民阅读推广提供了经验和范本[③]。丁轶（2017）介绍了本溪市图书馆运用“读者发展”理念塑造“望远——阅读推广品牌集合”的经验，认为阅读推广项目“品牌集合化”的进一步发展将演化成阅读推广项目的“产品化”，把文化项目按照“产品”的形态及标准进行设计，实现公共文化供给侧的“产品化”，进而实现社会效益的更大化[④]。罗素洁（2018）分析了杭州市余杭区图书馆阅读品牌“美丽洲”故事会通过深挖地域文化、建设高水准故事团队、举办高品质系列活动、搭建创作表演平台等塑造品牌的创新实践，提出图书馆要有创新发展的意识和勇气，积极传承发展优秀传统文化，赢得政府和社会的支持，凸显文化名家在品牌塑造中的作用，打造具有可持续发展运行机制的品牌塑造策略[⑤]。姜晶（2019）分析了重庆图书馆“格林童话之夜”阅读品牌的创建特点，认为政府的高度重视、盘活馆藏特色资源、运用饥饿营销造势以及活动内容的趣味性、科普性和引导性等因素是该品牌成功的关键。公共图书馆应构建有针对性

---

① 邹也静.公共图书馆凝聚社会力量推广全民阅读的项目化模式研究[J].图书馆研究与工作,2020(6):72-77.

② 李娜娜,肖先沛.社会力量参与城市阅读空间品牌化研究——以郑州市高新区为例[J].图书馆,2021(8):57—63.

③ 司新丽.以品牌化运作创新城市阅读推广模式——以“书香中国·北京阅读季”为例[J].图书情报工作,2017,61(14):85-93.

④ 丁轶.公共图书馆阅读推广工作的实践与思考——以“望远——阅读推广品牌集合”为例[J].图书馆研究,2017,47(2):66-71.

⑤ 罗素洁.地域阅读推广活动品牌塑造的创新实践——以“美丽洲”故事会为例[J].图书馆研究与工作,2018(11):15-18.

的专业阅读品牌，通过馆员培训提高品牌构建能力，加强对外交流来拓展阅读品牌合作新空间[①]。严贝妮、李慧（2019）调研了安徽省16个地市全民阅读品牌建设现状，从品牌规划、活动、传播、维系四个层面进行深入解析，指出未来安徽省地市级全民阅读品牌建设应做好品牌活动前期规划、充分挖掘本地特色文化资源、积极利用新媒体平台、加强社会协同四个方面的工作[②]。

少儿品牌活动的创新和发展。徐水琴（2020）对武汉"楚童杯"读书汇活动发展历程、活动内容和特色进行梳理和分析，提出以下儿童阅读推广策略：政府主导，图书馆联动，全社会参与；面向全体，关注家庭，关怀特殊儿童；打造精品，与时俱进，重视宣传[③]。张纳新（2020）基于对天津市中小学生"好书伴我成长"读书系列活动案例的分析，指出公共图书馆少儿阅读推广活动品牌构建应包括活动品牌定位、活动品牌策划、品牌活动实施和品牌活动宣传等关键步骤[④]。叶凤英（2021）介绍了江门市图书馆"少儿公益学堂"阅读品牌活动，总结和分析了该活动的亮点、取得的成效及存在的问题，提出了公共图书馆少儿阅读品牌活动的创新与可持续发展策略：根据少儿阅读需求开展有针对性的阅读活动、借助网络和新媒体技术创新少儿阅读活动模式、加强人才队伍建设满足读者的多元化阅读需求、争取政府支持深化与社会力量的合作[⑤]。曾玉娇（2021）介绍了厦门市图书馆"同在一片蓝天下"城市流动儿童阅读推广公益项目的案例特色和主要做法，提出将城中村公益图书馆纳入厦门市公共图书馆服务联合体并协助其开展各项工作，建立健全志愿者管理制度的深化城市流动儿童阅读推广活动的建议[⑥]。

---

① 姜晶.公共图书馆特色阅读品牌构建研究——重庆图书馆"格林童话之夜"特点分析与启示[J].图书馆界,2019(6):87-90.

② 严贝妮,李慧.安徽省全民阅读品牌建设的实践与思考——基于16个地市的调研[J].铜陵学院学报,2019,18(3):88-93,114.

③ 徐水琴.公共图书馆市域大型儿童阅读推广活动实证研究——以武汉市少年儿童图书馆"楚童杯"读书汇活动为例[J].图书馆工作与研究,2020(S1):107-111.

④ 张纳新.公共图书馆少儿阅读推广活动品牌建设的实践与思考——以天津市中小学生"好书伴我成长"读书系列活动为例[J].河南图书馆学刊,2020,40(9):38-41.

⑤ 叶凤英.公共图书馆少儿品牌活动创新与可持续发展研究——以江门市图书馆"少儿公益学堂"为例[J].河南图书馆学刊,2021,41(3):33-35.

⑥ 曾玉娇.城市流动儿童阅读推广活动的实践与分析——以厦门市"同在一片蓝天下"公益项目为例[J].福建图书馆学刊,2021,4(1):63-66.

综上所述，我国学者对城市阅读品牌的研究多从案例出发，分析和总结其经验和不足，并提出相关策略和建议，涉及内容也比较广泛，对城市阅读品牌建设起到了积极的促进作用。例如，由于对国外婴幼儿和少儿阅读的关注与研究，我国一些公共图书馆借鉴国外图书馆做法，开展了类似的项目，如苏州图书馆的“悦读宝贝计划”等。但不可否认，城市阅读品牌研究的文献数量较少，没有形成规模，对阅读品牌从策划到建设、运营和后期的可持续发展等各个阶段的研究不够系统全面，更多的是对项目的介绍或者从阅读推广的角度进行研究，品牌意识还有待加强。

第二章　城市阅读品牌构建与创新

一、阅读品牌定位策划

众所周知，品牌是一种无形资产，或者还可以说，品牌是一种价值凝聚的无形资产。成功的品牌建设能够实现事半功倍的效果，而一个坏的品牌带来的后果有如摧毁千里之堤的蚁穴。在城市阅读品牌建设中，定位策划是第一步，也是非常关键的一步。

1. 打造城市阅读特色

品牌定位策划属于品牌建设的前期阶段。一个品牌要打造成什么样子？目标用户是什么人？要实现什么目标？这些都需要在品牌定位策划时明确下来，没有例外。对于城市阅读品牌的定位策划来说，也需要首先解决这些问题。

城市，是人类文明发展的产物。我国幅员辽阔，分布着数量众多的城市。由于地理环境、自然气候、地方物产等的不同，各地的城市也有了不同的发展之路，积淀了各具特色的历史文化和风土人情。我国悠久的历史孕育出一大批知名城市，而为了保护这些历史文化文物资源丰富、独具历史文化价值和意义的城市，我国还特别提出了“历史文化名城”的概念。截至 2021 年 6 月，我国已有 137 座国家历史文化名城。这些历史文化名城有的是历史古都，如闻名世界的历史名城西安，六朝古都南京，明清都城北京。有的保留了一个或多个历史时期的完整建筑群，有集中成片的历史建筑，有的至今依然保留着传统格局和历史风貌。它们在历史上曾是政治中心、经济中心、文化中心、交通枢纽或军事要地，发生过可载入史册的重大历史事件，在本地区发展史上有着重要影响力，城市风貌有着鲜明的地域特色或民族风情。而近现代以来，中华大地上发生了翻天覆地的变化，尤其是改革开放以来，随着城市化进程的不断加快，我国也出现了一些新城市，深圳就是其中最为典型的代表。

城市的发展必然伴随着城市阅读的发展。区别在于，以前是人们自发性的选择，多为个人行为，而在近几十年来，城市阅读在政府、社会组织等的牵头倡导下，实现全城响应，参与者众，真正具有了城市层级的意义。我国在1997年提出了实施“倡导全民阅读、建设阅读社会”的“知识工程”。这是我国城市阅读发展史的一个里程碑式事件。2014年，“倡导全民阅读”首次写入国务院政府工作报告中。此后数年，一直至今，“全民阅读”年年都进入政府工作报告。“倡导全民阅读 共建书香社会”成为耳熟能详的标语。2014年，中国图书馆学会受文化部公共文化司委托，制定了《书香城市（区县级）、书香社区标准指标体系》，并于次年世界读书日期间正式发布。而自2016年起，中国图书馆学会隔年依次举办“书香城市（区县级）”和“书香社区”发现活动。这极大地促进了我国城市阅读品牌的建设。在这数十年间，深圳在推动城市阅读方面的举措和成就十分具有典范意义。

在改革开放初期，深圳常被人诟病为“文化沙漠”，而现在，深圳已成功打造“阅读之城”“图书馆之城”，有了多个颇具影响力的城市阅读品牌，走到了文化发展的领先队列中。深圳是作为改革开放后的经济特区而迅速发展起来的。在此之前，深圳虽有悠久的历史与建制沿革，却并不起眼。深圳历史可追溯至新石器时代，早在6700多年前就有人类活动史，并有着1700多年的郡县史，600多年的南头城史、大鹏城史和300多年的客家人移民史。但我们现在所熟知的“深圳”这座城市的特质却是在近40多年的特区发展中形成的，如极具代表性的“深圳速度”。在大众看来，深圳是现代化的，是充满活力的，是极具创新精神的。深圳人在不同时期对“深圳精神”的概括如下：1990年是“开拓、创新、团结、奉献”；2002年是“开拓创新、诚信守法、务实高效、团结奉献”；2020年是“敢闯敢试、开放包容、务实尚法、追求卓越”。这已成为深圳城市文化的内核，并在推进城市阅读中广为发扬，让全民阅读成为当今深圳重要的文化标识和精神符号。2000年，深圳在全国首创“深圳读书月”这一阅读品牌，于每年11月举办丰富多样的读书文化活动，参与人次逐年上升，从首届的170多万人增长至逾千万人次。目前，深圳每年开展近2万场阅读文化活动[①]。颇受欢迎的如深圳读书论坛、经典诗文朗诵会、中小学生现场作文大赛、“年度十大好书”评选活动、深圳读书月推荐书目、亲子阅读论坛、“书香家庭”评选活动、赠书献爱心、青工大课堂、“书香企业”和“读书成才

① 左志红，李婧璇．推进城市全民阅读的“关键五招”［N］．中国新闻出版广电报，2021-10-22（8）．

职工”评选活动、温馨阅读夜等，也都已是具有全国影响力的品牌项目。深圳读书月总主题是“阅读·进步·和谐”，历届读书月在总主题的基础上制定每年的分主题，通过对阅读的推崇改变城市的精神品质。深圳还率先成立国内首家跨行业全民阅读的民间组织——深圳市阅读联合会，首个专门从事全民阅读理论研究及成果推广的事业性机构——深圳市全民阅读研究与推广中心，颁布了国内阅读推广领域第一部条例形式的城市法规——《深圳经济特区全民阅读促进条例》。这些全民阅读领域中的“第一”，表达了深圳“敢为天下先”的探索精神。

城市阅读品牌自然要融入、展现所在城市的特色。就像世界上没有两片完全相同的树叶，现实中也不存在两个完全相同的城市。每一个城市都自有其独一无二的特色。每座城市的历史文化是最为独特的城市阅读资源，我国的文学作品中，也有众多作家对不同城市的描绘和解读。仅从这点上来说，每一座城市都能有体现自身特色的阅读。而城市特色是一个更加广义的概念，囊括政治、经济、文化、历史、教育等各个领域，故而在对城市阅读品牌进行定位策划时，可以更多地融合展现城市特色。其中最直观最常见的，就是在城市阅读品牌名称中融入城市名称或城市的代表元素。目前，我国已有一大批这样的城市阅读品牌，最为突出的是统一在“书香中国”标识下建立的众多地方品牌，如“北京阅读季”“书香上海”“南国书香节”“深圳读书月”“书香威海”等。当然，城市阅读品牌的定位策划，不只是体现在品牌名称。“城市+阅读”并不等于“书香+城市名”。基于城市文化特色，结合城市特色文化资源来策划城市阅读品牌，实现立体融合、深度融合，才能够更有效地打造成功的城市阅读品牌。上海就有这方面的成功案例。

上海“万国建筑博览”的美誉广为人知，如外滩建筑群、石库门老弄堂、浦东陆家嘴天际线等，一直令人津津乐道。2021上海旅游节年度主题为“建筑可阅读，城市微旅行”，为配合主题，上海开通了首条“建筑可阅读”专线巴士，在线上开通“建筑可阅读”微信小程序，推出口袋书《遇见武康大楼》，让人们对上海建筑的阅读方式从“扫码阅读”到“建筑开放”再到“数字转型”，实现了更多建筑可看、可听、可玩。此举赋予了城市阅读新的资源、新的体验、新的内涵，富有创意，并很好地彰显了上海的城市文化，让人们沉浸式感受上海城市文化的最大标识和上海城市生活场景，在游览阅读建筑时了解建筑背后的故事，读懂城市历史，受到极大欢迎。上海市文化旅游局联合上海广播电视台共同策划推出的上海旅游节特别节目——“建筑可阅读”十二时辰全媒体大直播累计点击量破亿人次[①]。

2. 了解目标用户需求

具体而言，阅读行为的主体是人。不管是为人找书还是为书找人，城市阅读品牌建设的根本目标是让人们参与阅读、爱上阅读，养成终身阅读的习惯。因而，在对城市阅读品牌进行定位策划时，要以人为本，要确定目标用户群体是哪些人，要切实了解目标用户的需求。以人民为中心，提供群众喜闻乐见的阅读资源，如此才能更好地吸引人们参与其中，切实发挥并提升城市阅读品牌的影响力。

我国素来有推崇阅读的传统，耕读传家、书香门第的理念深入人心，古人甚至直言“万般皆下品，唯有读书高”。在人们看来，读书可以知诗书，达礼仪，可以修身养性，以立高德。现代社会中，居住在城市的人们相对来说享有更便利的阅读条件和更丰富的阅读资源，且随着物质生活水平的不断提升，人民群众的阅读需求也在发生改变，朝着更高质量、更多元的方向发展。截至目前，我国的全民阅读推广工作已开展十几年，全民阅读面向的是全体社会公众，不分年龄、不分民族、不分职业，根本目的是提升国民的整体思想道德素质和科学文化素养。城市阅读则有一定的地域界限，强调城市中全体民众参与阅读。而具体到某个城市阅读品牌，一般来说就有特定的目标用户。如上海“建筑可阅读”活动面向的是对上海城市建筑感兴趣的人，重点目标用户是想要参观游览上海特色建筑的人群。

我们常说，“一方水土养一方人”。生活在不同地域的人，受到不同地理气候和生活环境的影响，会养成不同的生活方式，形成各自的思想观念和文化性格特征。一份《从阅读指数看城市气质》的大数据分析报告显示，北京人最喜欢阅读文史哲、音乐、绘画、书法类图书，上海人偏爱旅行、美食、养生、时尚、居家类书籍，而最热衷经济、金融和投资类图书的城市中，排名最前的是

① 上海市文化旅游局. 市文化和旅游局:用更富创意打开“建筑可阅读”［EB/OL］.［2021-10-25］. https://www.shanghai.gov.cn/nw18454/20210928/6ea4b39cf66b456f8c739371dc06bc70.html.

深圳和杭州，济南重视教育，成都最爱美食，长沙则是最爱摄影的城市[①]。阅读能反映城市的气质，生活在同一个城市的人们有着较为类似的阅读偏好，特别是涉及身份认同方面的。身份认同表现在很多方面，如国家认同、民族认同、社会认同、自我认同等，这些都集中表现为文化认同。文化认同感带来归属感。人们可以通过阅读对居住的城市增进了解，形成文化认同，强化归属感，进而更加积极主动地参与城市建设，推动社会经济文化各领域的发展。因而，在打造城市阅读品牌时，可以从人民群众在文化认同方面的需求出发进行定位策划。如长春市图书馆的"城市热读"公益讲座品牌下持续推出"关东文化讲坛"系列讲座，讲述长春的历史文化。现代社会人员流动十分常见，很多城市的常住人口中不乏外来人口，越是经济发达的城市外来务工人员就越多。广州用"新广州人"取代原有"农民工""打工仔""外来人员"等称呼，以促进"新广州人"更好地融入广州、扎根广州。此举一跃成为新闻热点，就反映出这一点。对此，在城市阅读中，还可以从外来务工人员的身份认同需求出发推出相应的阅读服务，打造有针对性的城市阅读品牌。如广州图书馆就长期为外来务工人员及其子女免费开展"爱心电脑俱乐部"系列培训；深圳则为广大外来青年工人量身定做"青工大课堂"，组织、成立讲师团到基层和各工业区与来深青工面对面交流互动，以激发培养青工的家园意识和读书向学习惯；深圳宝安区图书馆在总分馆服务体系建设中，特别在外来务工人员生活工作的地方设立"劳务工直属分馆"，并深入各街道开展"关爱劳务工"系列专场讲座。

城市中生活着形形色色的人，有着不同的喜好需求，因而近年来分众阅读日益受到重视。借用市场营销方面的概念，就是要进行市场细分，即通过市场调研，依据用户的需求、行为习惯等的差异，把原本一整个的市场划分为若干个目标用户群的市场，把有着类似需求倾向的目标用户集合成群，每一个目标用户群就是一个细分市场。全民阅读指向全体民众，但这一个整体之中存在阅读需求差异，因此，需要把有着类似阅读需求的人细分为一个个群体，对应各自需求提供不同的阅读服务，实现个性化、精准化服务。可以按照地理属性细分，如前面所说的在城市阅读中推广本地历史文化方面的阅读资源，满足人们的身份认同需求。可以按照人口统计学属性细分，如年龄、性别、职业、教育

① 张玉玲，孙小婷. 文化赋予数据以思想和灵魂——"思想文化大数据实验室"发布首款大数据产品《从阅读指数看城市气质》[N]. 光明日报，2018-04-24(5).

程度、民族、收入等，常见的有面向少儿群体的少儿读者阅读品牌，面向老年人的老年读者阅读品牌，面向家庭的亲子阅读品牌。可以按照心理行为属性细分，如面向喜爱科幻小说的读者们策划科幻小说俱乐部、读书会，面向对演讲感兴趣、想要锻炼口才的读者可以策划演讲训练营之类的活动。

充分了解目标用户的阅读需求后，才能对其需求差异予以定位，进行细分。然后，城市阅读品牌的策划者需要结合本身拥有的条件资源，判断先进入哪一个细分市场比较合适，即现有的阅读资源能最大化地满足哪个目标用户群体的阅读需求，由此进行城市阅读品牌建设可更有效地取得效益。而城市阅读还需要注意的是，最终要实现全民阅读，不能只选择其中部分读者提供服务而放弃其他读者。对于现阶段难以满足的目标用户的需求，则必须有针对性地拓展资源，创新服务方式，提升服务水平，逐步满足人民群众的阅读需求。在此基础上，还应有意识地引领用户阅读，以创新驱动，打造更高质量的阅读品牌，在社会公众中创造培育与社会主义现代化发展相符的新需求，推动人民生活更加美好，助力人的全面发展，提升社会文明程度，为建成文化强国、增强国家文化软实力做出更大贡献。

3. 引领品质阅读生活

如前所述，对城市阅读品牌的定位策划要有更长远的发展眼光，不仅仅是满足人民群众的现有阅读需求，还要引领和创造新需求，推动人们过上高品质的阅读生活。简要来说，城市阅读品牌应引领有态度、有品质、有价值的阅读。

毫无异议，城市阅读在全民阅读中占有重要地位。改革开放以来，我国城市化进程不断加快，尤其近十几年来，城市范围迅速扩张，越来越多的人口涌入城市。据统计，2020年，我国有63.89%的人口居住生活在城镇中[①]，城市数量达到684个、城市建成区面积达6.03万平方公里[②]。城市经济的快速增长让人们的物质生活水平日益提升，与此同时，人民群众的精神文化需求也在不断朝着多元化、品质化发展。在此发展形势下，我国公共文化服务事业实现快速

---

① 国家统计局．第七次全国人口普查公报（第七号）［EB/OL］．［2021-10-25］．http://www.stats.gov.cn/tjsj/tjgb/rkpcgb/qgrkpcgb/202106/t20210628_1818826.html.

② 王晨婷．我国城市数量达到684个［EB/OL］．［2021-10-25］．https://www.bbtnews.com.cn/2020/1221/380187.shtml.

发展，读书看报等人民群众基本文化权益得到高度保障。在国家的大力倡导下，全民阅读在各地城市呈现出如火如荼之势。相比农村地区，生活在城市的人们显然享有更加便利的阅读条件和更加丰富的阅读资源。中国新闻出版研究院组织实施的第十八次全国国民阅读调查结果显示，2020 年我国城镇居民的图书阅读率为 68.3%，农村居民的图书阅读率则为 49.9%[①]。

从小处来说，阅读可以塑造一个人的素质；而从大处来说，阅读可影响国家、民族的发展。通过阅读来推广传承城市历史文化，丰富城市文化内涵，提升城市文化品位，推进书香城市、书香社会建设，这是城市阅读品牌建设的题中应有之义。

石景山区位于北京西部，自古就是京西历史文化重镇。2017 年“4·23”世界读书日期间，石景山区图书馆推出限量版主题明信片活动推广全民阅读并传播京西文化。明信片由“邮票画”非遗项目传承人设计，内容反映石景山区非遗文化特色。读者现场扫描二维码上传自己选好的图片，随即打印出来，就有了一张个性化的明信片。同时，还可以将纸质明信片和图文、视频结合，形成多媒体一体的“有声”明信片。通过组织开展丰富多样的读者活动，近年来，石景山区图书馆已成功打造多个阅读品牌。如“石图讲坛”邀请“红色后代”、各界名家免费为群众带来高品质专题讲座，弘扬中华优秀文化；“小小书虫俱乐部”面向小读者开展亲子故事会、亲子手工会、科学小达人、英语故事会等阅读活动；“快乐阅读直通车”定期开进街道社区、学校、敬老院，将图书和阅读活动送到特殊群体身边，仅 2019 年就完成“快乐阅读直通车”配送活动 234 次。为实现提质增效和高质量发展，石景山区还大力推动公共文化服务供给侧结构性改革，引进专业机构运营全区各街道综合文化中心和部分社区文化室，效果十分明显。街道综合文化中心每周平均开放时长超过 72 小时，服务项目和服务人次同比增长 6 倍以上，服务效能和群众文化获得感、幸福感、满意率显著提升[②]。2020 年 9 月，石景山区被中国图书馆学会评为“书香城市（区县级）”。

---

① 传媒杂志社. 第十八次全国国民阅读调查报告权威发布（图）[DB/OL].[2021-10-26]. http://www.chinalibs.net/ArticleInfo.aspx?id=504245.

② 光明日报. 推动全民阅读 建设书香石景山——北京市石景山区全力创建国家公共文化服务体系示范区（图）[DB/OL].[2021-10-29]. http://www.chinalibs.net/ArticleInfo.aspx?id=504554.

成都图书馆与本地多家书店合作在2018年世界读书日推出了“城市阅读空间”，为到店读者提供免费图书借阅。2020年5月，成都在“城市阅读空间”基础上注入空间美学设计的概念，对其进行升级，变为“城市阅读美空间”，由此为广大读者提供一个融合阅读、生活、美学等多元化的文化公共服务空间体系，并成功引发了一股阅读新潮流。“城市阅读美空间”在建设之初就被赋予了促进公共文化服务体系建设、推动天府文化传承发展、厚培书香成都文化氛围的重任。这些“城市阅读美空间”十分注重美学展示，要求每一个空间都严格按照“美”的建设标准精心打造，更加关注读者的阅读体验感和舒适感；在功能上，不仅可和成都市所有公共图书馆之间实现通借通还，还会充分利用自身优势资源，开展名家讲座、作家签售、图书展览、读者沙龙、阅读分享、亲子阅读等系列阅读推广活动，并承诺一年内将举办不低于24场文化活动①。

二、阅读品牌标识设计

品牌标识设计很重要。提起某某品牌，通常人们首先想到的就是这个品牌的标识。品牌标识是由一定的符号、图案、颜色、字体组合而成。这是一种“视觉语言”，能够通过视觉向受众传递某种认知和情感心理。在城市阅读品牌建设中，设计一个合适的标识是一项重要内容。一般来说，在城市阅读品牌标识设计中，易于识别是首先要考虑的，并且还要能彰显阅读品牌的内涵，要具有创意，要在实际中便于应用。

1. 易于识别

品牌标识的第一要务是要能让人迅速记住。现代社会是泛信息社会，每一个人在日常生活工作中都面临着极为繁杂的信息。想要在各种品牌中脱颖而出，获得受众的关注，品牌标识就要容易被识别，要有自己的特色，且简洁明了。

人们在生活中可以看到数量十分庞大的标识设计，而大家津津乐道的一些

① 陈谋.“城市阅读美空间”三年记:人在阅读中,美在生活中(图)[DB/OL].[2021-10-29]. http://www.chinalibs.net/ArticleInfo.aspx?id=504558.

品牌标志往往都是有着简洁却独具辨识度的设计。如国内外都十分知名的苹果、耐克、麦当劳等品牌的商标。苹果系列产品的标识是被咬了一口的苹果。耐克的标识象征着希腊胜利女神翅膀的羽毛，代表速度，形如人们打“对勾”时的弯勾图案，简洁却有力，容易令人联想到运动时的速度和爆发力。麦当劳的标志是一个金色的双拱门，也是麦当劳英文“McDonal's”首字母的变形。国内也有一些简洁却令人印象深刻的品牌标识。如由鲁迅先生设计、至今仍在使用的北京大学校徽。北京大学校徽造型源自中国传统的瓦当形象，但其简洁的轮廓放在现代社会依然十分引人注目，其中“北大”两字采用篆体，笔锋圆润、简洁大气，形如一人背负二人，令人联想到北大人肩负着开启民智的重任。还有中国邮政的标识，由“中”字与邮政网络的形象互相融合、归纳变化而成，构成图案的线条是略带倾斜的横直平行线，看起来有如飞翔着的翅膀，又有如四通八达、秩序井然的路线，标识的标准色为绿色，简练朴实却又充满生机和活力。而中国铁路的标识也十分简洁明快，标识颜色为中国人都十分喜爱的红色，图形为“工人”两字的艺术化变形，同时融合了火车头、铁轨断面的形象，看上去便是工人、火车头、铁轨断面合为一体，令人迅速便联想到其独特的行业属性，容易留下深刻的印象。

在设计城市阅读品牌时，应借鉴这些品牌标识的成功之处，打造一个简洁而具有辨识度的阅读品牌标识。2012 年 1 月，湖北省委办公厅、省政府办公厅印发了《关于开展全民阅读活动建设学习型湖北的意见》，确定从 2012 年起，每年 4 月定为“书香荆楚 · 文化湖北全民读书月”。《光明日报》2012 年 4 月 23 日世界读书日当天以一整版的特刊形式报道了湖北全民读书月活动，并同时发布了其标识图案和设计思路。从历史文化来看，湖北文化以荆楚文化为核心，具有鲜明的地域特色，“凤鸟”在其中有着十分尊崇的地位。而从地理位置来看，湖北地处中国中部、长江中游，大大小小的湖泊星罗棋布，因这一特殊的地貌，湖北省又被称为“千湖之省”。该标识将代表荆楚文化的“凤鸟”与“千湖之省”的水乡美誉相结合，突出文化湖北的鲜明特色，强化了这一品牌标识的可辨识度。“凤鸟”形态仰颈翘尾，如飞天之势，不仅展现了荆楚文化的浪漫神奇，还表现出湖北人积极创造、求知探索、敢为人先、追求卓越的精神；而“湖水”形态与书本融合，体现荆楚大地的历史文明千百年来傍水而生，源远流长，水孕育荆楚书香。标识整体凤飞书香，寓意荆楚文明仍将如气势非凡的凤鸟一般，乘风生水起，随水流不息，伴文化传播[①]。

图 2-1　湖北省“全民阅读”标识

2. 彰显内涵

品牌标识作为一种传播符号，是品牌形象的核心要素和最为直观的部分，其关键职能就是以精炼的形象表达传播品牌的内涵。需要注意的是，在人类的历史文化中，一些符号、颜色具有独特的内涵。而由于所处环境或生活经历的不同，有时同样的符号、颜色在不同人看来就具有不同的内涵。因此，在阅读品牌标识的设计中，标识的符号、颜色等就必须和目标用户的认知、情感心理相符合，做到简约而不凡。当人们看到某一阅读品牌的标识后，如果能在识别、联想中获取到该阅读品牌想要传递的特定信息，就可以说这是一个设计成功的阅读品牌标识。

以南开大学图书馆“丽泽”阅读文化品牌的标识设计为例，“丽泽”一词取自南开大学馆藏年代最早的古籍《丽泽论说集录》，这也是南开大学图书馆的“镇馆之宝”，已入选第一批《国家珍贵古籍名录》。《丽泽论说集录》是宋朝吕祖谦门人杂录其师学说的文集，“丽泽”为吕祖谦所创办书院之名。吕祖谦是南宋理学家、文学家，与同时代的朱熹齐名，曾与朱熹合著《近思录》。朱熹曾言：“两泽相丽，互相滋益，朋友讲习，其象如此。”“丽泽”一词即指此意，君子之交如水，朋友之间往来交谈，互相交流知识、切磋学问，彼此均

① “全民阅读”标志设计思路[N]. 光明日报，2012-04-23（9）.

能从中受惠。多年来，南开大学图书馆以“丽泽”为名打造涵盖学术与文化讲座、真人图书馆、“名家读经典”课程、读书会和展览等的系列阅读推广活动品牌，已形成一定影响力，具备品牌效应。在此背景下，南开大学图书馆在2021年3月为其打造的丽泽阅读文化品牌征集徽标，设计要求中明确指出：“丽泽”阅读文化品牌徽标作为南开大学图书馆文化活动的主题形象符号，应具有南开特色，突出阅读和文化寓意，彰显图书馆悠久历史、独特内涵和文化传承①。次月世界读书日举办的第十一届“南开读书节”开幕式上，最终获选徽标方案发布，即由展开的书页托举起写有“丽泽”字样的南开标志性八角星图案，寓意以“丽泽”文化品牌活动为依托，通过书香陶冶、培育全面发展的优秀南开人才，通过阅读碰撞思想火花②。“丽泽”阅读文化品牌徽标的颜色与南开大学校徽一致，为紫色；图案中的八角星形也与南开大学校徽一致。八角星形是南开大学的标志性图案，它是由两个正方形叠加、结合而成，其八个角都是直角，分别指向东、南、西、北、东南、西南、西北、东北八个方向。此八角星形具有深厚涵义，一是体现“方方正正做人”之意，二是体现南开人“面向四面八方，胸怀博大，广纳新知，锐意进取”之精神。由此可见，南开大学图书馆确定的“丽泽”阅读文化品牌徽标显然富有内涵，很好地展现了设计要求。

3. 表现创意

品牌标识要做到易于识别且准确传递品牌内涵，创意很关键。在设计中恰当地表现创意，不仅仅只是设计出一个视觉图形，还要全面考虑到它的形象性、文化性、观念性和审美性，将相应元素融合，形成一个简练且具有美学价值的符号。创意就是品牌标识最易于辨识的特色之处，也是品牌标识最想传达的内涵。在具体设计时，对人们习以为常的事物加以个性化、简明化处理，使之更加通俗易懂，且富有趣味，就是创意的表现。

现在，越来越多的图书馆有了自己的馆徽。不难发现，国内很多图书馆的馆徽都采用了“图”字的繁体变体，并融入印章元素或书法元素，由此展现

---

① 南开大学图书馆. 南开大学图书馆“丽泽阅读文化品牌徽标（LOGO）”征集通知（图）[DB/OL].[2021-11-01]. http://www.chinalibs.net/ArticleInfo.aspx?id=495481.

② 吴军辉.“百年风华，阅悟初心”第十一届南开读书节开幕（图）[DB/OL].[2021-11-01]. http://www.chinalibs.net/ArticleInfo.aspx?id=504653.

图书馆作为一个以图书为基石的文化机构的独特之处和中国历史文化的深厚内涵。如国家图书馆的馆徽是“国图”两字的融合变形，重庆图书馆的馆徽将“重”字的左半边与“图”字的右半边融合起来，形成简洁明快的几何图形，巧妙地展现了各自的创意。

深圳读书月是一个具有相当影响力的城市阅读品牌。2018 年的第十九届深圳读书月采用了新的品牌标识。新标识由深圳读书月的英文首字母 s、r、m 拼接而成，国际感十足。图案整体富有创意，形似一排竖立的图书，又似高楼林立的城市剪影，更象征着人类进步的阶梯，传达了“阅读·进步·圆梦”的总主题精神，展现出“书香满城”的城市阅读新风采[①]。设计师还同时配套设计了 19 个深圳读书月纪念徽章，为深圳市民读者打造具体可感的城市文化名片。

图 2-2 “深圳读书月”新 Logo

南京作为六朝古都，一直是文脉昌盛之地，在 2019 年 10 月还被联合国教科文组织授予“世界文学之都”称号，成为我国第一个获此称号的城市。南京主城八区之一的雨花台区在 2020 年 4 月举办了“书香雨花”全民阅读 Logo 创意征集活动，旨在展示雨花台区优秀的阅读资源，深入挖掘并释放出“雨花文学基因”。经过专家评委筛选、网友线上投票后，“书香雨花”全民阅读 Logo 在 2020 年雨花台区全民阅读系列活动启动仪式上正式发布。该标识主体为笔记本电脑与打开的书籍，象征现代阅读的多种方式与媒介形式[②]。

① 李福莹. 深圳读书月推出新 LOGO［N］. 深圳晚报，2018-10-30（A08）.

② 刘浏. “书香雨花”全民阅读LOGO亮相 南京市雨花台区启动2020全民阅读系列活动（图）［DB/OL］.［2021-11-02］. http://www.chinalibs.net/ArticleInfo.aspx?id=504700.

图 2-3　“书香雨花”全民阅读 Logo

4. 便于应用

阅读品牌标识设计的最终目的是要将标识用起来、传播出去。阅读品牌标识的应用既要看标识在不同媒介上的表现效果，也要看标识所引申出来的 VI 系统。

品牌标识必须以某一媒介为载体去实现并进行推广。媒介就是标识设计的物质基础。在不同媒介上，同一标识的表现效果会有区别，标识设计会随着媒介的发展变化而出现新的发展趋势。从古至今出现了各种各样的媒介，如古代的图腾、印章、幌子等，就可以说是标志在不同媒介上应用的结果。幌子常见于古时候商店门口悬挂的布幔或高高挑起的旗帜，后来媒介从布变为木，商店就多用木制的招牌。印刷术发明至今，印刷媒介发生了巨大变化，如纸张印刷和广告布喷绘相比，标识的设计自然会有所不同。进入现代社会后，又出现了电子媒介、网络媒介，标识的设计于是从静态的图标走向了立体化、动态化、交互化的发展趋势。如搜索网站谷歌和百度的标识，每逢特殊节日或事件便会在基本形态上做出变化，动态展示相关元素，形态多样且富于趣味，引人注目。网络上甚至有不少人专门关注谷歌和百度的这些标识设计并进行评比。而腾讯的 QQ 企鹅标识，从 1999 年最初版本的瘦长企鹅到目前的带着红围巾的年轻企鹅，已经有过 6 次整体变化，并且在过年过节或是特殊情况下，企鹅标识也会有相应的调整变化。此外，腾讯还曾推出过 QQ 企鹅的相应游戏，让用户可以与企鹅进行互动。

而由品牌标识引申出来的VI系统及其运用则更为复杂。VI系统即视觉识别系统，VI系统的设计可分为基本要素系统和应用要素系统两方面。基本要素系统主要包括品牌名称、品牌标识、标准字、标准色、象征图案、宣传口语、吉祥物等。而应用要素系统设计是要对基本要素系统在各种媒介上的应用做出具体明确的规定，如信封、信纸、名片、徽章、工作证、资料袋等办公事务用品，以及广告媒体、衣着制服、赠送礼品、旗帜、招牌、标识牌、橱窗、陈列展示等。

美国纽约皇后区公共图书馆被认为是美国最大、最繁忙的公共图书馆系统之一，为了更好地传播自身品牌影响力，也先后推出多个版本的馆徽。如其前一版馆徽是以橙色为主的渐层色设计的三维图书图案，标语是“丰富你的生活”（Enrich your life）。而现在的馆徽是以其英文名称首字母Q为基本造型，艺术处理为一个三维空间，视觉上既是一扇开启的大门，也是一本打开的书，标语是“我们说你的语言”（We speak your language）。同时，图书馆名称也从“皇后区图书馆”（Queens Library）正式变更为“皇后区公共图书馆”（Queens Public Library）。新馆徽颜色采用的标准色是紫色，几何化图形十分简约，能够很好地应用在各种媒介上，包括手提包、文化衫、雨伞、水杯等相应文创产品的设计应用[①]，看起来十分现代化，美观大方，更具活力，且传递出皇后区公共图书馆致力提倡族裔平等和文化包容的理念。这可以为城市阅读品牌标识的设计提供参考。

Queens Library

QUEENS PUBLIC LIBRARY

图2-4　美国纽约皇后区公共图书馆旧馆徽与现馆徽

① 皇后区公共图书馆. 皇后区公共图书馆QUEENS品牌形象塑造，VI设计（图）[DB/OL]. [2021-11-02]. http://www.chinalibs.net/ArticleInfo.aspx?id=504725.

图 2-5　美国纽约皇后区公共图书馆馆徽在图书馆卡上的应用

三、城市阅读品牌组织运营

城市阅读品牌向用户提供的是阅读服务，与有形的产品不一样，无形的服务无法被储藏，其“生产”和“消费”是同时进行的。因此，城市阅读品牌的组织运营十分重要，直接影响着用户对品牌的感知，对于提升城市阅读品牌的知名度、美誉度、忠诚度非常关键。

1. 规划发展

凡事预则立，不预则废。城市阅读品牌的组织运营应从规划发展起步。概括来说，品牌的组织运营是为了提升品牌的知名度、美誉度和用户忠诚度，打造一个成功的品牌。显然，这是一个长期过程。那么，在这期间，谁来领导？谁来执行？要做些什么？进度如何把控？效果如何评估？这些问题在规范阶段就需要解决。因此，在城市阅读品牌的组织运营阶段，首先应制订一份科学有效的规划发展方案，让相关人员胸有成竹，确保接下来的工作有条不紊。

在全民阅读推广中，读书会是一类颇受欢迎的活动形式。我国近些年也出现了很多以读书会、读书俱乐部为形式开展的阅读品牌，如樊登读书会。2013 年 10 月，樊登读书会在上海成立，并在成立之初就确立了明确的目标，即针对“没有时间读书、不知道读什么书和读书效率较低”的人群，帮助其养成阅读习惯，发展到2020年10月，其注册用户已突破4000万[①]。樊登读书会采用的是企业化运营，为用户提供书籍精华解读、精品课程、学习社群、电子书、线下训练营、线下活动等知识服务。其核心产品“书籍精华解读”是为用户提供1小时左右讲一本书的服务，并辅以音频、视频、图文、导图等，从多维度帮助用户巩固学习内容。目前，樊登读书会已与国内众多图书馆等机构合作开展公益性读书会活动。当然，还有很多读书会品牌是由非营利组织筹划推出的。如株洲市图书馆在2017年底发起筹建株洲市阅读联合会，帮助企事业单位、学校、民间团体等不同群体成立读书会，并协助各类型读书会开展活动，一年间共成立吾道读书会、因诵结缘读书会等读书组织38家。在2018年，株洲市阅读联合会及成员单位共开展各类活动1000多场，参与人数达到20多万人次[②]，取得了很好的阅读推广效果。

而如何制订一份读书会的规划发展方案呢？通常来说，方案应包括这些内容：读书会的成立目的；读书会的主办机构及相关方；读书会的工作安排，可以是年度总体规划，确定发展阶段、举办周期、重点任务和相应负责人，或是更为具体的活动时间、流程和要求；读书会的预期社会效益，或者活动目标以及读书会的经费预算。作为城市阅读品牌来打造的读书会，在规划发展时还要特别注意与城市的规划发展结合起来，融入城市文化建设，为城市的发展进步发挥出作用。读书会有不同举办形式，如一人主讲式、多人分享式、评比竞赛式，这应根据实际情况来确定。同样，读书会的运营模式也不是一成不变，要灵活调整，重点是要及时吸纳相关方尤其是目标群体的意见建议，借鉴学习其他读书会或阅读活动的成功之处，不断提升自身品牌的影响力。

2012年3月，贵州民族大学由校团委指导、校图书馆主办成立了读书俱乐部，这是一个学生社团组织，理念是“求真向善审美”。这个读书俱乐部有着完善的组织结构，由指导委员会指导，下设社长、副社长、秘书部、策划部、读书部、宣传部。贵州民族大学图书馆是读书俱乐部的管理机构，为读书会的运营提供人员、资源、场地和经费等方面的支持。读书俱乐部下设的七个部门分工合作，以小型读书沙龙的形式每两周开展一期活动，每期活动都有主持

---

① 王卫朋. 家庭教育类书籍最火，职场新人听书提升自己！樊登读书突破4000万用户的背后[EB/OL].[2021-11-03]. http://www.chinalibs.net/ArticleInfo.aspx?id=504725.

② 文樱. 株洲市最美读书会/优秀读书会/优秀阅读品牌/推广人名单出炉(图)[DB/OL].[2021-11-03]. http://www.chinalibs.net/ArticleInfo.aspx?id=504800.

人、主讲人和嘉宾，围绕话题或书目进行分享交流。读书俱乐部开展的活动主要包括“演讲互动”系列、“话题分享交流”系列及“同读一本书”分享交流系列，以及“世界读书日”专题活动、游学活动及技能培训等特别策划的读书活动。选择的书目主要为经典著作、诺贝尔文学奖作品等。同时，还会不定期举行书单投票，以提升参与者的共鸣①。在宣传方面，海报是读书俱乐部的主要宣传形式，而为了吸引更多人参与，读书俱乐部还建立了新浪微博、微信公众号、阅读交流群等宣传渠道，大力推广读书会活动。目前，该读书俱乐部已成为一个具有影响力的阅读推广品牌，是贵州民族大学图书馆阅读推广的重要阵地。

2. 组织领导

2017 年 4 月，“全民阅读促进委员会”在北京成立。其主要工作是通过开发利用全国各级党政机关、企事业单位、社会组织、大中院校的全民阅读文化资源，促进全民阅读活动深入开展。随后 5 月，国务院法制办办务会议审议并原则通过了《全民阅读促进条例（草案）》。目前，我国各省已推出一系列促进全民阅读的相关政策和地方法规，各地方政府、相关职能部门纷纷制定全民阅读的中长期规划，设立了省市级全民阅读活动指导委员会或全民阅读活动领导小组办公室。这些举措表明，“全民阅读”已从民间自愿行为上升到国家发展战略，全民阅读工作已成为各级党委和政府的常规工作，并有了有力的组织领导。

《2020 年度“书香中国”全民阅读品牌传播影响力大数据研究报告》在 2021 年 4 月发布，受到广泛关注。该报告基于从国内数万家传统媒体和新媒体采集的数亿条数据，集中对 41 个地区的全民阅读品牌进行了大数据分析，包括 31 个省（区、市）和 10 个较早开展全民阅读活动的城市。报告的综合传播影响力榜单列出了排名前 20 的全民阅读活动品牌，包括“书香上海”等 15 个省（区、市）级品牌和“深圳读书月”等 5 个市属品牌。报告指出，党委和政府的大力倡导扶持，是全民阅读活动得以持续壮大、吸引各方力量的关键因

---

① 陈世莉. 读书俱乐部助力高校图书馆阅读推广品牌发展研究——以贵州民族大学图书馆为例［J］. 河南图书馆学刊，2019，39（3）：23-25.

素[①]。城市阅读品牌的建设中，党委和政府及相关机构的支持，可以发挥十分重要的作用。一方面，党委和政府可以为城市阅读品牌提供非常重要的政策保障、资金保障、组织保障以及机制保障，发挥从上至下的倡导引领作用，展现出强大的号召力，推动城市阅读品牌的快速成长和持续发展。另一方面，在党委和政府的组织领导下，城市阅读品牌的建设能够坚持正确方向，以人民为中心、为人民服务，不违背社会主义核心价值观。如在城市阅读中通过倡导经典阅读、红色阅读，更好地传承发扬中华优秀传统文化、革命文化和社会主义先进文化。

以吉林为例，吉林省新闻出版广电局主办建立了“书香吉林”官网，在2017年7月制定并下发了《吉林省全民阅读2017—2020年工作规划》。同年9月，吉林省第十二届人民代表大会常务委员会第三十七次会议通过了《吉林省全民阅读促进条例》，该条例于2017年12月1日正式实施。这些举措展现出吉林省委省政府对全民阅读工作的高度重视，大大促进了吉林省全民阅读工作的发展。目前，我国各地“书香”系列的城市阅读品牌通常都是由当地城市的党委宣传部、文化和旅游局组织领导，展现出极大的优势。如由中共吉林省委宣传部、吉林省教育厅、吉林省文化和旅游厅等主办的“书香吉林阅读季”，活动开展期间，能够高效实现省、市、县三级联动，在社会上形成巨大影响力。2020年“书香吉林阅读季”开展了“书香战疫情”、主题阅读、“优秀阅读书籍”推荐、重大阅读活动、青少年阅读和家庭亲子阅读、保障困难群体和特殊群众的阅读、农家书屋阅读示范推广、数字化阅读、阅读宣传推广，全民阅读示范基地、优秀项目和优秀推广人评选等活动。2021年“书香吉林阅读季”活动从4月23日至7月22日举办，期间开展了庆祝中国共产党成立100周年读书征文、书香吉林讲书堂红色经典讲书、农家书屋读书辅导、亲子阅读、家庭阅读等1000余项活动[②]。在前面提到的《2020年度“书香中国”全民阅读品牌传播影响力大数据研究报告》中，“书香吉林阅读季”在综合传播影响力榜单、传播力榜单、影响力榜单、美誉度榜单等榜单上均名列前茅。

---

① 全民阅读与融媒体智库.2020年度“书香中国”全民阅读品牌传播影响力大数据研究报告(图)[DB/OL].[2021-11-03].http://www.chinalibs.net/ArticleInfo.aspx?id=504840.

② 吉林省文化和旅游厅.吉林省2021年“书香吉林阅读季”系列活动启动仪式举行[DB/OL].[2021-11-04].http://www.chinalibs.net/ArticleInfo.aspx?id=504853.

3. 管理运营

党委和政府在我国全民阅读工作中起着组织领导作用，但这并不意味着各级党委、政府要在全民阅读工作中事必躬亲。其推进全民阅读的方式，主要表现为制定政策保障阅读，设立专门机构推动阅读。我国《全民阅读促进条例（草案）》第六条提出，县级以上地方政府新闻出版广电行政部门负责本行政区域内的全民阅读工作，制定本行政区域的全民阅读规划和实施方案；其他有关部门在各自职责范围内负责有关的全民阅读工作。从全民阅读的目标是人人阅读的角度来说，任何组织机构和个人都可以开展全民阅读的运营工作。但结合我国实际情况来说，在城市阅读品牌的管理运营上，图书馆等公共文化服务机构有着天然且必然的优势。

在各地开展的城市阅读活动中，图书馆、新闻出版机构、学校、工会、共青团、妇联以及残联、科协、文联、作协、社科联及其他相关社会团体是较为常见的力量。而其中图书馆显然是最重要的主体力量之一。《全民阅读促进条例（草案）》第十二条提出，公共图书馆、中小学图书馆（室）、农家书屋、职工书屋、社区书屋、基层综合文化中心、公共阅报栏（屏）等全民阅读设施管理单位应当保障和满足公众的基本阅读需求，有条件的，应当提供多语种、多种载体的文献借阅服务和一般性的咨询服务，组织开展阅读活动和指导培训。《中华人民共和国公共图书馆法》中明确规定，公共图书馆应当将推动、引导、服务全民阅读作为重要任务。相对于其他机构而言，图书馆的独特优势表现在：既有适合阅读的场所环境，又有极为丰富的阅读资源，还有可提供专业阅读指导的馆员队伍。

而在2016年12月《关于推进县级文化馆图书馆总分馆制建设的指导意见》发布后，我国各地图书馆大力推进总分馆服务体系建设，效果明显。依托于总分馆服务体系，图书馆在推进城市阅读方面发挥出更大的作用。湖南长沙市图书馆早在2010年就已启动总分馆制建设，并得到政府的大力支持。2013年，长沙市政府出台了《长沙市图书馆总分馆制建设实施方案》，进一步推进其总分馆服务体系建设。由此，广泛分布的分馆、自助图书馆、流动图书服务点、流动图书车构建起“十分钟阅读圈”，让人们能够就近获得便捷的图书借阅服务；长沙市图书馆和新华书店、网上书店合作开展的服务，则支持人们直接从线上线下的书店把书免费带回家看。在总分馆服务体系建设过程中，长沙市采用“政府主导＋社会力量参与”的运营模式，坚持“体系引流、特色运营、多方共建”，鼓励、吸纳社会力量与图书馆合作共建分馆。其中，长沙市图书馆作为总馆负责图书采购、编目、物流配送，实现技术统一管理、资源统一配置、人员统一培训、阅读活动统一配送。如此一来，长沙市图书馆推出的诸多特色阅读品牌，如主打亲子阅读的“青苗计划”、关爱老年人的“e 课堂”、服务视障人士的“侧耳倾听”公益平台、由各领域精英志愿授课的“百师千课”项目，辐射范围大大拓展，影响力显著提升。据统计，2020 年，长沙图书馆总分馆共开展 2000 多场阅读活动，其中总馆配送的活动就近 600 场。其覆盖全域的“智慧长图”项目还可通过后台大数据实时监测分析，对各分馆的开放管理、馆藏资源、阅读活动等进行跟进指导[①]。综合后台数据监测、第三方绩效评估，参照长沙市制定的标准化服务和绩效评估指标，分馆需要每年接受考核，不合格者限期整改，并实行末位退出机制，由此推进以图书馆为引导者和推动者的阅读生态建设。

4. 品牌载体

品牌载体一般分为人、物、事这几类。人包括代言人、创始人、杰出代表等；物指的是相关物品、产品、特色服务等；事则包括品牌故事、品牌事件等。这些品牌载体的共同之处在于能承载品牌精神，内蕴品牌内涵，反映品牌个性，强化品牌和用户之间的联系。品牌的组织运营中少不了品牌载体的存在，运用得当的话，对品牌的成功可取得事半功倍的效果。

在城市阅读品牌建设中，这几类品牌载体也都存在，尤其是以“事”为品牌载体的最为常见，主要表现为各种各样的阅读活动。这方面的例子几乎随处可见。2020 年 12 月，合肥市创建“线上＋线下”书香城市阅读周活动，主题是“声声悦耳 书香合肥”。活动由中央广播电视总台“云听”平台、合肥市委宣传部、合肥市文化和旅游局、庐阳区委联合主办。阅读周期间，中央广播电视总台 5G 新媒体声音平台“云听”与合肥市一百多所阅读空间合作举办了 100 多场阅读活动[②]。“云听”提供优质有声资源，通过活动鼓励人们将读书与

---

① 文旅中国．湖南长沙：着力构建城乡一体化全民阅读生态（图）［DB/OL］.［2021-11-04］. http://www.chinalibs.net/ArticleInfo.aspx?id=504858.

② 合肥发布．正式启动！“线上＋线下”书香城市阅读周来了（图）［DB/OL］.［2021-11-05］. http://www.chinalibs.net/ArticleInfo.aspx?id=504876.

听书相结合，利用碎片化时间听书阅读，汲取知识，满足各年龄层群众的有声阅读需求。这些活动的举办，让更多人了解到“书香合肥”品牌，参与品牌活动，为“书香合肥”品牌建设发挥出极大作用。

作为城市阅读品牌载体的“物”包括有形的物品和无形的服务，如读者证、图书礼包以及各种无形的阅读服务等。由于少儿类图书借阅需求大，为优先满足少儿读者的需求，广州图书馆有个规定是少儿类图书仅供未成年读者借阅。从 2021 年 7 月起，广州图书馆特别推出“孕妈妈”专项读者证，以便怀孕的准妈妈们借阅相关婴幼儿类图书进行阅读胎教①。同时，为了提升准妈妈的阅读体验，广州图书馆还为前 100 位办理“孕妈妈”专项读者证的读者赠送婴幼儿阅读包一份，阅读包中包括一本绘本《小魔怪要上学》、一份《婴幼儿专属阅读护照》、一份《儿童早期阅读倡议书》以及婴幼儿亲子阅读方面的指导材料，以帮助准爸妈们更好地利用广州图书馆开展亲子阅读。牡丹江市图书馆则早在 2009 年 5 月就推出了“少儿阅读大礼包”，根据不同读者需求设为一二年级、三四年级、五六年级 3 个档，装有不同种类的图书，每份大礼包中有 2 本书，少儿读者读完一定数量的书后还可获得礼品奖励。随后，“少儿阅读大礼包”还拓展出一系列阅读活动和相应服务，如开展征文比赛、演讲比赛、知识竞赛等，邀请名师现场为少儿读者指导阅读，使“少儿阅读大礼包”成为当地颇受欢迎的阅读品牌，几年间，牡丹江市图书馆年接待少儿读者从 3000 多人次增加到 5 万多人次②。

以“人”为载体的城市阅读品牌也不在少数，如阅读推广人、领读者之类的。近年来，社会上对阅读日益重视，很多个人、民间组织在积极推广阅读，打造出众多具有影响力的阅读推广人品牌。“樊登读书会”品牌即是以其创始人樊登为名，在其品牌运营中樊登也一直担任着十分重要的阅读指导者、阅读推广人的角色。在少儿阅读领域，此类阅读品牌更为常见。如鄂尔多斯市东胜区图书馆专为未成年读者推出的琪琪妈妈讲绘本、棉花糖姐姐讲故事等阅读品

---

① 孙珺．广州图书馆推出孕妈专项读者证 | 前100位孕妈读者将获赠阅读大礼包（图）[DB/OL].[2021-11-05]. http://www.chinalibs.net/ArticleInfo.aspx?id=504909.

② 董云平．“阅读大礼包”让孩子爱上阅读[DB/OL].[2021-11-05]. http://www.chinalibs.net/ArticleInfo.aspx?id=504908.

牌[①]。而作为图书馆行业机构，中国图书馆学会已连续多年举办“阅读推广人”培育行动，主持编写《阅读推广人系列教材》，各地图书馆也在这方面积极作为，为推进全民阅读发挥出十分重要的作用。2019 年 11 月，在由中宣部主办的全国全民阅读工作经验交流会上，中国图书馆学会组织实施的“阅读推广人”培育行动获评 2019 年全民阅读优秀项目。

5. 监督管理

在品牌组织运营过程中，实施效果如何，有没有达到预期目标？这是品牌监督管理的重点。当前很多的城市阅读品牌，是在当地党委和政府的领导下，由图书馆具体负责策划实施，其中社会化运营日益普遍。即在政府主导下，采用“图书馆 +”的方式吸纳社会力量参与其中共同打造城市阅读品牌。在这一多元主体的模式下，要合理协调各方优势资源互补，有序运营，实现多方共赢，监督管理就十分重要。

城市书房是近些年快速发展起来的一种城市阅读服务设施，在城市阅读品牌社会化运营中很具代表性，我国多地在这方面进行了积极探索，有的已取得显著成效。据媒体不完全统计，全国先后有 29 个省、市的 193 座城市建成 3300 余家城市书房[②]。其中，温州“城市书房”就是一个成功的典范。

温州市从 2014 年开启“城市书房”建设，在各区文化广电新闻出版局的领导下开展，由温州市图书馆与企事业单位、街道社区、书店等合作共建，其中温州市图书馆负责统一调配图书、数字资源，并统一协助实现信息化技术，合作方则负责提供场馆、装修和日常开放运营。2017 年 5 月开始，温州市图书馆将城市书房管理与服务工作以及图书物流配送工作承包给北京人天书店有限公司，由其提供更加专业对口的高质量服务[③]。为了提升城市书房的服务质量和服务效能，温州市出台了《温州市城市书房建设与管理办法》《温州市城市书房扶持补助办法》等文件，从城市书房的规划建设、运行管理、服务提供、扶

① 王芳，刘锦山．东胜区图书馆史（1979—2018）[M]．北京：国家图书馆出版社，2019：228.

② 程潇潇．这项国家标准的批准立项，有温州的一份力！（图）[DB/OL]．[2021-11-05]. http://www.chinalibs.net/ArticleInfo.aspx?id=504969.

③ 胡海荣．点一盏灯　暖一座城——温州城市书房创新公共图书馆服务模式的探索实践[DB/OL].[2021-11-05]. http://www.chinalibs.net/ArticleInfo.aspx?id=488770.

持补助等方面做出规范性要求；由中共温州市委宣传部、温州市文化广电旅游局主办“十佳城市书房”评选活动，激励各城市书房良性竞争；由温州市图书馆组织对城市书房的服务环境、服务效能、读者满意度等方面进行考核抽检，开展“城市书房读者满意度问卷调查”，并面向公众公开招聘社会监督员，引入第三方加强对城市书房的监督管理。在城市书房的建设管理成功经验基础上，温州市图书馆编制发布了全国首个24小时自助图书馆地方标准《城市书房服务规范》，该规范于2019年获批成为省级地方标准。其中规范了对城市书房的监督管理和绩效考核标准，要求城市书房在显著位置设立读者意见箱，公开读者咨询电话号码，开设网上投诉通道，并在2个工作日内予以回复并及时整改，每年进行一次读者需求和满意度调查，调查表发放数量应不少于100份，回收率不低于80%（含），满意度不低于85%（含）[①]。不仅如此，2021年，温州市图书馆还获得文化和旅游部批准，负责基于《城市书房服务规范》总体框架，牵头起草我国文化和旅游业行业标准《公共图书馆馆外服务场所服务规范》。可以预见，后者的出台将为我国城市阅读品牌建设提供更有力的监督管理依据。

四、城市阅读品牌宣传推广

对打造品牌的机构来说，品牌能凝聚价值、提升价值。而从另一个角度来说，品牌是市场概念。也就是说，品牌必须面向用户、走向用户。所以，任何品牌都需要广而告之，应重视宣传推广。城市阅读品牌的宣传推广渠道主要有传统媒体、新兴媒体、活动事件等。在宣传推广中，需要注意因时而动，利用名人效应。

1. 传统媒体

传统媒体是一个与新兴媒体相对而言的概念，指的是报纸、杂志、广播、电视、户外媒体等传统意义上的媒体。与新兴媒体相比，传统媒体的主要特点是信息的单向传播，能将信息送达至更为宽泛的受众群体，且在新闻报道的深

---

① 温州市图书馆. 温州《城市书房服务规范》正式出台[EB/OL].[2021-11-05]. https://www.wzlib.cn/gwdt/14349.html.

度、广度、高度方面具有无可比拟的优势。由于更长时间的运营，传统媒体早已深入人心，内容上更具有权威性。尤其是在我国，对新闻采编资质的管理限制使得传统媒体在宣传推广上具有独特的优势，仍居于主流媒体的位置。

在城市阅读品牌的宣传推广中，应善于利用传统媒体的优势。传统媒体中，不同类型的媒体还有着各自的优缺点。如报纸发行量较大，传播范围更广，读者群相对稳定，很多报纸都有自己特定的读者群；报纸权威性较高，对读者来说可信度较高；而且报纸版面大、篇幅大，可以发挥出相当大的信息载量和较强的解释能力，可以详尽地对事件活动等进行描述、解读。报纸的缺点是生命周期短，人们读报时往往是只看一次，快速浏览，它与读者的接触时间较短。杂志的优点是目标受众精准，对读者来说具有较高的权威性和可信度，杂志比报纸有更富裕的篇幅页面，可以更具体细致地进行宣传推广。杂志的缺点是及时性不够，送达受众的渠道更为单一，使覆盖群体有所局限。电视则具有传播面广、感染力强、可信度高的优势，但电视节目播出时间有固定安排，如果观众没有看到容易错过，会影响到对品牌的认知、记忆。广播主要是语音传播，优势是可以向受众迅速传递信息，灵活性较强，可以根据受众需求来调整播报内容，收听方便，不受时间、地点限制。而由于人们获取信息往往更习惯通过视觉，听觉次之，因此广播有容易被忽视的缺点，很有可能被听众忽略或忘记，而且目前收听广播的人群也偏少，受众范围不如电视、报纸等媒体。户外媒体包括平面的海报、招贴画、宣传栏、条幅等，以及立体的灯箱、霓虹灯等。户外媒体的地理因素很重要，城市阅读品牌利用户外媒体进行宣传推广的话，宜在图书馆、书店、书报亭、公园等地方推广，户外媒体能为经常在这些区域活动的目标用户群体提供反复的宣传，给他们留下深刻印象。而户外媒体的缺点也很明显，因其位置固定，覆盖面有限，宣传效果会受到限制。

虽然互联网已经日益普及，但目前传统媒体依然有着无可比拟的优势。如我国很多人还未实现“上网自由”，尤其是老年人、儿童等特殊群体，他们获取信息更多的是通过传统媒体。对于全民阅读推广，传统媒体是一个非常重要的宣传渠道。在打造城市阅读品牌时，和城市当地的报纸、杂志、电视、广播、户外等传统媒体合作进行宣传推广，效果会十分显著。如很多家庭有一起看电视的习惯，通过电视来宣传推广亲子阅读，能起到更好的宣传作用。而国内媒体近些年也在将全民阅读推广列为自身的一个重要业务内容。2013 年 4

月，中国全民阅读媒体联盟在武汉成立[①]。该联盟以"聚合媒体力量，倡导全民阅读，打造书香中国，建设和谐社会"为宗旨，由中国新闻出版传媒集团联合《光明日报》《经济日报》等78家中央和地方媒体共同发起建立，有200家媒体共同参与，在全民阅读宣传推广方面发挥着重要作用。

此外，阅读推广组织和机构也可以自己创办报纸杂志作为宣传推广媒介。如中国图书馆学会阅读推广委员会会刊《今日阅读》，该刊由苏州图书馆承编，旨在倡导"全民阅读"，经常刊发阅读推广方面的活动报道或相关工作经验总结和研究分析，每年编发四期，寄赠给会员、图书馆馆长、馆员以及读书刊物爱好者。《今日阅读》第32期不仅分享了温州城市书房的建设经验和武汉大学图书馆"笔墨涟漪"抄书接力活动的开展情况，还介绍了芬兰"快乐阅读促进计划"的15个具体案例情况，对于读者来说，不管是想要学习如何打造城市阅读品牌，还是希望宣传推广城市阅读品牌，都是很有帮助的。

2. 新兴媒体

新兴媒体又常被称为新媒体，指的是基于无线通信技术和网络技术而出现的媒体形态。在我们的生活中较为常见的有门户网站、微博、微信、短视频、手机客户端等。新技术的出现还使得传统媒体也焕发新生，出现了数字电视、网络电视、楼宇电视、车载电视、数字报、电子杂志、户外大型LED屏等新形式的媒体，尤其是一些网络原生的报刊，其内容不再限于文字图片，还可融合音频、视频等进行集成展示，宣传效果更好。这些从广义上来说，都可以称为新兴媒体。新兴媒体在现代社会日益普遍，随着在网络中成长起来的互联网原生代逐渐成为人口主体，新兴媒体的宣传推广作用将越来越重要。

我国近十几年来互联网事业发展十分迅速。据《第48次中国互联网络发展状况统计报告》，截至2021年6月，中国网民规模达10.11亿，互联网普及率达71.6%[②]。就全民阅读角度来看，基于互联网而出现的各种新媒体正在展现出生机勃勃的活力。一方面，数字阅读日益普遍，新媒体成为阅读的重要内容；另一方面，新媒体展现出比传统媒体更为个性化、多元化的宣传推广效果，可以更加及时、直观、全面地让受众接受到相关信息，且能与受众进行互动，更

---

① 周立文，夏静．全国全民阅读媒体联盟成立［N］．光明日报，2013-04-12（4）．

② 张保淑．中国网民规模超10亿［N］．人民日报海外版，2021-08-28（2）．

受大众欢迎。因而，在城市阅读品牌的宣传推广中，新媒体力量正在日益活跃壮大，越来越受重视。

浙江省慈溪市因治南有溪、东汉董黯“母慈子孝”而得名。自 2001 年 9 月慈溪市启动首届“全民读书月”之后，慈溪市全民阅读氛围日益浓厚，曾被中国阅读学会授予“华夏书香地标”称号和“书香慈溪”牌匾。2020 年 4 月，由慈溪市委宣传部、市新闻出版局发起的“慈溪阅读文化推广新媒体联盟”正式成立，首批 16 个成员均为当地颇具影响力的微信公众号。其中，既有“全民阅读”“慈溪发布”“文明慈溪”等政务发布平台和慈溪市文广旅体局、文联、图书馆、博物馆等提供公共阅读服务的相关部门，也涵盖了宁波大学科学技术学院、慈溪市新华书店、稻读公社、慈溪市朗诵协会等致力于全民阅读推广的有关单位和社会组织。相关负责人明确表示：“成立这个联盟，主要是希望借助互联网平台和新媒体的力量，汇聚所有做书人、读书人、爱书人的智慧和力量，更为广泛、深入地推广各种优秀的阅读理念、正确的阅读方式，引导和推动全民阅读从一种个人的生活方式变成一座城市的文化自觉。”①

3. 活动事件

我国开展全民阅读推广的十几年来，各种阅读推广活动层出不穷，并由此形成了一系列阅读品牌。至今，活动事件已成为城市阅读品牌的重要宣传推广方式和契机，包括精心策划实施的各类阅读推广活动、在当地举办的重大事件，或者是未在预料之中的意外事件。

2010 年上海世博会是我国举办的首届注册类世界博览会，举世瞩目。围绕这一重大事件，上海图书馆举办了丰富多样的活动，并推出相应服务，包括在倒计时一周年之际举办“历届世博会奖牌及世博会中国留影”展，举办专题讲座解读世博历史，在世博园区设立图书浏览区和图书漂流区，提供公益性图书情报服务，推出包含上海世博会元素的读者证，等等。这些举措无疑为促进人们了解世博、阅读世博乃至全民阅读推广发挥了明显作用。

每年 4 月 23 日的“世界读书日”是阅读推广的一个重要时机，各地的阅读推广活动精彩纷呈，近年来很多城市都在这个重要节日开展大型系列阅读推

① 陈益维. 从生活方式到文化自觉 书香慈溪绘就文明新风尚[DB/OL].[2021-11-09]. http://www.chinalibs.net/ArticleInfo.aspx?id=505118.

广活动，传播和增强阅读品牌影响力。如太原市图书馆在2020年世界读书日之际，以“书香助力战疫，阅读通达未来”为主题，向全城读者推出了阅读推广云矩阵系列活动，包括：“有声有色”阅读推广秀——读者通过开展“有声诵读、戏剧表演、阅读脱口秀、vlog小视频”等方式分享阅读新体验，打造“阅赏8分钟”；“读城记”影像志——太原市图书馆联合“书香太原”阅读推广联盟和太原市文化志愿者，通过微信、微博、抖音同步线上发布城市声音期刊，发掘人文主题故事，讲述城市历史文脉，打造全国首档地域人文阅读品牌声音期刊；“读城记”抖音阅读云接力——倡导市民拍摄城市文化阅读主题原创视频，上传至个人抖音账号，添加话题“读城记”与太原市图书馆官方抖音互动；“逆行者”口述战疫——通过视频记录、直播等形式，展现驰援武汉和太原抗疫一线医护人员的难忘历程和感人事迹；在线举办“艺术与阅读”线上美育展览；帐篷里的阅读马拉松——设立6顶阅读帐篷，让读者与书共处4小时23分钟，并进行全程手机直播；“太原号驱逐舰”舰模入驻太原市图书馆陈列展示；举办太原市全民抗“疫”战“疫”资料实物展；开展“你荐书，我买单”活动；举办“人间春暖”中华诗词答题活动；开展中国盲文图书馆主题阅读分享活动①。

还有一些计划之外的突发性事件也可作为品牌宣传推广的契机。如曾受到广泛关注的杭州图书馆“微博事件”、东莞图书馆农民工留言事件、丽水市图书馆破例为老农单独开馆事件。这些事件并非图书馆有意策划实施的，但在事件发生后，图书馆及时积极跟进，进一步宣传了事件带来的影响力，很好地做到了以事件为载体促进人们对全民阅读和图书馆价值的关注和思考，在社会上树立起良好的品牌形象。

4. 因时而动

时间也是城市阅读品牌宣传推广中需要重视的一个关键因素。如最受关注的“4·23世界读书日”，经过这些年坚持不懈的推广，在人们心中已与阅读建立了紧密的联系，在这一节日前后加大对城市阅读品牌的宣传推广无疑更能吸引人们关注。“世界读书日”是全球性的节日，而除此之外，国内外还有一

---

① 高万军. 太原市图书馆推出十三大阅读推广云矩阵系列活动（图）[DB/OL].[2021-11-09]. http://www.chinalibs.net/ArticleInfo.aspx?id=505129.

些特定节日和纪念日，一些城市也有自己的特殊节日，这些具有特别意义的时间都可以成为城市阅读品牌的宣传推广良机。

我国一些传统佳节都有相应的庆祝活动，如元宵节猜灯谜、端午节赛龙舟、中秋节赏月、重阳节登高，这些传统习俗有着深厚的群众基础。在这些时节，与民风习俗相结合，举办特定的阅读推广活动，十分容易受群众欢迎。

河北省武安市是著名的地方戏曲之乡，曾被联合国教科文组织授予“千年古县”称号。元宵猜灯谜活动在武安也有着悠久的历史传统，早在晚清时候就有相关习俗，在民国初年更是十分盛行，地方名门巨贾出资、名儒雅士主持，城内猜灯谜场所多达 20 余处。新中国成立后，武安元宵灯谜活动在民间依然红红火火，武安市图书馆也积极举办猜灯谜活动，参与者逐年增多，成为当地一大文化盛事。2006 年，武安市委市政府决定将元宵节猜灯谜活动确定为春节期间十大文化活动之一，并于当年举办了“首届武安市民俗谜会一条街”活动。2008 年，“武安市民俗谜会一条街”活动在中央电视台 1 套《新闻联播》、2 套《第一时间》及河北新闻频道播出，2009 年“武安灯谜”被确定为邯郸市非物质文化遗产[①]。为把灯谜活动办得更好，武安市图书馆还推出一系列举措，如定期开展“周末谜苑”活动普及灯谜知识、与时事和地方特色相结合打造专题灯谜、举办灯谜擂台赛吸引海内外谜友参加等，将灯谜一条街活动发展成为武安市的一大城市阅读品牌。

5. 名人效应

在阅读品牌的宣传推广中，人气是十分关键的因素。如何迅速集聚人气？名人效应就是一个很好的模式。名人指的是在社会上受关注度高、影响力大的人士，有国际知名人士，有国内著名人士，也有在某个城市中享有盛誉的地方知名人士或某个领域的大咖。阅读历来被认为是一件雅事，名人雅事，相得益彰。因而，邀请名人参与或代言城市阅读品牌活动，借助其名气吸引更多人关注，可以获得较好的宣传推广效果。

诺贝尔文学奖获得者的作品通常是大众热门读物之一，甚至有的诺贝尔文学奖得主在获奖后，其作品一个月销售总量可比获奖前一个月增长近 1500

① 霍瑞娟，刘锦山．基层图书馆建设与服务创新［M］．北京：国家图书馆出版社，2016：197.

倍。这就是名人效应给阅读带来的巨大影响力。我国作家莫言获得诺贝尔文学奖后，大众知名度迅速提升，其作品长期居于各大图书畅销榜前列。我们都知道，在阅读推广中，“诺贝尔文学奖得主必读作品”“莫言的阅读书单”“莫言的推荐书目”……这一类标题往往更容易吸引读者关注。有的图书馆会专门设置名人书架，也是在发挥名人效应以推广阅读。如中国科学院在长春设有分院，利用这一优势，长春市图书馆搜集整理了诸多在长春工作的院士资料，举办“家国情怀·科学精神——长春院士展”，编辑出版《家国情怀·科学精神》一书，打造院士专藏书架和院士专题数据库，并邀请院士做专题讲座，多方位、多角度展示院士们的成长历程、学术轨迹、科学成就以及精彩人生①，受到社会各界高度好评。

城市阅读品牌宣传推广中常见的名人效应是邀请知名作家和文化领域的知名人士举办主题讲座，也有一些特定主题的阅读推广活动会邀请相关领域的知名人士代言。如一些城市在读书月期间邀请余秋雨等知名作家、文化学者做讲座，盛况空前。淄博市自2008年举办首届读书节以来，一直坚持邀请文化名人担纲读书节大讲堂的主讲，多年来已邀请了王蒙、莫言、张炜、马瑞芳、毕飞宇、刘醒龙、刘心武、汪国真等众多文化名人莅临，通过名人效应与文化互动的模式吸引了广大群众爱上阅读，并使读书节大讲堂成为淄博市的一张闪亮的文化名片②。由原国家新闻出版广电总局、湖南省委省政府共同主办，湖南省委宣传部、湖南省新闻出版广电局、湖南广播电视台、湖南出版集团承办的“2017书香中国”全民阅读系列活动中，曹文轩、李健、何炅担任了2017年全民阅读形象大使，并获颁聘书③。2020年由中国出版协会、中国书刊发行业协会、中国新华书店协会、韬奋基金会、中国教育装备行业协会学校图书装备分会、中国出版传媒商报社等共同主办的第七届“中国读友读品节”，则邀请了

① 长春市图书馆．“家国情怀·科学精神——长春院士展”暨《家国情怀·科学精神》新书发布仪式隆重举行（图）[DB/OL]．[2021-11-09]．http://www.chinalibs.net/ArticleInfo.aspx?id=464588.

② 郝永勃，刘洪霞，沙红翠，等．砥砺前行12年 书香淄博铸品牌（图）[DB/OL]．[2021-11-09]．http://www.chinalibs.net/ArticleInfo.aspx?id=505169.

③ 新华网．曹文轩、李健、何炅担任2017年全民阅读形象大使[EB/OL]．[2021-11-09]．http://www.xinhuanet.com/book/2017-04/20/c_129552342.htm.

知名教育家朱永新、知名学者鲍鹏山、知名作家叶兆言等名家代言①，呼吁人们多多阅读。

五、城市阅读品牌持续发展

品牌有自身的演进规律，从产生、成长、成熟到衰亡的这一过程，即品牌生命周期。为了尽量延长品牌的生命周期，就需要对品牌进行有序管理和维护，以实现品牌的长期持续发展。城市阅读品牌的持续发展需要注意加强人财物支持，坚持常态化运营，并重视培育用户忠诚度。

1. 加强人财物支持

品牌建设过程需要投入人财物等多方面的成本。城市阅读品牌是通过提供优质的阅读服务来获得用户的认可，而在服务中，人力、财力、物力的支持缺一不可，这是城市阅读品牌得以生存发展的必要保障。

人力方面，打造成功的城市阅读品牌，需要一支拥有专业素养的阅读推广人团队，他们能开展阅读指导，善于唤醒、激发人们的阅读热情，并根据人们的需求推荐合适的阅读资源，教导人们更有效地阅读，感受阅读的乐趣，养成良好的阅读习惯。财力方面，需要提供稳定的经费支持。而这方面的财力支持和商业投资不一样。城市阅读推广是一项长期的公益性文化活动，首先考虑的应是社会效益，而非经济效益。城市阅读品牌的目标不是经济创收，而是让更多人更好地阅读。城市阅读推广也难以出现立竿见影的效果，而是需要长期的培育过程，才能实现全民阅读的目标。城市阅读品牌的建设更是一个长期工程，需要稳定持续的财力支持，如果是三天打鱼、两天晒网的做法，往往会前功尽弃，难有建树。物力方面，表现为相关设施设备，包括布局合理、覆盖全面的阅读场所，提供 7×24 小时服务的自助借还书设备，打破空间时间限制的数字化阅读服务平台，等等。显然，这些支持非单方面可以完成，需要从顶层设计上加以保障，政府的作用十分关键，通过政府主导，社会各界多方力量联动起来，合力推进。

---

① 夜雨，倪成. 第七届中国读友读品节代言人谈读书［N］. 中国出版传媒商报，2020-04-21（2）.

因此，为全民阅读提供人财物方面的保障，已成为我国政府的一项重要职责。最重要的表现就是国家和地方全民阅读立法工作的稳步推进，从法律层面将政府相应职责规范化，使之有法可依。在国家法律法规数据库中查询，可发现已有多个省份和城市颁布了全民阅读方面的地方性法规，如山西、宁夏、贵州、河南、广东、吉林、江苏、四川以及深圳、宁波、烟台等，其中不仅明确了地方全民阅读品牌建设，就全民阅读的人财物支持也有明确要求，这为城市阅读品牌的持续发展提供了良好保障。自2015年3月1日起施行的《湖北省全民阅读促进办法》将每年4月23日（世界读书日）和9月28日（孔子诞辰日）列为法定读书日，要求国家机关、企事业单位、社会组织围绕“书香荆楚·文化湖北”阅读品牌推进全民阅读活动。2019年4月颁布实施的《河南省人民代表大会常务委员会关于促进全民阅读的决定》中提出：“各级人民政府应当建立阅读推广人队伍，鼓励和支持教师、公务员、科研人员、大学生、新闻出版工作者、离退休人员等作为志愿者加入阅读推广人队伍，组织开展面向各类读者群体的专业阅读辅导和推广服务。”① 关于对全民阅读的财力、物力支持的相关内容就更多，相关法律法规和政策文件中均有明确规定。如《贵州省全民阅读促进条例》第五条提出：“县级以上人民政府应当将全民阅读促进工作纳入国民经济和社会发展规划，将开展全民阅读促进工作所需经费纳入同级财政预算。”第十二条提出：“县级以上人民政府应当加大对全民阅读设施建设和服务的投入，支持和保障全民阅读设施的开放、运营、使用和维护，促进全民阅读均衡协调发展。县级以上人民政府应当在城市社区建设社区书屋、阅报栏（屏）等全民阅读设施。”② 此外，我国多个地方还制定了全民阅读的中长期规划，如内蒙古自治区印发《内蒙古自治区全民阅读中长期规划（2016—2025）》，海南省印发《海南省全民阅读中长期规划（2016—2025年）》，从政策层面为全民阅读提供制度保障，明确对全民阅读的人财物支持，构建起全民阅读的长效机制。正是因为这些法律法规的颁布和规划的实施，我国近些年的

① 河南省人民代表大会常务委员会. 河南省人民代表大会常务委员会关于促进全民阅读的决定[EB/OL].[2021-11-10]. https://flk.npc.gov.cn/detail2.html?MmM5MGU1Yjk2YTI5MjM5NjAxNmE2MWYzNjEwZjA1Y2Y%3D.

② 贵州省人民代表大会常务委员会. 贵州省全民阅读促进条例[EB/OL].[2021-11-10]. https://flk.npc.gov.cn/detail2.html?MmM5MGU1YmE2YTI5MWQ4ZjAxNmQwNTdlZGQ1YzU2YzA%3D.

城市阅读推广工作呈现出稳定持续发展之势，这些成功经验在今后应得到进一步推广。

2. 坚持常态化运营

坚持常态化运营是实现城市阅读品牌持续发展的又一重点，并已在我国此前的全民阅读推广实践中得到验证。

在我国全民阅读推广工作的前期发展阶段，相关法律政策体系尚未健全。由于缺乏制度保障，各地的全民阅读推广如星星之火，还处在积极探索中。经过一段时期的发展，全民阅读的常态化、长效化受到高度重视。2015 年 3 月，文化部公共文化司在北京召开“图书馆与全民阅读研讨会”。文化部表示将策划推出全年系列阅读活动，以世界读书日、图书馆服务宣传周、全民读书月为重要节点，推出一批国家级示范活动和地方主题阅读活动，推动全民阅读的常态化、长效化[①]。2015 年 11 月，由国家新闻出版广电总局组织召开的全国全民阅读工作会议在京举行。会上对此前十年的全民阅读工作成效和经验进行了总结，并对此后全民阅读工作展开研究部署。会议强调，要培育和巩固“书香中国”系列全民阅读活动品牌，推动全民阅读活动深入群众、深入基层，推动全民阅读工作走向法制化、常态化[②]。2016 年 12 月，国家新闻出版广电总局印发了《全民阅读“十三五”时期发展规划》。这是我国制定的首个国家级全民阅读规划，其宗旨就是推动全民阅读工作常态化、规范化，共同建设书香社会。

让阅读成为常态化活动，由此深化全民阅读，目前已成为社会各界共识。而要实现城市阅读品牌的常态化运营，需要从上到下的共同努力。首先，要实现组织领导的常态化。如上所述，虽然我国已经出台了多部全国性和地方性的全民阅读相关的法律法规，但相关立法工作还有很多事情要做，已有相关立法的城市还是少数。加强推进相关立法工作，做到有法可依，这是一方面。另一方面，相关政府部门，如党委宣传部、文化和旅游局，要切实贯彻“倡导全民阅读，建设书香社会”的精神，将推进全民阅读作为一项重要的常态化工作来抓。

其次，要做到相关服务和活动的常态化开展。大众对于城市阅读品牌的认

① 张妮. 文化部邀专家研讨图书馆与全民阅读［EB/OL］.［2021-11-10］. http://www.gov.cn/xinwen/2015-03/25/content_2838202.htm.

② 程天赐. 推动全民阅读法制化常态化［EB/OL］.［2021-11-10］. http://www.xinhuanet.com/politics/2015-11/26/c_128469584.htm.

知需要一个过程，在有所了解后，还需要经常性地接触，巩固、加深对品牌的印象，进而真正在心中建立起对品牌的认知。不管是服务类还是活动类的城市阅读品牌，如果只是短暂地运营一下就没有后续，那么即使规模再大，投入再多，其建立的影响力也容易随着时间消逝而烟消云散。如在我国公共文化服务体系建设中，就曾出现这样的问题，政府和社会各界投入大量人财物在城市中建立了很多处公共文化基础设施，但一段时间过去，一些服务点运营时间毫无规律，总让读者吃“闭门羹”，或是其中的资源没更新，满足不了读者的需求，结果就是门可罗雀，最终关门停业。相反，如果能持之以恒地开展，即便只是每周一次的书目推荐服务，也能做到水滴石穿，最终演变为一个成功的城市阅读品牌。

上海市总工会在2008年5月启动了职工书屋建设，至2020年，建成全国工会职工书屋示范点、上海市工会职工书屋示范点400余家，各类职工书屋万余家，服务职工超过百万人。在疫情期间特别推出的“职工书屋直播大讲堂”效果显著，8场直播的在线人数都突破了5万人次。十几年间，一直坚持广泛组织开展丰富多彩的阅读学习活动，并始终以长远的眼光积极创新职工书屋的管理与服务模式①。这些职工书屋不仅有明确的组织机构，还确立了规范的年度图书采购流程，在要求每月开展一至两场常规读书活动之外，还针对职工需求发起组织不同阅读主题的兴趣小组群进行读后感交流及学习。2020年9月，职工书屋示范点被列入第二批全国创建示范活动保留项目目录。

3. 培育用户忠诚度

在品牌建设中，知名度、美誉度、忠诚度是评判一个品牌是否成功的关键指标，三者呈递增关系。忠诚度是衡量用户对品牌忠诚程度的指标。忠诚度高的用户与品牌之间存在深厚的联系，用户对品牌的价值十分认同，并对品牌产生出喜爱、信赖等情感，甚至将之引以为傲，愿意为品牌做出贡献，如主动向其他人宣传推广品牌。培育用户的忠诚度，做到拥有一批忠诚度高的稳定用户群体，对城市阅读品牌的持续发展无疑十分有利。

而要让用户对品牌建立起忠诚度，关键在于品牌能为用户创造更多价值。就城市阅读品牌而言，首先，提供的阅读服务要能满足用户的需求。其次，要

① 庄从周. 上海职工书屋“线上线下”齐放彩[N]. 劳动报,2020-10-22(4).

让用户在享受阅读服务的过程中有好的体验，让用户在心中将品牌与愉悦、舒心等正能量关联起来。再次，在每一次提供阅读服务的过程中都应保持、提升用户体验，要不遗余力地做实做细、尽心尽力为用户服务，并重视通过创新提升服务品质，使提供的阅读服务能不断满足用户日益增长的需求，在用户心中树立起“金字招牌”。最后，城市阅读品牌还要能“先走一步”，预判、引领用户需求，为用户提供意想不到的好处，让用户感觉自己享受到增值服务或超值服务，才能够大大提升用户对品牌的评价和认同度。

此外，与用户之间进行有效沟通也能帮助维持和提高用户对品牌的忠诚度。例如召开读者座谈会，开展读者满意度调查，邀请读者代表参与阅读资源的采选和阅读活动的策划，这些举措有助于阅读品牌与用户建立长期而稳定的互需互助关系，强化用户对阅读品牌的热爱和忠诚。

2020 年 6 月，湖北农民工吴桂春在准备离开东莞前，去东莞市图书馆办理退卡手续，并写下临别感言，“我来东莞十七年，其中来图书馆看书有十二年，书能明理，对人百益无一害的唯书也……想起这些年的生活，最好的地方就是图书馆了……余生永不忘你，东莞图书馆，愿你越办越兴旺，识惠东莞，识惠外来民工”。因为这条留言，吴桂春和东莞图书馆都受到社会高度关注。这一事件被《人民日报》、新华社、央视等上百家媒体追踪报道，引起热议，央视主持人白岩松感慨“图书馆让东莞这座城市更有温度”。显然，吴桂春就是对东莞图书馆有着高度忠诚度的用户。这样的忠诚用户的出现源于东莞图书馆一直以来“识惠东莞，识惠外来民工”的努力。而来自忠诚用户的认可和好评也让东莞图书馆有了更大的知名度和影响力，在社会上有了广泛美誉度，让更多人看到阅读的力量，进一步推动了城市阅读。这显然可作为用户忠诚度促进城市阅读品牌更好发展的有力例证。

4. 坚持文旅融合发展

文旅融合是当前我国文化领域的高热度词汇。2018 年 4 月 8 日上午，中华人民共和国文化和旅游部正式挂牌，正式拉开了文旅融合的帷幕。文化和旅游虽然是两个不同的领域，但二者一直以来就存在密切联系。如人们常说的“读万卷书，行万里路”，在文化和旅游部正式挂牌时，人们交口相传的评论是“诗与远方终于走到了一起”。文化是旅游的灵魂，旅游是文化的载体。文旅融合，文化可为旅游赋予深刻的内涵，助力旅游产业转型升级，旅游可为文化插上腾飞的翅膀，推动文化更加繁荣昌盛。这已成为当前人们的共识。在城市阅读品牌的可持续发展中，坚持文旅融合是新时期的一大必然选择。目前我国已经涌现了很多这方面的范例。

在祖国东北，长春市图书馆打造了以“文化阅读 旅游体验”为主题的长春市文旅体验中心阅书房，以文旅融合、文化体验、营造美学生活体验为目的，设置文旅体验、文创体验、咖啡休闲、多功能大厅等区域。在南疆广西，南宁、北海、钦州、防城港、玉林、崇左的六市八馆组建成北部湾图书馆联盟，创新文旅融合发展新模式，在图书馆、高铁站、旅游景点、居民小区等场所，同步建设了多个城市智慧书房。其中全国第一家“海岛智慧书房”已于2019年12月3日在知名景点涠洲岛建成，涵盖了文献书籍、旅游信息、文创产品、数字资源、音乐赏析等多种综合元素。随后，英国领事馆旧址陈列馆智慧书房、大清海关旧址智慧书房、合浦廉州智慧书房、金地山海领誉智慧书房等陆续建成开放，广受欢迎。在古都南京，金陵图书馆与玄武湖景区联手举办的文旅融合阅读实践基地投入使用，双方规划将充分发挥自身特色、整合优势资源，组织开展具有文旅特色的公共服务和社会活动，打开以文化推动旅游发展、以旅游促进文化繁荣的生动局面。在天津，滨海新区图书馆在2017年10月开馆后，迅速以“最美图书馆”之名风靡网络，一度成为人们的旅游胜地。2019年，滨海新区图书馆入选文旅部“全国文化和旅游公共服务机构功能融合试点单位”，为实现文旅融合发展，特别研究制定了《滨海新区图书馆文旅融合发展实施纲要》及系列实施方案，依照“宜融则融、能融尽融”的总体思路，从文旅融合功能创新、设施建设以及服务开发三个层次入手，释放“滨海之眼”文旅创意新动能，打造出文旅融合的“滨图样本”①。

六、公共图书馆在城市阅读品牌建设和推广中的作用

《中华人民共和国公共图书馆法》中有明确规定，“公共图书馆是社会主义公共文化服务体系的重要组成部分，应当将推动、引导、服务全民阅读作为重

① 果琳.“全国文化和旅游公共服务机构功能融合试点单位”项目天津滨海新区图书馆通过专家评审组验收（图）［DB/OL］.［2021-11-11］. http://www.chinalibs.net/ArticleInfo.aspx?id=505024.

要任务”，“县级以上人民政府应当设立公共图书馆”。《中华人民共和国文化和旅游部 2020 年文化和旅游发展统计公报》显示，2020 年末，我国共有公共图书馆 3212 个[①]。这些公共图书馆在城市阅读品牌建设和推广中有着无可替代的独特优势，是城市阅读品牌建设和推广中不可或缺的主力军，也是持之以恒开展城市阅读品牌建设推广的常态化力量。

1. 无可替代的独特优势

和其他机构、个人力量相比，公共图书馆在城市阅读品牌建设和推广中有着无可替代的独特优势，主要表现在系统而丰富的文献资源优势、适于阅读且功能齐全的场所优势、有着较高阅读素养的专业人员优势、广泛覆盖的服务体系优势。

保存人类优秀文化成果是图书馆的基本职能。在我国，公共图书馆的这一社会职能得到高度重视，政府在公共图书馆事业方面的经费投入也不断增加，2011 年以来，全国平均每万人公共图书馆建筑面积、全国人均公共图书馆藏量均呈逐年增长之势。2020 年末，全国公共图书馆图书总藏量达 117929.99 万册[②]。公共图书馆不仅有着数量庞大的文献资源，而且其馆藏文献资源还有系统性、多元性和形式多样性等优势。公共图书馆的馆藏文献资源涵盖各个学科、各个领域，按照一定规范进行分类排架，易于查找，可实现馆际文献传递。不同公共图书馆还有着各具特色的馆藏，很多图书馆都保存有地方文献资源或进行了城市特色资源建设，如上海图书馆的家谱文献。此外，公共图书馆的馆藏文献类型多样，除了常见的图书、报刊等纸质文献，还有手稿、拓片、缩微文献等特藏。随着互联网和计算机技术的发展，电子文献、数字资源在公共图书馆馆藏体系中的比重也越来越大，让人们能够通过互联网不受时空限制更方便地获取所需知识和信息。按照免费开放原则，任何人都可以免费获取公共图书馆的馆藏文献资源，公共图书馆为城市阅读品牌建设和推广发挥了重要作用。

2011 年起，我国各地公共图书馆切实贯彻《关于推进全国美术馆公共图书馆文化馆（站）免费开放工作的意见》精神，实行公共空间设施场地免费开

---

①② 中华人民共和国文化和旅游部2020年文化和旅游发展统计公报［EB/OL］.［2021-11-12］. http://zwgk.mct.gov.cn/zfxxgkml/tjxx/202107/t20210705_926206.html.

放、基本文化服务项目免费提供。公共图书馆成为全民阅读活动的主要阵地。“公共图书馆作为城市第三空间”的理念日益深入人心，是人们在第一空间家庭、第二空间工作场所之外的重要活动场所。现代公共图书馆有着宽敞明亮的馆舍、干净整洁的环境、完备便利的设施设备和良好的周边生态环境，人们在公共图书馆不仅能够读书、学习、工作，还能进行各种文化娱乐活动，与其他人交流互动。而且，我国在 2008 年就已颁布《公共图书馆建设标准》，对公共图书馆的规模、选址、布局、设备等进行了规范，确保公共图书馆更加适于阅读以及开展相关服务活动。这一场所优势显然是书店、学校等其他机构难以取代的。

经过多年发展，我国公共图书馆已拥有一批具备专业素养的馆员队伍。2020 年末，我国公共图书馆从业人员有 57980 人，其中具有中、高级职称人员占 44.7%①。公共图书馆的馆员均经过专业而系统的业务培训，具备较高的信息素养和专业的阅读素养，可为人们的阅读提供专业化的服务、咨询和帮助，能够更好地“为人找书，为书找人”。自中国图书馆学会大力开展“阅读推广人”培育行动以来，更是涌现出一大批优秀人才，为城市阅读品牌建设与推广做出了显著贡献。

此外，公共图书馆还有着服务体系的独特优势。2016 年 12 月，文化部、新闻出版广电总局等五部门发布《关于推进县级文化馆图书馆总分馆制建设的指导意见》以来，至 2020 年末，我国已有 2397 个县（市、区）建成图书馆总分馆制②。而各地城市中图书馆总分馆服务体系的建设程度普遍要领先一些，多地建成了以地市级公共图书馆为中心馆，区县级公共图书馆为总馆，街道乡镇图书馆（室）为分馆的总分馆服务体系。越来越多的公共图书馆联手社会力量，如企事业单位、学校、社区、医院等，在城市人流量较大、人口密集的地方建立分馆和服务点，使图书馆总分馆服务体系的网络触角遍及城市各处，打通了阅读的“最后一公里”，人们可以就近享受到公共图书馆免费提供的丰富文献资源和服务活动。如此一来，最大限度地降低了人们获取阅读资源的交通时间成本。同时，这些线上线下四通八达的服务网络还是推广的有利渠道，对于城市阅读品牌的建设推广十分重要。

---

①② 中华人民共和国文化和旅游部2020年文化和旅游发展统计公报[EB/OL].[2021-11-12]. http://zwgk.mct.gov.cn/zfxxgkml/tjxx/202107/t20210705_926206.html.

2. 不可或缺的主力军

我国各级公共图书馆是全民阅读推广的主阵地，是城市阅读品牌建设推广中不可或缺的主力军。

全民阅读推广是公共图书馆的固有使命。一直以来，公共图书馆都是为人们提供阅读服务的主要机构。文献借阅是公共图书馆最基础的服务。现代意义上的公共图书馆和历史上最早出现的图书馆、藏书楼有区别。早期的图书馆、藏书楼更主要的功能是保藏文献资源，而非为用户服务，即“藏重于用”。而现代意义上的公共图书馆出现于19世纪中期，通常由政府拨款建立，且面向全体社会公众免费开放。自公共图书馆出现后，向所有人免费开放，提供公益性文献借阅服务，是其重要标准，而这又与“全民阅读”存在高度契合之处。在公共图书馆出现后的很长一段时间里，公共图书馆都是普罗大众借阅图书、获取知识的最重要场所。可以说，公共图书馆从一开始就是开展、推动城市阅读的主力军。

在现代社会，公共图书馆更是将阅读推广发展为自己的核心业务。从文献借阅服务到阅读推广服务，公共图书馆的业务重心也随着时代发展经历了一些变化。相比之下，最初的文献借阅服务是图书馆被动向用户提供的服务，形式单一，内容单调，是一种低端的、浅显的阅读服务，还达不到真正意义上的阅读推广。阅读推广服务是图书馆主动向用户推送阅读资源，把各种阅读服务送出去，其中包括但不限于文献借阅服务。20世纪90年代中期以来，我国图书馆界日益重视全民阅读推广。尤其是中国图书馆学会建立阅读推广委员会以后，利用“世界读书日”“图书馆服务宣传周”等重要时间节点，我国的公共图书馆越来越多、越来越广泛地开展了各种全民阅读推广活动，社会影响越来越大。阅读推广也逐渐成为公共图书馆的核心业务，并取得了显著成效，公共图书馆阅读品牌层出不穷，成为城市阅读推广中的佼佼者，在全民阅读中起着主导作用。

以“书香”系列品牌为例，在活动的策划、组织、实施过程中，公共图书馆都是重要的主力军。而同时，各地公共图书馆还在积极创建特色阅读品牌系列。如长春市图书馆目前就已经打造了“城市热读”公益讲座、长图展览、长图公益课堂、“小树苗”亲子阅读、“义务小馆员”社会实践、“小手牵小手”爱心公益置换、爱贝阅读计划、“长图雅音”高雅艺术沙龙、创空间、数字公益讲堂、品读聚乐部、“乐龄”老年读者服务、“温暖时光”文化助残服务、长春星火阅读计划、漫读书友会、爱尚 e 读、方寸时光等十多个阅读推广品牌。很多公共图书馆还利用体系优势，联动创建推广城市阅读品牌，取得显著效益。如浙江省公共图书馆多年来一直联手在“世界读书日”当晚举办“图书馆之夜”活动。省、市、县级公共图书馆共同参与，并联动街道乡镇分馆、主题分馆和 24 小时图书馆，让城市各处的群众都能就近参与。各家公共图书馆充分利用自身优势资源，为人们提供丰富多彩的阅读活动，将“图书馆之夜”打造成一个大型阅读嘉年华，趣味无穷，赢得众人好评。2021 年 4 月 23 日晚，“典籍里的百年党史”2021 图书馆之夜活动在浙江杭州启动[①]。此次活动运用情景剧、小说演播、朗诵、课本剧、配音秀等方式，以生动、立体的方式再现建党百年来经典作品中的场景，让典籍里的人物、故事、事件“活”了起来，由此吸引人们走进图书馆，翻阅党史读物。

3. 持之以恒的常态化力量

全民阅读推广已成为公共图书馆的核心业务，开展阅读推广服务和活动已成为公共图书馆的常态化工作内容。作为持之以恒推进城市阅读品牌建设的常态化力量，公共图书馆在全民阅读中有着独特和不可替代的作用。

我国全民阅读活动兴起于 20 世纪 90 年代。我国各地公共图书馆越来越多地开展阅读推广工作，并越来越有组织，越来越具规模，越来越常态化。综合原文化部（2018 年后为文化和旅游部）发布的每年文化发展统计公报，从 2012 年到 2019 年，我国公共图书馆为读者举办的各种活动（包括各类讲座、展览和培训活动）一直呈逐年增长之势。全国公共图书馆在 2012 年共为读者举办各种活动 81890 次，参加人次 4108 万[②]。到了 2019 年，全年共为读者举办各种活动 195732 次，参加人次 11786 万[③]，增长十分明显。2020 年，虽然因新冠肺炎疫情爆发很多公共图书馆不得不闭馆并停止举办线下活动，但这一年我

① 童笑雨. 浙江图书馆之夜：让典籍“活”起来（图）［DB/OL］.［2021-11-12］. http://www.chinalibs.net/ArticleInfo.aspx?id=496467.

② 中华人民共和国文化部2012年文化发展统计公报［EB/OL］.［2021-11-15］. http://zwgk.mct.gov.cn/zfxxgkml/tjxx/202012/W020161230856614490730.pdf.

③ 中华人民共和国文化和旅游部2019年文化和旅游发展统计公报［EB/OL］.［2021-11-15］. http://zwgk.mct.gov.cn/zfxxgkml/tjxx/202012/t20201204_906491.html.

国公共图书馆仍为读者举办了各种活动150713次，参加人次9279.33万[①]。公共图书馆在持续开展阅读推广工作方面的成效可从中略窥一斑。

深圳市宝安图书馆的“宝图星期讲座”在2004年3月开讲，面向宝安市民、各年龄段的读者推出湾区名家讲坛、心灵驿站、法律知多点、宝览荟、中国传统文化与职业伦理、文化茶座等多个系列的讲座，内容涵盖时政经济、文学艺术、家庭教育和健康养生等。在讲座开展之初，宝安图书馆就对此服务十分重视，成立了讲座策划执行部门，组建了专门的工作队伍，建立了讲师库，同时将“公益讲座”列入馆内全年经费预算，确保“宝图星期讲座”的常态化运营。后来，宝安区图书馆进一步将讲座举办时间稳定下来，在周末开展相关活动，年举办讲座达100场以上。2021年，“宝图星期讲座”针对当前人们关心的教育问题，特别邀请具有社会影响力的10位名校长到馆开讲，在6月至10月的周末时间开展了“师者说——名校长谈面向未来的教育”系列活动[②]。目前，“宝图星期讲座”品牌已成为宝安区图书馆发展阅读推广服务的显著成果和典型代表。

安徽省芜湖市图书馆于2008年开启“书香伴我行·我的读书故事”有奖征文活动，活动以“书香伴我行·我的读书故事”为主题，旨在通过创作分享的形式带动激发人们的阅读热情，以“写作”带动“读书”，以“读书”促进“写作”。这一征文活动每年举办一届，已成为芜湖市品牌文化活动。2020年，该活动被评为安徽省公共图书馆联盟“优秀服务品牌”。2020年11月3日至2021年1月31日，第十三届“书香伴我行·我的读书故事”有奖征文活动如期举办，参与人数、范围与投稿数量均创下历史新高，共收到稿件1121篇，最终评出金奖1名、银奖3名、铜奖6名、优秀奖20名[③]。

---

① 中华人民共和国文化和旅游部2020年文化和旅游发展统计公报[EB/OL].[2021-11-15]. http://zwgk.mct.gov.cn/zfxxgkml/tjxx/202107/t20210705_926206.html.

② 聂灿.宝图推出“师者说”10位名校长谈教育[N].深圳商报,2021-08-04(A08).

③ 芜湖市图书馆.芜湖市图书馆第十三届“书香伴我行·我的读书故事”有奖征文获奖名单公告[EB/OL].[2021-11-15]. https://ct.wuhu.gov.cn/xwzx/tzgg/8285638.html.

第三章　呼和浩特市“鸿雁悦读”计划

一、“鸿雁悦读”计划的建设背景

“鸿雁悦读”计划是在内蒙古自治区党委宣传部支持下、呼和浩市市政府领导下、呼和浩特市文化旅游广电局指导下，借鉴内蒙古自治区图书馆“彩云服务”经验，由呼和浩特市图书馆推出的公共文化服务创新品牌项目，旨在解决地域辽阔，分馆覆盖率低，图书馆服务获取成本高、新书获取时间长的问题，不断提升用户图书馆服务体验，满足人民群众对美好文化生活的需求，为坚定文化自信、铸牢中华民族共同体意识做出积极贡献。

“鸿雁悦读”计划于 2017 年 11 月 23 日正式启动，其产生有着深刻的时代背景。“十二五”时期，我国公共文化服务建设成果显著，已初步形成覆盖城乡的公共文化设施网络，为“十三五”时期公共文化服务的提质增效打下了坚实基础。“十三五”初期，尤其是 2017 年，《中华人民共和国公共文化服务保障法》《中华人民共和国公共图书馆法》等一系列促进公共文化服务发展的政策、法规的出台，为公共文化服务的高质量发展提供了法律保障。2011 年启动的“国家公共文化服务体系示范区（项目）创建工作”到 2017 年已完成了两批建设，中东西部地区涌现出一大批优秀的示范区（项目），有效发挥了典型示范效应，激发和推动了各地比学赶超、争先创优的公共文化服务体系建设热潮，呼和浩特市亦于 2015 年 6 月获批第三批国家公共文化服务体系示范区创建资格。“十二五”以来，呼和浩特市公共文化服务体系建设虽然取得了一定成效，但完成示范区创建任务、实现公共文化服务的高质量发展仍然面临诸多问题。“鸿雁悦读”计划正是在这一发展背景和政策背景下产生的具有当地特色的、促进公共文化服务体系高质量发展的典型案例。

1. 现代公共文化服务体系建设进入提质增效阶段

“十二五”期末，我国公共文化服务体系建设取得明显成效，覆盖城乡的公共文化设施网络初步建成，各级各类基本公共文化服务设施不断改善，服务能力和群众满意度也进一步提升。在此基础上，“十三五”时期公共文化服务体系建设从量的扩大向质的提升转变，进入提质增效阶段。尤其是2017年，随着公共文化服务领域立法的突破以及国家一系列促进公共文化服务体系建设的政策出台，极大地鼓舞了公共文化服务机构创新发展的信心和责任担当。为响应国家补短板、兜底线，建设标准化、均等化的现代公共文化服务体系的发展要求，各地因地制宜，涌现出一批公共文化服务体系建设的创新案例。“鸿雁悦读”计划于2017年11月23日正式启动，本节仅分析和梳理“十二五”至2017年末我国公共文化服务体系的建设和发展情况，从中理清“鸿雁悦读”计划产生的宏观发展背景和政策背景。

（1）“十二五”时期公共文化服务体系建设全面快速发展

进入21世纪以来，我国经济建设取得重大成就，人民生活水平显著提高，人民对精神文化生活的需求也日益增长。让人民精神文化生活不断迈上新台阶，成为全面建成小康社会的一项重要任务。2007年，党的十七大报告将加强文化建设，明显提高全民族文明素质，基本建立覆盖全社会的公共文化服务体系作为实现全面建设小康社会奋斗目标的新要求之一。十八大以来，为推动公共文化服务体系建设，国家连续出台了一系列政策与纲领性文件，文化事业费投入大幅度增加，广播电视村村通、文化信息资源共享、农村电影放映和农家书屋等重点文化惠民工程深入实施，公共文化服务体系建设进入快速发展阶段。

首先，“十二五”前期相关政策的密集出台加快推进了全国范围内的现代公共文化服务体系的建设。

2011年12月，文化部、财政部出台《关于进一步加强公共数字文化建设的指导意见》，提出要重点实施文化共享工程、数字图书馆推广工程和公共电子阅览室建设计划三大公共数字文化惠民工程，构建覆盖全国的公共数字文化服务网络。

2012年2月，中共中央办公厅、国务院办公厅印发《国家“十二五”时期文化改革发展规划纲要》，将“覆盖全社会的公共文化服务体系基本建立，城乡居民能够较为便捷地享受公共文化服务，基本文化权益得到更好保障”列为主要目标之一。

2012年5月，文化部印发《文化部“十二五”时期文化改革发展规划》，提出了更为具体的公共文化服务体系建设目标，即“覆盖城乡、结构合理、功能健全、实用高效的公共文化服务体系基本建立，各级各类文化设施更加完善，使人民群众能够公平、就近、便捷地享受公共文化服务，基本文化权益得到更好保障”[①]。

2013 年 1 月，《文化部“十二五”时期公共文化服务体系建设实施纲要》发布，明确指出公共文化服务体系是以公共财政为支撑，以公益性文化单位为骨干，以全体人民为服务对象，现阶段以保障人民群众看电视、听广播、读书看报、进行公共文化鉴赏、参与公共文化活动等基本文化权益为主要内容，向社会提供的公共文化设施、产品、服务及制度体系的总称。同时，从服务项目、服务对象、保障标准、支出责任、覆盖水平 5 个方面确定了“十二五”时期公共文化服务的国家基本标准，给出了“十二五”公共文化服务体系建设的主要指标和重点任务[②]。

2013 年 11 月，党的十八届三中全会审议通过了《关于全面深化改革若干重大问题的决定》，提出了建设现代公共文化服务体系的具体内容，即“建立公共文化服务体系建设协调机制，统筹服务设施网络建设，促进基本公共文化服务标准化、均等化。建立群众评价和反馈机制，推动文化惠民项目与群众文化需求有效对接。整合基层宣传文化、党员教育、科学普及、体育健身等设施，建设综合性文化服务中心”。

其次，“十二五”期间，在党中央、国务院的高度重视下，我国公共文化服务体系顶层设计和制度建设的加强，为“十三五”时期的提质增效打下了坚实的基础。

为推动公共文化服务体系建设理论的丰富和完善，增强公共文化服务体系建设的前瞻性、科学性和战略性，2011 年 3 月，文化部首次成立国家公共文化服务体系建设专家委员会，其具体任务为承担国家公共文化服务体系示范区（项目）创建工作相关任务，承担国家公共文化服务体系制度设计研究的课题

---

① 文化部. 文化部关于印发《文化部“十二五”时期文化改革发展规划》的通知[EB/OL].[2021-09-02]. http://www.gov.cn/gongbao/content/2012/content_2218051.htm.

② 文化部. 文化部关于印发《文化部“十二五”时期公共文化服务体系建设实施纲要》的通知[EB/OL].[2021-09-02]. http://zwgk.mct.gov.cn/zfxxgkml/ghjh/202012/t20201204_906367.html.

立项、研究和评审等工作，参与中央和文化部重大项目、重要任务①。专家委员会由来自北京大学、清华大学、中国社会科学院等学术科研机构和全国部分文化机构的39名专家组成，代表着我国公共文化服务体系理论研究的核心力量和一流水平。专家委员会成立以来，主持和推动了国家公共文化制度设计课题的研究工作，指导、参与和承担了一些重点课题，推出了一批公共文化服务体系建设的基础性、前瞻性理论成果，提高了公共文化决策的规范化和科学化水平。同时，专家委员会深入基层调研，帮助总结和推广了一批先进的公共文化服务体系建设典型。2014年3月，文化部牵头，25个部门参与成立了国家公共文化服务体系建设协调组，标志着国家层面的公共文化服务协调机制正式运转。协调组的主要任务之一就是协调推进重大公共文化服务法规、政策、标准的制定、实施和考核，建立稳定的公共文化服务保障机制②。

到“十二五”期末，公共文化服务制度设计取得的主要成果有：2015年1月，中共中央办公厅、国务院办公厅发布《关于加快构建现代公共文化服务体系的意见》，同时颁布了《国家基本公共文化服务指导标准》;《中华人民共和国公共文化服务保障法》《中华人民共和国公共图书馆法》立法工作加快推进，《中华人民共和国公共文化服务保障法》被列入全国人大常委会2015年立法日程，并形成草案面向社会广泛征求意见，《中华人民共和国公共图书馆法（草案）》也进入公共征求意见阶段。

再次，覆盖城乡的公共文化设施网络初步建成。“十二五”期末，我国基本实现了“县县有图书馆文化馆、乡乡有综合文化站”的建设目标。2012年以来，中央投入16亿元支持214个地市级公共图书馆、博物馆和文化馆新建和改扩建；截至2015年，全国有县级以上公共图书馆3139个、县级图书馆1988个，每万人拥有公共图书馆建筑面积由2011年的74平方米增加到95平方米③。全国2780个公共博物馆、347个爱国主义教育示范基地及43510个公共图书馆、美术馆、文化馆（站）已实现免费开放；安排乡镇文化站和城市社区文化中心（文化活动室）设备购置专项资金，对基层文化设施设备购置进行补

① 周玮. 国家公共文化服务体系建设专家委员会在京成立[EB/OL].[2021-02-25]. http://www.gov.cn/jrzg/2011-03/01/content_1814258.htm.

② 李晓林. 文化部牵头成立国家公共文化服务体系建设协调组[DB/OL].[2021-02-25]. http://www.chinalibs.net/ArticleInfo.aspx?id=399835.

③ 国家统计局2015年统计数据。

助；农家书屋建成60.1万家，为边远地区建成1.6万家卫星数字农家书屋；广播电视村村通工程顺利推进，已基本实现全国已通电农村地区广播电视村村通；文化共享工程“十二五”规划的重点项目“边疆万里数字文化长廊”，在边疆10个省份建设了810个乡镇服务点、3104个数字文化驿站①。

2015年4月23日，十二届全国人大常委会第十四次会议审议文化部部长雒树刚受国务院委托作的关于公共文化服务体系建设工作情况的报告。2015年5月12日，全国人民代表大会发布《对公共文化服务体系建设工作情况报告的审议意见》指出，“十二五”时期，我国公共文化服务体系建设取得明显成效，但依然存在着城乡和区域发展不平衡、财政投入偏少、服务效能不高、基层文化队伍不稳定、社会参与不足等长期制约公共文化服务发展的深层次问题，需要各级政府和全社会共同努力②。2015年11月，文化部提出落实全国人大常委会对公共文化服务体系建设工作情况报告审议意见的报告，并提交正在举行的常委会第十七次会议。报告提出，接下来将重点做好三项工作：一是将公共文化服务体系建设纳入正在制定的国民经济和社会发展“十三五”规划纲要、文化改革发展专项规划以及城乡规划，高标准、高质量地做好规划编制工作，充分发挥其战略指导作用；二是紧紧围绕党中央、国务院关于公共文化服务体系建设的各项决策部署，开展全面督查，推动各项政策措施尽快落实；三是深入基层开展调研，及时总结、提炼和推广基层在公共文化服务体系建设实践中发现的典型案例，以点带面，推动公共文化服务水平整体提升③。

（2）“十三五”时期公共文化服务体系建设进入提质增效阶段

“十三五”时期是我国全面建成小康社会的决胜阶段，经济增长从高速转向中高速，提质增效、转型升级的要求更加紧迫。在经济发展进入新常态的背景下，文化发展也进入了提质增效的新阶段。2016年3月17日，《国民经济

---

① 雒树刚. 国务院关于公共文化服务体系建设工作情况的报告——2015年4月22日在第十二届全国人民代表大会常务委员会第十四次会议上［DB/OL］.［2021-02-25］. http://www.chinalibs.net/ArticleInfo.aspx?id=399836.

② 全国人民代表大会. 对公共文化服务体系建设工作情况报告的审议意见［DB/OL］.［2021-02-26］. http://www.chinalibs.net/ArticleInfo.aspx?id=500757.

③ 刘茸. 文化部：公共文化服务体系建设纳入“十三五”及城乡规划［DB/OL］.［2021-02-26］. http://www.chinalibs.net/ArticleInfo.aspx?id=500758.

和社会发展第十三个五年规划纲要》（以下简称《经济和社会发展五年规划纲要》）发布，明确将构建现代公共文化服务体系纳入“十三五”时期经济社会发展的主要目标，这对公共文化领域来说无疑是一个振奋人心的好消息。《经济和社会发展五年规划纲要》还提出了要推进基本公共文化服务标准化、均等化，加强文化产品、惠民服务与群众文化需求的对接，加强基层文化服务能力建设，加大对老少边穷地区文化建设帮扶力度，加强老年人、未成年人、农民工、残疾人等群体的文化权益保障①等具体的要求，体现了国家对公共文化服务体系建设的高度重视，同时也反映了“十三五”时期公共文化服务的发展方向和特点，更加强调标准化、平等化，满足群众需求，重视弱势群体和老少边穷地区。

在经济和文化进入提质增效的发展背景下，公共文化服务又迎来了激动人心的、里程碑式的一年。2017 年，公共文化服务领域立法取得了突破性进展，一系列促进公共文化发展的政策集中出台，不仅为公共文化服务体系建设指明了发展方向，提供了政策和法律保障，更重要的是极大地增强了公共图书馆、博物馆、文化馆等公共文化服务机构的发展信心和责任担当。

首先，在公共文化服务领域立法方面取得突破性进展。2017 年 3 月 1 日，我国文化领域的第一部基本法《中华人民共和国公共文化服务保障法》正式施行，将公共文化建设正式纳入法治轨道，构筑起了我国公共文化服务基本法律制度体系的框架。这些法律制度包括基本公共文化服务标准制度、公共文化服务公示制度、公共文化服务设施免费或优惠开放制度、公众参与的公共文化服务设施使用效能考核评价制度等，其中基本公共文化服务标准制度被认为是最具中国特色的公共文化基本制度。推进公共文化服务标准化是实现公共文化服务均等化的关键，《中华人民共和国公共文化服务保障法》的出台，将国家基本公共文化服务指导标准、实施标准通过法律的形式予以明确，使相关政策的有效落实有了法律保障。

2017 年 6 月，国务院法制办办务会议审议并原则通过了《全民阅读促进条例（草案）》（以下简称《条例》），自 2017 年 6 月起实施。《条例》保障了公民依法享有参加阅读活动的权利和自由，明确了政府责任，规范了包括图书馆、

---

① 中华人民共和国国民经济和社会发展第十三个五年规划纲要[EB/OL].[2021-02-26].http://www.gov.cn/xinwen/2016-03/17/content_5054992.htm.

农家书屋、基层综合文化中心等阅读设施建设，保障了满足公众基本阅读需求的服务的开展。《条例》的颁布也反映了图书馆等阅读设施在提高全民文化素质中的重要作用。

2017 年 11 月 4 日，我国公共文化领域的又一部重要法律《中华人民共和国公共图书馆法》由第十二届全国人民代表大会常务委员会第三十次会议通过，自 2018 年 1 月 1 日起施行。公共图书馆是公共文化服务体系的重要组成部分，为我国公共文化服务体系建设做出了重大贡献。随着覆盖城乡的公共文化设施网络的初步建成，公共图书馆的数量逐渐增多，但依然存在着设置布局不合理、缺乏统一规划、网络体系不健全、经费不稳定等问题。《中华人民共和国公共图书馆法》的出台，为推动公共图书馆事业科学、规范、健康、持续发展提供了基本遵循和法律保障。

其次，促进公共文化发展的相关政策支持力度加大。2017 年 2 月 23 日，文化部印发《文化部“十三五”时期文化发展改革规划》，指出随着居民可支配收入和闲暇时间的进一步增多，多样化多层次的精神文化需求更加旺盛，但文化建设的水平和质量离全面建成小康社会还存在一定差距，迫切需要补齐短板、兜好底线，提高区域、城乡文化发展的均衡性和协调性。要坚持政府主导、社会参与、重心下移、共建共享，以基本公共文化服务标准化均等化为突破口，立足人民群众基本文化需求，构建体现时代发展趋势、符合文化发展规律、具有中国特色的现代公共文化服务体系。

依据《经济和社会发展五年规划纲要》，2017 年 3 月 1 日，国务院印发《“十三五”推进基本公共服务均等化规划》的通知，提出促进基本公共文化服务和全民健身基本公共服务标准化、均等化，更好地满足人民群众精神文化需求和体育健身需求①。

2017 年 5 月 7 日，中共中央办公厅、国务院办公厅印发《国家“十三五”时期文化发展改革规划纲要》，将《经济和社会发展五年规划纲要》中文化建设的重大任务进一步细化和具体化，指出全面建成小康社会，迫切需要补齐文化发展短板、实现文化小康。“现代公共文化服务体系基本建成，基本公共文化服务标准化、均等化水平稳步提高，体现地方和民族特色的文化设施网络基

① 国务院. 国务院关于印发“十三五”推进基本公共服务均等化规划的通知［EB/OL］.［2021-02-26］. http://www.gov.cn/zhengce/content/2017-03/01/content_5172013.htm

本形成，公共文化供给与群众文化需求有效匹配”成为全面实现文化发展改革的目标任务之一。考虑到老少边贫地区是文化建设的“短板”和“弱项”，《国家“十三五”时期文化发展改革规划纲要》强调要结合国家脱贫攻坚战略，开展文化精准扶贫[①]。2017年5月25日，文化部发布《“十三五”时期文化扶贫工作实施方案》，将推动贫困地区公共文化服务体系建设作为“十三五”时期文化扶贫工作八项主要任务之一。

2017年8月，文化部印发《文化部“十三五”时期公共数字文化建设规划》，提出按照公益性、基本性、均等性和便利性要求，以现代信息技术为支撑，以重点公共数字文化惠民工程为抓手，以资源建设和服务推广为重点，进一步完善公共数字文化服务网络，更好地满足广大人民群众快速增长的数字文化需求的建设原则，并部署了“十三五”时期公共数字文化建设的重点任务。

2017年9月，中宣部、文化部等7部门联合印发《关于深入推进公共文化机构法人治理结构改革的实施方案》，明确提出到2020年底，全国市（地）级以上规模较大、面向社会提供公益服务的公共图书馆、博物馆、文化馆、科技馆、美术馆等公共文化机构，基本建立以理事会为主要形式的法人治理结构，决策、执行和监督机制进一步健全，相关方权责更加明晰，运转更加顺畅，活力不断增强，人民群众对公共文化的获得感明显提升。

《中国公共文化服务发展报告（2018）》显示，2017—2018年我国公共文化服务取得的主要成就有：基层文化机构建设更加完善，群众性文化活动的获得感提升，表现为居民文化消费需求得到满足，文化服务消费幸福感、获得感提升；农村公共文化服务建设成效显著，村民基本文化消费需求得到保障，表现为农村文娱活动获得村民好评，惠民政策使村民基本文化需求得到了保障；公共文化服务供给的适应性提升，文化产品质量提高，表现为公共文化服务供给更加符合老百姓需求，文化产品质量不断提高；公共文化服务设施的丰富度提升且更加现代化，表现为公共文化服务设施越来越丰富，公共文化服务设施科技含量上升，文化事业费继续向基层倾斜，对基层文化事业扶持力度增大[②]。

---

① 中共中央办公厅，国务院办公厅. 中共中央办公厅 国务院办公厅印发《国家“十三五”时期文化发展改革规划纲要》[EB/OL].[2021-02-26]. http://www.gov.cn/zhengce/2017-05/07/content_5191604.htm.

② 周鸿雁，彭婷，杨芳. 中国公共文化服务发展报告（2018）[R]//湖北文化建设研究院. 中国文化发展报告（2019）. 北京：社会科学文献出版社，2019：158-184.

总体来看，“十三五”初期，国家对公共文化服务体系建设的重视程度达到了前所未有的高度，公共文化领域的政策法规体系进一步完善，顶层设计进一步加强，公共文化服务体系建设呈现出如下几个特点：一是从“十二五”时期量的扩大向质的提升转变，增强动力、补齐短板，提高发展质量和效益成为这一时期公共文化服务体系建设的主要目标；二是标准化、均等化成为补短板兜底线的重要突破口，文化扶贫成为标准化、均等化的重要任务；三是提供与经济社会发展水平相匹配、与人民群众需求相适应的文化产品，即文化建设的供给侧结构性改革是这一时期提质增效的主要思路；四是公共数字文化建设成为构建现代公共文化服务体系的重要支撑。

2. 国家公共文化服务体系示范区创建成效显著

“十一五”时期，我国公共文化服务体系建设取得重大进展，但仍存在着文化事业经费投入总量不足，公共文化设施不完善，队伍不够健全，资源缺乏统筹，城乡、区域发展不平衡，特别是农村和欠发达地区基础薄弱，公共文化服务和科技的融合度不高，公共文化管理体制改革还不够深入，管理和服务水平不高，政策落实不到位，政策法规体系不完善等问题。为落实文化部《2010年文化工作要点》提出的“建立若干公共文化服务体系建设示范区，充分发挥典型的示范、影响和带动作用，分类指导东、中、西部和城乡基层文化建设”的要求，努力探索“由管微观向管宏观转变，由办文化向管文化转变”的工作方式，结合国家公共文化服务体系制度设计研究，2011 年 1 月 2 日，文化部、财政部印发了《关于开展国家公共文化服务体系示范区（项目）创建工作的通知》，正式启动“国家公共文化服务体系示范区（项目）创建工作”。

“十二五”期间，按照公益性、基本性、均等性、便利性要求，在全国东、中、西部创建一批结构合理、发展平衡、网络健全、运行有效、惠及全民的公共文化服务体系示范区，培育一批具有创新性、带动性、导向性、科学性的公共文化服务示范项目，为我国公共文化服务体系建设探索路径、积累经验、提供示范。示范区（项目）创建周期为 2 年，从 2011 年开始，每两年进行一次示范区（项目）申报、创建、验收工作，验收合格，命名颁牌。创建类型分为示范区和示范项目两种。其中，示范区的申报主体为具备条件、达到创建标准的地级市（区）（含省直辖的县）级人民政府，也包括一部分副省级城市；示范项目的申报主体是地级市（含省辖县）文化行政部门。重点创建内容包括 6 个方面：一是建立覆盖城乡、结构合理、功能健全、实用高效的公共文化设施网络；二是建立比较完善的公共文化服务人才、资金和技术保障体系；三是建立比较完善的公共文化产品服务供给体系；四是建立比较完善的公共文化服务组织支撑体系；五是建立公共文化服务绩效评估制度；六是建立制度设计成果资源共享机制。同时，分东、中、西部分别制定了创建标准，在创建标准的基础上进行细化，形成《国家公共文化服务体系示范区（项目）验收标准》，对各个创建单位进行审查验收。

为了调动地方创建的积极性，中央财政对“国家公共文化服务体系示范区”和“国家公共文化服务体系示范项目”给予补助和奖励。为保证示范区（项目）的后续发展，建立动态管理机制，由文化部、财政部定期对已通过验收命名的示范区（项目）按照与时俱进修订的创建和验收标准进行复查，对后续工作保障不力、有明显退步、在一定期限内经整改达不到标准和要求的示范区（项目）予以摘牌，撤消其示范区（项目）资格①。

按照创建工作要求，在省（自治区、直辖市）人民政府和文化行政部门推荐、各地市（区）人民政府和文化行政部门积极申报的基础上，经国家公共文化服务体系建设专家委员会评审、公示并报国家公共文化服务体系示范区（项目）创建工作领导小组批准同意，2011 年 5 月 28 日，文化部、财政部公布了第一批创建国家公共文化服务体系示范区（项目）名单②。2013 年，根据文化部、财政部《关于开展第一批国家公共文化服务体系示范区（项目）验收工作的通知》要求，在示范区（项目）创建城市自查、省级文化行政部门核查基础上，创建工作领导小组办公室组织专家委员会开展了制度设计研究验收评审、群众满意度测评、实地检查、过程管理评分、集中评审等工作，同意将北京市朝阳区等31个单位列入国家公共文化服务体系示范区名单，北京市东城区“公共文化资源分类供给”等 45 个项目列入国家公共文化服务体系示范项目名单，并于 2014 年 3 月向社会公布③。

---

① 文化部，财政部. 关于开展国家公共文化服务体系 示范区（项目）创建工作的通知[EB/OL].[2021-03-03]. http://www.gov.cn/zwgk/2011-02/14/content_1803050.htm.

② 文化部，财政部. 关于公布第一批创建国家公共文化服务体系示范区（项目）名单的通知[EB/OL].[2021-03-03]. http://www.mof.gov.cn/gkml/bulinggonggao/tongzhitonggao/201106/t20110602_556575.htm.

③ 文化部，财政部. 国家公共文化服务体系示范区（项目）创建工作领导小组关于公布第一批国家公共文化服务体系示范区（项目）名单的通知[EB/OL].[2021-03-03]. https://www.mct.gov.cn/whzx/bnsj/ggwhs/201903/t20190329_841151.htm.

两年的创建周期内，各创建城市在资金投入、设施建设、体制机制改革等方面重点推进，推动了当地公共文化服务体系建设的快速发展，主要表现为：文化经费投入大幅度增加，公共文化设施建设取得跨越式发展，长期制约公共文化服务体系建设的突出矛盾和问题得到了集中解决，人民群众的精神文化需求得到了有效满足。第一批示范区（项目）特色鲜明，有效发挥了典型示范效应，达到了创建的预期目标。

在西部，示范项目“重庆大渡口区文化馆和图书馆总分馆制”在全国47个示范项目中位列西部第一、全国第二。该项目创新提出“文化馆图书馆总分馆制”的管理模式，按照“一个总馆+多个分馆+若干个服务点”模式完善区、镇街、村（社区）三级公共文化设施设备，进而构建起覆盖全域的区、镇街、社区（村）三级公共文化服务设施和服务体系。在管理上实行垂直管理与属地管理相结合的双重管理机制。在垂直管理上，区委、区府将工作情况纳入年度综合目标考核，将总分馆建设经费纳入区级财政预算；在属地管理上，镇街全权负责分馆和服务点的人财物管理。“文化馆图书馆总分馆制”的创建，整合了文化系统的内外部文化资源，极大丰富了公共文化产品，变“文化下基层”为“文化在基层”，实现了“零距离”提供公共文化服务，扩大了群众受益面，提高了群众满意度，带动了全区域的公共文化服务事业发展，为西部地区乃至全国提供了样本①。

宁夏回族自治区银川市国家公共文化示范区的创建，走出了一条具有银川特色的文化强市之路。为确保创建工作顺利推进，银川市将公共文化建设资金纳入财政预算，每年拨付1000万元专项资金用于公共文化服务体系建设。在硬件设施建设上，大力推进公共文化基础设施覆盖工程，着力构建覆盖城乡的四级公共文化服务设施网络，打造“城市十五分钟、农村十里文化圈”。新建市文化艺术馆，对市图书馆进行数字化改造；新建县级图书馆、文化馆；新建改建11个乡镇综合文化站；推进村级（社区）文化设施规范化建设。在服务内容上，大力推进公共文化服务供给提升工程。在全市文化系统开展“文化服务质量提升年”主题实践活动，不断推出公共文化精品力作，着力打造特色文化活动品牌。同时将农民工文化服务纳入公共文化服务体系建设，推进农民工

① 龙滔，周铭蓉.“文化馆图书馆总分馆制”在重庆市大渡口区图书馆的实践——基于国家公共文化服务示范项目的探索[J].图书馆，2014(3):31-34,46.

文化活动常态化、特色化[①]。为表彰先进，鼓舞干劲，进一步巩固、扩大示范区创建成果，银川市表彰了在示范区创建过程涌现出的先进集体和先进个人，公共文化建设示范点，社会力量参与公共文化建设先进单位，并以奖代补对全市6个区给予了资金补助[②]。

在中部，山西省长治市先行先试、大胆创新，探索出了一批公共文化服务的新模式和新方法。实施“文化低保”工程，解决贫困地区群众看书、看戏、看电影难问题；通过政府补贴的方式，开展“周末大剧院”和“公益电影放映”活动；对民办博物馆给予资金、设备补助，推动民办文化资源向社会免费开放；制定出台《长治市公共文化服务机构标准》，推动公共文化服务机构标准化；出台《关于扶持和鼓励群众自办文化的意见》和实施细则，建立群众自办文化长效机制；创新“非遗”项目保护传承方式，在长治文化艺术学校开设襄垣秧歌专业，培养传承人；规范群众自办网络文化，并在网络资源配置上给予扶持；将红色文化、民俗文化、绿色文化融入公共文化服务体系，打造节庆文化品牌；建立以市图书馆为总堂，各县（市、区）图书馆为分堂的道德大讲堂体系；按照“一县一品牌、一乡一特色、一村一活动”的思路，开展乡土特色文化活动[③]。

湖北省黄石市坚持面要达标、点要突出的指导思想，规划了重大公共文化设施功能提升工程、基层文化阵地工程、广场文化工程、文化信息资源共享工程、广播电视“村村通”工程、“农家书屋”工程、农村电影放映工程、非物质文化遗产保护工程等8大工程，制定并实施了具有地方文化特色的6项创建任务：深入挖掘黄石3000多年的矿冶文化，定期开展黄石矿冶文化论坛和矿冶文化旅游节；以市图书馆、群艺馆、博物馆、科技馆、体育馆、广电中心为基础，建设黄石文化体育活动聚集区，形成独特的“文化半岛”；以非遗项目为重点，推进“西塞神舟会”文化生态保护区工程，打造阳新中国采茶戏之乡；

---

① 文化和旅游部公共服务司.宁夏回族自治区银川市国家公共文化示范区创建情况汇报[EB/OL].[2021-03-03].https://www.mct.gov.cn/whzx/bnsj/ggwhs/201903/t20190329_841051.htm.

② 银川市人民政府.银川市人民政府关于银川市创建国家公共文化服务体系示范区工作示范点先进集体先进单位先进个人的表彰决定[EB/OL].[2021-03-03].http://www.yinchuan.gov.cn/xxgk/bmxxgkml/szfbgt/xxgkml_1841/zfwj/yzf/201608/t20160801_136471.html.

③ 文化和旅游部.山西省长治市第一批国家公共文化示范区集中评议汇报材料[EB/OL].[2021-03-03].https://www.mct.gov.cn/whzx/bnsj/ggwhs/201903/t20190329_841120.htm.

依托黄石国家乒乓球训练基地和黄石籍体育明星效应，打造体育之城；建设黄石工业遗产片区，全力申报世界文化遗产；加大对“革命旧址”的保护和开发力度，做大做强“红色旅游”，深化革命传统教育[①]。

在基本公共文化服务发展水平较高的东部，涌现出了一批具有全国性示范意义的发展模式。浙江嘉兴城乡一体化公共图书馆服务体系示范项目创造了以“政府主导、多级投入、集中管理、资源共享”为基本特点的公共图书馆总分馆制建设的嘉兴模式，在全国 47 个示范项目中位列第一。嘉兴模式创新构建了“中心馆—总分馆”“图书馆联盟”“社会资源整合”三重服务体系。“中心馆—总分馆”服务体系以 市（县）总馆为中心、乡镇（街道）分馆为切入点和纽带，村（社区）分馆和图书流通站、汽车流通点等为基础的公共图书馆服务网络，初步实现了普遍均等的公共图书馆服务理念；在“图书馆联盟”建设上，联合公共图书馆系统、中小学教育系统、科技系统等建立数字资源共同采购、共同建设、共享利用的联盟体制，面向地区所有用户提供数字文献资源服务；在“社会资源整合”上，文化共享工程、数字图书馆、农家书屋、职工书屋、党员远程教育等工程资源在镇（街道）和村（社区）实现全面整合，形成综合、系统、运行有效的公共文化服务网络，节约基层管理成本，提高基层社会资源利用效能[②]。

东莞市连续两年将示范区创建列入市政府“十件实事”，在示范区专家验收检查组对东莞示范区创建工作进行实地检查时，总结了 20 条在区域或全国具有一定示范意义和推广价值的做法和经验，被称为是公共文化服务体系建设的东莞模式[③]。在创建期内，全市共投入创建资金 13.3 亿元，每万人拥有室内公共文化设施面积达 1670 平方米，基本建成了国内一流的、较为完善的市镇村三级文化设施网络；在公共图书馆服务方面，率先研发 Interlib 集群管理平台，在此基础上推出总分馆制，实现了区域内图书馆的联合采编、图书通借通还、文献资源共建共享、书目联合查询等功能。推出全国首家自助图书馆、全

① 文化和旅游部. 湖北省黄石市国家公共文化示范区创建情况报告［EB/OL］.［2021-03-03］. https://www.mct.gov.cn/whzx/bnsj/ggwhs/201903/t20190329_841040.htm.

② 耿俪洳，屠尊彦，沈宇清. 嘉兴城乡一体化公共图书馆服务体系示范项目通过国家验收［DB/OL］.［2021-03-04］. http://www.chinalibs.net/ArticleInfo.aspx?id=300850.

③ 辛海霞. 公共文化服务体系示范区创建中的东莞模式——以东莞图书馆为例［J］. 情报探索，2014（10）：37-40.

国首台图书馆 ATM，并在全市实现镇（街）全覆盖；整合全市文化资源建立东莞文化网，推出网上博物馆、展览馆、美术馆等，设置文化地图，为市民提供便利的数字文化服务；出台《东莞市加强新莞人服务工作实施方案》等政策制度，建立的“新莞人人才培育与扶持机制”被原文化部评为农民工文化服务示范项目；出台《东莞市政府向社会组织购买服务工作暂行办法》等政策，大力引导社会力量参与文化建设①。

第一批公共文化服务示范区（项目）探索出的具有示范效应的先进经验，为各地的学习提供了更多参考，同时也激发和推动了各地比学赶超、争先创优的干劲，在全国掀起了重视文化建设、加快构建公共文化服务体系的热潮。2014 年 11 月，呼和浩特市成立创建国家公共文化服务体系示范区筹备工作小组，对照《国家公共文化服务体系示范区创建标准（西部）》广泛开展调查研究，邀请专家指导，制定并完善《呼和浩特市创建国家公共文化服务体系示范区规划》，确定公共文化服务体系制度设计课题研究方案，撰写、制作申报材料，启动示范区申报工作。2015 年 4 月，文化部、财政部启动了第三批国家公共文化服务体系示范区（项目）创建工作。2015 年 6 月，呼和浩特市成功获得第三批国家公共文化服务体系示范区创建资格。以示范区创建为抓手，呼和浩特市政府和文化部门在 2017—2018 年间出台了一系列促进公共文化服务体系建设的地方性规范文件和政策。

2017 年 6 月 21 日，为进一步加快全市公共文化服务体系建设，提高公益文化服务水平，呼和浩特市人民政府办公厅印发《关于深化公益性文化事业单位内部机制改革的意见》，对全市公益性文化事业单位内部机制改革的指导思想、基本原则和目标任务进行了全面部署。

2017 年 6 月 23 日，呼和浩特市人民政府办公厅印发《呼和浩特市推进基层综合性文化服务中心建设实施方案》对全市基层综合性文化服务中心建设的总体要求、基本原则、工作目标、建设内容、建设标准、组织实施等进行了部署。

2017 年 6 月 23 日，根据《中共中央办公厅、国务院办公厅印发〈关于加快构建现代公共文化服务体系的意见〉的通知》（中办发〔2015〕2 号）和《内

---

① 吴少敏. 东莞成首批国家公共文化服务体系示范区[N]. 南方日报,2013-11-7（DC01）.

蒙古自治区党委办公厅、自治区人民政府办公厅印发〈关于加快构建现代公共文化服务体系的实施意见〉的通知》，呼和浩特市人民政府办公厅依据本市实际印发《关于加快构建现代公共文化服务体系的实施意见》，部署了到2020年全市公共文化服务体系建设的主要目标和任务。

2017年6月23日，呼和浩特市人民政府办公厅印发《关于加快贫困地区公共文化服务体系建设的实施意见》，部署了贫困地区2017年至2020年公共文化服务体系的建设目标和任务。

2018年11月，呼和浩特市文化新闻出版广电局发布《关于政府向社会力量购买公共文化服务的实施办法》，规范了全市政府购买公共文化服务的指导思想、基本原则和目标任务，并附发了《呼和浩特市人民政府向社会力量购买公共文化服务指导性目录》。

示范区创建过程中，在内蒙古自治区党委宣传部、文化厅，呼和浩特市委市政府、市委宣传部的支持下，呼和浩特市决定在创建国家公共文化服务体系示范区过程中，着力创新、打造具有地方特色又具有一般指导意义的公共文化服务体系建设模式——呼和浩特模式，“鸿雁悦读”计划作为呼和浩特模式的核心品牌于2017年11月23日正式启动[①]。

2019年1月10日，文化和旅游部办公厅发布关于公示第三批创建国家公共文化服务体系示范区（项目）验收结果的公告，呼和浩特市成功入选第三批国家公共文化服务体系示范区。

3. 呼和浩特市公共文化服务高质量发展的内在要求

如果说“十二五”时期公共文化服务建设的成果为“鸿雁悦读”计划的产生奠定了基础，“十三五”初期一系列促进公共文化服务发展的政策、法规的出台为“鸿雁悦读”计划营造了稳定的宏观环境和更好的制度环境，国家公共文化服务体系示范区的建设为“鸿雁悦读”计划的创建提供了重要契机，那么现实中呼和浩特市公共文化服务高质量发展的内在要求则是“鸿雁悦读”计划产生的动力所在。

“十二五”时期，呼和浩特市公共文化服务体系建设取得了一系列成果。

---

① 刘锦山. 公共文化服务体系示范区创建:呼和浩特模式研究[M]. 北京:国家图书馆出版社,2018:124.

据统计，截至2014年底，呼和浩特市共有群艺馆（文化馆）10个、图书馆10个、博物馆34个、文化信息资源共享工程支中心10个、民族美术馆1个、民族剧院1个、非遗展示馆1个、影剧院9个、青少年宫5个、工人文化宫1个、小型文体综合馆2个、乡镇（街道）综合文化站92个、村（社区）综合文化活动室619个、农家（草原）书屋1004个、文化大院（户）50余家，覆盖市、县（旗、区）、乡镇（街道）、村（社区）的四级公共文化设施网络框架基本形成①。

在文化活动方面，全市开展了“文化惠民进社区”“送戏百场下乡”“农村电影万场放映”“百人百组万人工程”等文化惠民工程。全市各级公共文化场馆全部免费开放，每周为公众服务48小时以上。市县两级图书馆年均接待读者20万人次，组织流动图书下基层6万册次。2013年启动“文化惠民一卡通”工作，向2000多低保户等弱势群体发放一卡通。

公共文化财政投入加大。2014年全市用于文化方面的支出40331万元，比2013年增加8831万元，增长28%。其中，推进基层公共文化建设投入资金近6000万元，支持嘎查村文化室设备购置、乡镇文化站和社区活动中心设备更新、农村老年活动中心建设、乡村文体场馆及少年宫建设等；为文化馆、美术馆、图书馆免费开放进行门票及运行补助，增加书画和图书收藏，加强数字图书馆建设，丰富农村书屋等投入资金2599万元；对254场文化下乡惠民演出、246场文化进社区和12096场农村公益电影放映补助资金650万元②。

2014年10月30日，呼和浩特市十四届人大常委会第十六次会议听取和审议了《呼和浩特市人民政府关于现代公共文化服务体系建设情况的报告》。会议认为，虽然呼和浩特市公共文化服务体系建设取得了一定成效，但由于全市文化体系建设基础仍比较薄弱，图书馆等公共文化场馆的布局、规模、数量和服务水平还难以满足市民群众快速增长的精神文化需要。会议提出的公共文化服务体系建设中亟须解决的问题也正是呼和浩特市公共文化服务高质量发展所

---

① 新华视点. 看呼和浩特发展系列一：公共文化服务建设促城市和谐发展［EB/OL］.［2021-03-05］. https://www.sohu.com/a/34914054_114812.

② 内蒙古自治区财政厅办公室. 内蒙古呼和浩特财政力促文化事业发展建设［EB/OL］.［2021-03-05］. http://www.mof.gov.cn/zhengwuxinxi/xinwenlianbo/neimengguca izhengxinxilianbo/201502/t20150212_1191882.htm.

面临的关键问题[①]。

一是对文化的认识有待提高，重视程度尚须加强。现代公共文化服务体系建设是整个文化体制改革发展的重要组成部分，需要正确的思想理念及长远目标来引领。截至会议召开前，呼和浩特市还没有研究制定文化发展“十二五”规划纲要和公共文化建设与文化产业近中期发展规划，目标不够明确，严重制约了全市文化事业的长足发展。需要补充的是，由于重视程度不够，公共文化建设相关的政策与法规也不完善。2014 年以前，呼和浩特市文化领域的法规相对零散，专门涉及公共文化建设的政策与法规几乎没有，仅在两部地方性规范文件中提到公共文化的建设：一是 2000 年 7 月呼和浩特市政府发布的《中共呼和浩特市委、呼和浩特市人民政府关于加强首府文化建设的意见》中提到“要从满足人民群众不断增长的文化需求和体现城市现代化水平出发，逐步完善全市公共文化设施”；二是 2005 年 6 月呼和浩特市政府发布的《呼和浩特市人民政府关于贯彻内蒙古自治区人民政府支持文化事业和文化产业发展若干政策的实施意见》，提出要加大公益性文化事业的投入，旗县区要按照文化部的统一标准，完成图书馆、文化馆的改建、扩建和新建。

二是对公共文化建设的投入不足。虽然 2010 年以来全市文化投入在逐年增加，但增长率从 2014 年以后开始下降[②]，总体上与经济社会快速发展的态势仍不相适应。全市文化投入经费很大部分集中在文化基础设施建设与重大节庆宣传文艺活动方面，文化单位常规性投入偏少，特别是基层公共文化经费保障机制尚不健全。如呼和浩特市图书馆购书经费严重不足，甚至 10 余年没有任何改变。一些文化馆站由于经费困难，设施陈旧而无法开展活动；很多社区图书馆由于没有经费，图书一年甚至两年不更新，最终导致大门紧闭、无人问津。后续资金的短缺，不仅服务无法开展，也使得前期投入资金建设的设施设备空置浪费。

三是地区发展不平衡，城乡文化发展差距较大，服务体系尚未全覆盖，文化基础设施分布不均。市、区、县、乡镇、村经济发展的不平衡，导致文化投入差距较大。优质的公共文化设施多集中在市区及市区重点区域，而偏远和老

---

① 呼和浩特市人大常委会关于《呼和浩特市人民政府关于现代公共文化服务体系建设情况报告》的审议意见[N].呼和浩特日报(汉),2015-01-14(6).

② 呼和浩特市统计局.呼和浩特市统计年鉴[EB/OL].[2021-03-08].http://tjj.huhhot.gov.cn/tjyw/tjsj/tjnj/.

旧社区文化设施总量偏少；有的区县三馆硬件虽已建成，但由于地方财政困难，面积小、设施落后而与群众文化需求不相适应；由于尚未设立农村文化建设专项资金，大多数苏木（乡镇）文化设施匮乏且多数陈旧老化，乡镇、村级图书室没有资金购买电脑设备而无法实现数字化管理。另外，基层文化队伍建设和用人机制亟待完善，很多基层服务中心和网点缺乏专职管理人员，有的即使有管理人员也因没有受过系统的业务培训而无法为群众提供专业的文化服务。

四是公共文化服务场馆等设施相对薄弱。全市 9 个旗县区有 60% 以上的公共文化设施达不到国家三级标准；全市 965 个行政村 2014 年只有 350 个行政村建设了文化室；62 个乡镇综合文化站虽已建设完成，但其设备配置、活动开展、人员配备、综合管理与文化部制定的《乡镇综合文化站管理办法》和国家发改委、文化部制定的《乡镇综合文化站建设标准》还有差距，需进一步强化和完善；文化馆、图书馆、文化站等基础设施的数量和质量与示范区创建标准有较大差距。其中市县两级 10 家文化馆，仅 3 家达标，7 家未达标；图书馆也仅 2 家达标，8 家未达标。呼和浩特图书馆建筑面积仅为 8000 平方米，与《公共图书馆建设用地指标》规定的人口达到 200 万建筑面积为 27000 平方米的标准相差甚远；按照示范区创建标准，市图书馆藏书量及电子阅览设备也与国家标准仍有一定差距[①]。

五是公共文化服务和文化产品供求错位。一项对 2014 年呼和浩特群众参加文化活动情况的调查显示，53% 的人选择在家看电视节目，32% 的人选择参加附近广场的活动，8% 的人选择看电影，5% 的人参加灯会等民俗活动；群众对公共文化产品及服务的建议调查则显示，58% 的人建议多设立或改善图书馆、文化馆等公共文化设施，46% 的人建议多开展群众文化活动，56% 的人建议加强文化团队的建设，66% 的人建议多发展有地方特色的文化产品[②]。这表明，公共文化服务产品在数量、种类、内容等方面均不能满足群众文化需求，公共文化产品供给出现了较为严重的供需意愿失衡、有效供给不足的问题。其中很重要的一个原因是“十二五”时期，呼和浩特公共文化服务供给仍以政府

---

① 呼和浩特市文化新闻出版广电局. 呼和浩特市文化新闻出版广电局2015年工作要点[EB/OL].[2021-03-08]. http://www.huhhot.gov.cn/wgj/xxgk/bmxxgknb/201508/t20150821_249469.html.

② 杨金凤. 呼和浩特公共文化产品供给研究[D].呼和浩特:内蒙古师范大学,2015:17-18.

和文化事业单位为主，社会性公益文化事业的参与较少，公共文化服务供给主体单一，供给缺乏弹性，因而与广大人民群众的需求难以精准对接。

这些公共文化服务高质量发展面临的关键问题，在2014年呼和浩特市着手申请创建国家公共文化服务体系示范区的情况下，显得更为突出，彼时全市的公共文化服务体系建设水平不仅与国家公共文化服务体系示范区西部地区的标准有着不小的差距，为保证示范区创建成功，还需要建设具有呼和浩特本地特色的公共文化服务体系。因此，“十三五”时期的公共文化服务体系建设，不仅要补齐短板，还要建出特色。在2015年6月获得示范区创建资格后，如何在短短两年的创建时间里补齐短板、建出特色，构建完备健全的现代公共文化服务体系，推进公共文化服务高质量发展，成为呼和浩特市能否成功创建国家公共文化服务体系示范区的关键，也是“十三五”时期呼和浩特市公共文化事业发展的重中之重。

2017年，随着呼和浩特市一系列促进公共文化服务体系的政策相继出台，“鸿雁悦读”计划也顺势诞生，为推动呼和浩特模式公共文化服务的高质量发展做出了重要贡献。

二、“鸿雁悦读”计划的核心理念

2015年2月，中共中央办公厅、国务院办公厅出台了《关于加快构建现代公共文化服务体系的意见》，提出坚持以人民为中心，在改革发展当中推动现代公共文化服务体系建设。以人民为中心，成为中国特色的现代公共文化服务体系的鲜明特征之一。坚持以人民为中心是构建中国特色现代公共文化服务体系的出发点和落脚点[①]。公共图书馆是公共文化服务体系中的重要组成部分，与其他公共文化服务机构相比，更为突出以人民为中心的服务理念，这是基于我国国情和公共图书馆特性所决定的。“鸿雁悦读”计划从最初的策划到制订、实施、推广等环节，始终将以人民为中心的理念贯穿其中，下大力气在地广人稀的呼和浩特实现普遍均等的公共图书馆服务，切实解决群众阅读的“最后一公里”问题。

---

① 文化部. 现代公共文化服务体系建设50问［DB/OL］.［2021-09-07］. http://www.chinalibs.net/ArticleInfo.aspx?id=376921.

1. 坚持以人民为中心

“鸿雁悦读”的核心理念是坚持以人民为中心。这是基于我国国情和公共图书馆特性所决定的。

我国在漫长的历史长河中积淀了丰富灿烂的中华传统文化，源远流长，融入人民群众血脉之中。而在中国近现代社会发生巨变的时候，中国共产党带领中国人民选择了社会主义道路，建立了人民当家作主的新中国，并在革命、建设、改革中创造出革命文化和社会主义先进文化。植根于此，建设中国特色社会主义文化已成为我国坚持不变的发展方向。中国特色社会主义文化是面向人民群众、为了人民、服务人民的文化，建设中国特色社会主义文化的根本目的是要满足人民群众日益增长的多层次多方面多样化精神文化需求，进而提高全民科学文化素养。党的十八大以来，我国国家领导人多次提到文化自信，党的十九大报告更是强调了文化自信的重要性，指出：文化自信是一个国家、一个民族发展中更基本、更深沉、更持久的力量。而文化自信无法脱离人民群众，需要人民群众的广泛参与。也正因此，我国近年来日益重视发展公共文化服务，尤其加强现代公共文化服务体系建设。自2017年3月1日开始施行的《中华人民共和国公共文化服务保障法》就明确提出：公共文化服务应当坚持社会主义先进文化前进方向，坚持以人民为中心，坚持以社会主义核心价值观为引领。

公共图书馆是公共文化服务体系中的重要组成部分。与其他公共文化服务机构相比，公共图书馆更为突出以人民为中心的服务理念。从公共图书馆的发展历史来看，公共图书馆自诞生之时就负有独特使命，不仅仅是一个服务机构，还是促进社会公平的制度保障，承担着保护公民文化权利、推动信息公平获取、保障知识自由的重要责任，对构建和谐社会、促进人的全面发展可发挥十分重要的作用。国内外已形成共识，公共图书馆是面向全体社会成员开放的，不分种族、不分年龄，公共图书馆应坚持公益原则，为任何人提供平等的服务。这是公共图书馆的特性所在。在我国，公共图书馆是向社会公众免费开放的公共文化设施，主要由政府设立，经费来源以政府财政拨款为主。自2018年1月1日开始施行的《中华人民共和国公共图书馆法》明确指出：公共图书馆应当坚持社会主义先进文化前进方向，坚持以人民为中心，坚持以社会主义核心价值观为引领，传承发展中华优秀传统文化，继承革命文化，发展社会主义先进文化。

“鸿雁悦读”计划于 2017 年 11 月 23 日正式启动。而在“鸿雁悦读”计划的最初策划阶段，其目的就非常明确，这一项目是为了解决呼和浩特市广大群众在阅读方面的“最后一公里”问题。而在“鸿雁悦读”计划的制订、实施、推广等环节，坚持以人民为中心的基本理念也一直贯穿其中。在制订“鸿雁悦读”计划过程中，呼和浩特市图书馆面向读者深入开展调查，了解、汇总人们对于图书馆服务的意见建议，并根据调查结果，以读者需求为导向，制订调整“鸿雁悦读”计划的具体方案，使图书馆服务更契合群众所需。实施推广阶段，“鸿雁悦读”计划充分尊重群众的选择权。如设立选书委员会，由读者代表担任委员，呼和浩特市图书馆将其选定的书单纳入采购方案。同时还提供点单式、定制式、预约制服务，使群众真正享受到喜闻乐见的资源和服务。由此，群众不再是被动地接受图书馆的服务，转而在获取图书馆服务过程中成为主动的一方，甚至参与公共文化服务工作中，进而形成人人参与、人人创造、人人共享的中国特色社会主义公共文化服务体系。

2. 坚持普遍均等的图书馆服务

联合国教科文组织与国际图联在《公共图书馆宣言》中提出，每一个人都有平等享受公共图书馆服务的权利。这一点已是国内外公共图书馆毫无异议的认知。基于此，坚持普遍均等的图书馆服务也成为“鸿雁悦读”计划的一个基本理念。

受行政管理体制影响，长期以来，我国公共图书馆一直遵循着“一级政府建设与管理一级图书馆”的分级建设与管理体制。如省级公共图书馆由省政府负责建设与管理，市级公共图书馆由市政府负责建设与管理，县级公共图书馆由县政府负责建设与管理。如此一来，最大问题是公共图书馆之间犹如依靠一条铁索连接彼此的座座孤峰，看似一个体系，却无法真正做到通畅接触与交流，对公共图书馆资源共享、服务共享造成极大障碍。这样的情形下，公共图书馆只能依靠本馆的资源和服务为周边一定范围内的人们提供服务，而难以全覆盖到其职能要求的服务区域的所有人群。如一个市级图书馆理应为该市区域内的所有人们提供平等的公共图书馆服务，但实际上，往往只有该馆馆舍周边的读者能充分享受到其提供的资源和服务，距离馆舍较远的人们一般就更少去图书馆，甚至有的偏远地区的人从未获取过公共图书馆的资源和服务。为此，改革开放后，我国公共图书馆积极探索管理体制改革，近十几年更是大力推广总分馆制建设，打破传统管理体制的障碍，着力为人们提供公益、基本、均等、便利的公共图书馆服务。

呼和浩特市地处我国华北地区黄河上游敕勒川草原附近，作为内蒙古自治区首府，呼和浩特是内蒙古自治区的政治、经济、文化中心。历史上，呼和浩特地区曾被称为云中、敕勒川、土默川、青城、召城、归化城、归绥等，这片土地上先后生活过众多民族，是一个地域广阔、历史悠久、文化多元的地区。呼和浩特也是游牧文化与农耕文化交汇、融合的地区，自明朝中期以来就既有逐水草而居的游牧民族，也有居住地较为固定、从事农业生产的农民群体。近现代以来，呼和浩特商业经济蓬勃发展，出现多次经济浪潮，城市规模日益扩大，越来越多的人向生活工作均较为便利的城镇区域聚拢，但直到今天，呼和浩特依然有众多农牧民生活在十分广阔的农牧区。目前，呼和浩特下辖新城区、回民区、玉泉区、赛罕区市内四区及土默特左旗、托克托县、和林格尔县、清水河县、武川县五个旗县。呼和浩特市统计局发布的数据显示，2017 年呼和浩特市常住人口为 311.5 万人，其中城镇人口 215.2 万人；2019 年全市总面积为 17186.1 平方公里，其中建成区为 261 平方公里，仅占全市总面积的 1.5%①；2020 年全市常住人口为 344.61 万人，其中居住在城镇的人口为 2727517 人，占 79.15%；居住在乡村的人口为 718583 人，占 20.85%②。也就是说，呼和浩特近八成的人生活在占全市总面积不到两成的城镇中，而另外八成以上的广袤土地上居住着仅两成多的农牧民。

如此地广人稀的呼和浩特要实现普遍均等的公共图书馆服务是个极大挑战。2014 年，呼和浩特市开始筹备创建国家公共文化服务体系示范区；2015 年 4 月，呼和浩特市申报创建第三批国家公共文化服务体系示范区；2015 年 7 月，呼和浩特市获得第三批国家公共文化服务体系示范区创建资格。以此为契机，呼和浩特市的公共文化服务事业发展迈入一个新阶段，公共图书馆事业也取得了显著进展，投入经费、办馆条件、基础设施建设、图书馆服务等方面都有了极大提升。但随之日益凸显出来的是公共图书馆服务效能不够理想以及服

① 呼和浩特市统计局.2020年呼和浩特市统计年鉴[EB/OL].[2021-06-17].http://tjj.huhhot.gov.cn/nj/2020nj/gb2.html.

② 呼和浩特市统计局.呼和浩特市第七次全国人口普查公报[EB/OL].[2021-06-17].http://tjj.huhhot.gov.cn/tjyw/tjsj/tjgb/202105/t20210527_943455.html.

务失衡的问题。在 2017 年，呼和浩特全市包括呼和浩特市图书馆在内仅有 11 个县级以上的公共图书馆和 95 个分馆，其中大部分馆设立在呼和浩特市区和 9 个县级城区。2017 年 6 月，呼和浩特市图书馆面向公众组织了一次调查，结果显示：85% 以上的人们反映他们去一趟图书馆路上往返花费时间在 1—2 小时，地处偏远地区村镇的人们往返要花费 4 个小时左右；70% 以上的人们反映图书馆新书上架不及时，有的新书在书店已经上市 3 个月了，在图书馆仍然借不到；90% 的人们希望通过增加图书馆服务点并借助互联网解决上述问题。

正是基于此，呼和浩特市开始酝酿筹划“鸿雁悦读”计划，并委托北京碧虚文化有限公司进行深度研究和创意策划。经过反复研讨，2017 年 10 月，“鸿雁悦读”计划整体设计完成，确定了项目目标，即通过实施“鸿雁悦读”计划解决上述问题，使数十万市民和周边旗县、乡镇、苏木居民受益，以完善便捷的借阅体系、全面系统的选书方式，为人民群众提供普遍均等的公共图书馆服务，使群众共享到公共文化的发展成果，促进“读书好、好读书、读好书”的文化氛围的形成和“书香呼和浩特”的打造。项目实施后，群众反映的上述问题得到了明显改善。由于我国公共图书馆在 2011 年就已普遍实行免费开放服务，人们可在公共图书馆免费获取基本的公共图书馆服务，如免费的文献借阅服务，免费参加讲座、展览、培训以及其他读者活动。所以，人们在图书馆服务方面的获取成本主要表现为时间、精力、交通等方面。为降低人们在获取图书馆服务方面的交通、时间成本，“鸿雁悦读”计划采用“图书馆 +”的方式，即呼和浩特市图书馆与政府机关、书店、社区、学校、企业、医院等社会各界进行跨界合作，广泛设立图书馆分馆，扩大图书馆服务体系的有效覆盖范围，让人们能够就近在家门口获取到图书馆的资源和服务。为解决新书上架不及时的问题，“鸿雁悦读”计划创新实行“图书馆 + 书店”的馆店合作模式，即呼和浩特市图书馆与新华书店各分店以及大型线上书城合作，使读者可直接在线上线下的书店选择新书免费带回家阅读，阅后再归还到图书馆即可，确保读者在第一时间看到心仪的新书。为提升人们的公共图书馆服务体验，“鸿雁悦读”计划采用“科技 +”模式，积极应用互联网新技术，开发“鸿雁悦读”App，在线提供丰富多样的图书馆服务，同时在全市多个地点建立鸿雁书屋，加强“鸿雁悦读”图书流动服务车服务，让人们能够打破时空限制，更加便捷地享受到图书馆的服务。

三、“鸿雁悦读”计划的构建运营

1. 制度设计

党的十九届四中全会通过的《中共中央关于坚持和完善中国特色社会主义制度　推进国家治理体系和治理能力现代化若干重大问题的决定》明确指出，“发展社会主义先进文化、广泛凝聚人民精神力量，是国家治理体系和治理能力现代化的深厚支撑。”并在健全人民文化权益保障制度方面进一步提出，“完善城乡公共文化服务体系，优化城乡文化资源配置，推动基层文化惠民工程扩大覆盖面、增强实效性，健全支持开展群众性文化活动机制，鼓励社会力量参与公共文化服务体系建设。”推进文化治理体系和文化治理能力现代化的前提是完善和发展文化领域制度建设。公共文化服务方面的制度设计具有重要意义，对公共文化服务体系的科学发展、可持续发展可发挥关键作用。“鸿雁悦读”计划是呼和浩特市公共文化服务体系建设中的重要内容，作为一项服务于人民群众的公共文化产品，一直坚持以政府主导为原则。这方面最主要的体现就在于“鸿雁悦读”计划的顶层制度设计。呼和浩特市在国家公共文化服务政策、法律法规、标准等的基础上，特别是在认真学习贯彻落实《中华人民共和国公共文化服务保障法》《中华人民共和国公共图书馆法》的基础上，结合“鸿雁悦读”计划的实践和本市公共文化服务实际情况，通过理论联系实际的制度设计研究，在“鸿雁悦读”计划的不同阶段及时进行政策供给，为“鸿雁悦读”计划的顺利进行提供了有力的组织机制和制度保障。

（1）基本公共文化服务制度建设

2000 年 8 月 6 日，内蒙古自治区人大常委会审议通过《内蒙古公共图书馆管理条例》，内蒙古自治区成为全国第一个颁布公共图书馆地方性法规的省区。而自 2005 年我国首次提出建设公共文化服务体系以来，相关法律制度更是不断出台，现代公共文化服务体系“四梁八柱”的制度框架基本建立，公共文化服务法治化建设取得突破性进展。这一系列相关制度主要包括《中华人民共和国公共文化服务保障法》《中华人民共和国公共图书馆法》《关于加快构建现代公共文化服务体系的意见》等宏观整体性政策法规，以及各部委发布的经费保障政策法规、鼓励社会力量参与公共文化服务体系建设政策法规和公共文化设施政策法规，还有相关地方性政策法规，如内蒙古自治区党委、政府相继出台了《关于加快构建现代公共文化服务体系的实施意见》《内蒙古自治区基本公共文化服务实施标准（2015—2020 年）》《推进基层综合性文化服务中心建设的实施意见》《公共文化服务体系建设评价考核办法》《社区与机关单位公共文化服务设施共建共用管理办法》等。这些国家公共文化服务政策、法律法规、标准，以及内蒙古自治区的相关政策法规，包括《内蒙古自治区全民阅读中长期规划（2016—2025 年）》等，成为呼和浩特市开展“鸿雁悦读”计划时的重要制度依据。也正是在此基础上，呼和浩特市制定了一系列基本公共文化服务制度。

“鸿雁悦读”计划是随呼和浩特市进行国家公共文化服务体系示范区创建而提出的。作为呼和浩特市创建国家公共文化服务体系示范区的创新性亮点工作之一，“鸿雁悦读”计划得到了内蒙古自治区主管部门和呼和浩特市委市政府的高度重视。呼和浩特市创建国家公共文化服务体系示范区经历了筹备、申报、实施、验收、总结五个阶段，时间为 2014 年 11 月至 2018 年 9 月，期间所制定的一系列基本公共文化服务制度为“鸿雁悦读”计划的顺利启动实施提供了坚实的保障。

在筹备阶段，呼和浩特市即成立了创建国家公共文化服务体系示范区筹备工作小组，在开展广泛调查研究的基础上，制定并完善《呼和浩特市创建国家公共文化服务体系示范区规划》，为相关工作做出安排。申报通过后，呼和浩特市召开动员大会，并专门成立了市创建国家公共文化服务体系示范区工作领导小组，负责全市创建工作的领导、组织和协调，研究解决创建工作中的重大问题。呼和浩特市市长亲自担任示范区工作领导小组组长，呼和浩特市文化新闻出版广电局为牵头部门，呼和浩特市委宣传部、呼和浩特市发展和改革委员会、呼和浩特市教育局、呼和浩特市财政局、呼和浩特市人力资源和社会保障局等 28 个部门单位为小组成员。领导小组下设办公室，办公室设在呼和浩特市文化新闻出版广电局。2015 年 12 月，示范区工作领导小组印发了《呼和浩特市创建国家公共文化服务体系示范区过程管理若干制度规定》，要求在示范区创建过程中，要健全领导机制、建立联络员制度、建立经费管理制度、建立工作自查机制、建立督导检查制度、建立专家跟踪指导制度、建立宣传工作制度、建立群众评价反馈制度以及建立档案管理制度。

呼和浩特市各旗县区、市直相关部门也相应成立了组织领导机构，分级召开动员部署会，结合实际制订创建工作方案。呼和浩特市文化新闻出版广电局是示范区创建的主力单位，负责创建工作的整体策划、部署、协调保障工作，按照示范区规划和实施方案的要求，协调、调度、督查、指导创建工作。呼和浩特市委组织部负责建立创建示范区工作考核制度，将创建任务完成情况纳入各地区和部门领导干部的年度实绩考核。呼和浩特市财政局牵头，在呼和浩特市文化新闻出版广电局、各旗县区政府配合下，制定了各级财政对创建国家公共文化服务体系示范区资金保障机制的政策，落实创建示范区所需启动资金和配套扶持资金，制定创建经费使用管理规定，加强创建资金的使用管理。呼和浩特市机构编制委员会办公室则牵头负责研究全市公共文化服务人才队伍建设规划和政策，合理调整全市公共文化服务单位编制和专业技术人员岗位设置，优化岗位结构，推进公益性文化事业单位管理体制改革。呼和浩特市人力资源社会保障局负责组织好基层公共文化服务工作者技能培训和职业鉴定工作。呼和浩特市民政局负责配合做好城市社区公共文化服务岗位设置，把公共文化服务相关内容纳入社区工作职责。呼和浩特市发展和改革委员会、市国土资源局、市城乡建设委员会、市规划局在公共文化服务设施建设方面各负其职，确保创建示范区建设工程的立项审批、用地安排、方案审查等。各旗县区人民政府作为本区域内创建工作的责任主体，分别成立了创建工作领导小组，制订建设规划和实施方案，并组织实施。

“鸿雁悦读”计划是呼和浩特市国家公共文化服务体系示范区创建中重点开展的一项全民阅读推广活动，其具体实施和宣传推广方面的工作十分繁杂且重要，能够顺利开展并取得很好效益也离不开相关部门的相互协作和密切配合。而在示范区创建期间，呼和浩特市教育局、呼和浩特市体育局、共青团呼和浩特市委员会、呼和浩特市科学技术协会、呼和浩特市残疾人联合会、呼和浩特市总工会、呼和浩特市妇联等多部门就已建立了协调机制，在开展群众文化活动方面形成补充。如共青团呼和浩特市委员会针对留守儿童和进城务工人员子女多次开展公益性文化活动，配合开展公共文化服务青年志愿者队伍组建、培训管理工作，组建市、旗县区两级文化志愿者队伍。此外，呼和浩特市委宣传部制订了《呼和浩特市创建国家公共文化服务体系示范区宣传工作方案》，协调组织中央、自治区、市级媒体对创建示范区工作进行宣传报道，创新宣传手段，挖掘创建经验，展示公共文化服务体系建设的最新成果。直到“鸿雁悦读”计划启动实施并日益推广时，这些部门都在发挥很大作用。

随着示范区创建工作的不断推进，更多经验得到积累，一些新问题被发现，呼和浩特市也在根据实际情况及时制定出相应制度。2017 年 6 月，进入示范区创建中期，呼和浩特市人民政府印发了《关于加快构建现代公共文化服务体系的实施意见》《呼和浩特市公共文化服务体系建设评价考核办法（试行）》《关于政府向社会力量购买公共文化服务的实施办法》《呼和浩特市社区与机关单位公共文化服务设施共建共用办法（试行）》《关于加快贫困地区公共文化服务体系建设的实施意见》《呼和浩特市推进基层综合性文化服务中心建设实施方案》等系列文件，并参照国家、自治区基本公共文化服务指导标准，出台了《呼和浩特市基本公共文化服务实施标准（2015—2020）》，从文化设施、基本文化服务项目、保障措施三个方面规定了未来 5 年内呼和浩特市基本公共文化服务实施标准。2017 年 7 月，在呼和浩特市政府办公厅印发了《呼和浩特市公共文化服务体系建设协调机制实施方案》，进一步对建立公共文化服务协调机制进行部署，全面推行落细、落小、落实的台账管理制度以及例会调度、实地督查考核的“三位一体”工作机制。由此，在“鸿雁悦读”计划正式启动前，呼和浩特即在基本公共文化服务制度建设方面形成了组织领导到位，机制保障有力的协同建设格局，建立了部门职责明确、分工协作、目标清晰、统筹有力、运转有效的公共文化服务协调机制，为“鸿雁悦读”计划的顺利开展创造了十分有利的条件。

（2）“鸿雁悦读”计划的制度建设

“鸿雁悦读”计划自 2017 年 11 月 23 日正式启动后，获得广大群众的热烈欢迎，受到社会广泛关注，其影响力迅速扩展。2018 年 8 月，文化和旅游部和财政部对呼和浩特市创建示范区工作进行最终验收，检查组对呼和浩特市整体的创建进展表示肯定。2019 年 3 月 19 日，在上海举行的全国公共文化产品供给侧改革现场经验交流会上，呼和浩特市被正式授予第三批国家公共文化服务体系示范区牌匾。这标志着呼和浩特市创建国家公共文化服务体系示范区成功。而以终期检查验收为契机，呼和浩特市进一步加强了示范区后续建设工作，“鸿雁悦读”计划作为亮点工程更是受到高度重视。

而为巩固成果并继续推广“鸿雁悦读”计划的成功经验，内蒙古自治区党委宣传部决定在全区范围内实施“鸿雁悦读”计划，并于2018年8月31日发布《内蒙古自治区“鸿雁悦读”三年行动计划（2018—2020年）（征求意见稿）》和《“鸿雁悦读”计划实施标准（2018—2020年）（征求意见稿）》。经过广泛的意见和建议征集，2018年12月25日，中共内蒙古自治区委员会宣传部、内蒙古自治区文化和旅游厅、内蒙古自治区广播电视局联合印发《内蒙古自治区“鸿雁悦读”三年行动计划（2018—2020年）》和《“鸿雁悦读”计划实施标准（2018—2020年）》。

内蒙古自治区党委宣传部负责统一领导、统一规划全区“鸿雁悦读”计划的推广行动，推广行动办公室设在内蒙古自治区广播电视局。各盟市党委宣传部负责领导各盟市“鸿雁悦读”计划的实施工作，协同各盟市相关政府机构支持“鸿雁悦读”计划的实施。各盟市文化新闻出版广电局在各盟市党委宣传部的领导下具体负责各盟市“鸿雁悦读”计划的推进工作。各盟市级公共图书馆在各盟市文新广电局指导下具体负责落实“鸿雁悦读”计划各项业务工作，指导所属区域旗县区公共图书馆建设中心馆—总分馆四级服务体系。各旗县区党委宣传部、文化新闻出版广电局在各盟市党委宣传部、文化新闻出版广电局领导下，负责领导、落实本地区“鸿雁悦读”计划的实施。各旗县区级公共图书馆在各旗县区文新出版广电局领导下、在各盟市级公共图书馆指导下，具体负责本地区“鸿雁悦读”计划业务工作，并构建本地区的总分馆服务体系。街道乡镇苏木党委政府在上级党委宣传部、文化新闻出版广电局领导下，负责领导本地区“鸿雁悦读”计划的落实情况，社区党支部居委会、嘎查（村）党支部村委会在上级领导下负责落实本区域文化室、草原书屋等“鸿雁悦读”计划服务网点建设工作。街道（乡镇、苏木）文化站、社区（嘎查、村）文化室（草原书屋）具体负责本区域“鸿雁悦读”计划各项业务工作的开展。

为加强对“鸿雁悦读”计划的组织保障，各盟市党委宣传部、文化新闻出版广电局会同相关部门成立“鸿雁悦读”计划领导小组，领导小组下设办公室，办公室主任由各盟市文化新闻出版广电局局长担任，具体负责本地区“鸿雁悦读”计划的推广实施。各旗县区比照各盟市成立相应机构，具体负责本地区“鸿雁悦读”计划的推广实施。街道（乡镇、苏木）、社区（嘎查、村）安排有关负责同志与上级机构对接。这一层层推进、职责明确的保障措施进一步推动“鸿雁悦读”计划自上而下、有条不紊地开展。同时，《内蒙古自治区“鸿雁悦读”三年行动计划（2018—2020年）》（征求意见稿）还明确了对“鸿雁悦读”计划的资金投入、队伍建设、考评机制等方面的保障举措，以此确保“鸿雁悦读”计划扎实推进。

2020年4月3日，中共呼和浩特市委组织部、中共呼和浩特市委宣传部、中共呼和浩特市文化旅游广电局党组共同发布《关于进一步扎实推进“鸿雁悦读”计划的实施意见》，并成立呼和浩特市“鸿雁悦读”计划推广工作领导小组，领导小组办公室设在呼和浩特市文化旅游广电局。同时要求各旗县区成立“鸿雁悦读”推广工作领导小组，领导小组下设办公室，办公室主任由各旗县区宣传部长担任，具体负责本地区“鸿雁悦读”计划的推广实施。还明确将“鸿雁悦读”计划纳入“三城同创”考核体系，列入文明城市创建核心考核内容，纳入全市领导干部考核体系，接受上级部门和社会的监督和考评，确保“鸿雁悦读”计划扎实推进。

2021年5月8日下午，党建引领书香呼和浩特·全民阅读共同体成立大会在呼和浩特市图书馆召开，由中共呼和浩特市文化旅游广电局党组牵头，按照党建引领、组织相加、工作相融、共建共享、发展共赢的内容，成立党建引领书香呼和浩特·全民阅读共同体，以深入实施“鸿雁悦读”计划为契机，与公共图书馆、社会科学院图书馆、书店、社区、部队、警营、学校及呼包鄂乌党建共同体等17个跨行业部门共同打造书香呼和浩特·全民阅读共同体。大会审议了《呼和浩特市文化旅游广电局党建引领书香呼和浩特·全民阅读共同体章程（草案）》《呼和浩特市文化旅游广电局党建引领书香呼和浩特·全民阅读共同体议事规则（征求意见稿）》。各成员单位负责人代表在现场签定共建协议书，表示将不断建立健全推动全民阅读工作的创新机制，积极引导、协调和组织并开展形式多样和丰富多彩的阅读推广活动，形成推动全民阅读工作的合力，持续提升社会影响力，共同推动全民阅读向纵深发展，在全社会营造“爱读书、读好书、善读书”的良好风尚，为建设“书香呼和浩特”，打造美丽青城、草原都市、推进社会主义文化强国建设做出新的更大贡献。

2021年11月5日，内蒙古自治区人民政府办公厅印发《内蒙古自治区“十四五”保障和改善公共服务规划》，将推进“鸿雁悦读”计划纳入“十四五”文体服务保障范畴。

图 3-1　党建引领书香呼和浩特·全民阅读共同体成立大会上代表签定共建协议书

随着“鸿雁悦读”计划的不断推进，相应的标准体系也在逐步确立。2018 年 12 月 25 日，中共内蒙古自治区委员会宣传部、内蒙古自治区文化和旅游厅、内蒙古自治区广播电视局联合印发了《“鸿雁悦读”计划实施标准（2018—2020 年）》，标志着“鸿雁悦读”计划初步形成了自己的标准体系。该标准主要参照文化部第六次全国县级以上公共图书馆评估定级相应标准，确立了“鸿雁悦读”计划的各个参与方应具备的基本条件以及服务体系、服务效能、财政保障方面须满足的条件。2018 年 10 月，呼和浩特市推出鸿雁书房建设项目。随着鸿雁书房建设数量的不断增加，急需一套服务规范来指导各书房的运营和服务。2021 年，呼和浩特市图书馆制定了《“鸿雁悦读”服务规范》，对参与“鸿雁悦读”计划的各层级单元馆、合作机构的职责与义务、设施建设、文献资源、人力资源、服务体系、服务效能、财政保障、服务监督与反馈、考核评估机制和退出机制进行了详细规定。至此，“鸿雁悦读”计划有了一项涵盖实施全要素和过程的较为完备的服务标准，为后续“鸿雁悦读”计划的高质量发展奠定了基础。

2. 供给主体

“鸿雁悦读”计划是呼和浩特市在公共文化服务领域开展供给侧结构性改革的一项重要实践。过去，我国公共文化服务由政府统一管理，而且政府也是公共文化产品的单一供给主体，即公共文化服务主要由图书馆、文化馆、博物馆等公共文化机构供给，在政府主管部门的直接管理下提供公共文化产品和服务，导致形成了一个相对封闭的公共文化供给圈，缺乏竞争性，因而往往创新动力不足，提供的产品和服务同质化严重。面对人民群众不断增长且日益多元的精神文化需求，单一的供给主体显然难以适应并满足这些现实需求，导致公共文化服务供给效率低下，成为公共文化领域最突出的问题。为解决这一问题，我国在“十三五”时期提出了文化领域供给侧结构性改革。其中最为重要的一点就是改变单一供给主体模式，鼓励并吸纳社会力量参与公共文化事业建设，促进公共文化服务的社会化，引入新鲜血液形成竞争机制，构建起政府主导、多方参与的多元化公共文化服务供给体系。“鸿雁悦读”计划即是从供给侧结构性改革出发，促进要素自主配置，由政府主管部门、各级图书馆和多方社会力量组成各层次供给主体，各供给主体发挥各自优势，形成合力，在呼和浩特市公共文化服务领域建立起政府主导、多方参与的多元化供给体系。

（1）政府主导

从宏观层面来看，我国公共文化服务在坚定文化自信、铸牢中华民族共同体意识方面发挥重要作用。进入新时代以来，我国国家领导人多次强调文化建设的重要性。文化是一个国家、一个民族的灵魂，是民族生存和发展的重要力量。文化兴则国运兴，文化强则民族强。国家、民族的强盛是以文化兴盛为支撑，中华民族伟大复兴需要以中华文化发展繁荣为条件。党的十九届五中全会明确指出到 2035 年建成文化强国。为了实现这一目标，需要持续提升公共文化产品和服务供给水平，提供丰富的文化产品和服务，满足群众基本文化需求，保障群众基本文化权利，增强人民群众的文化获得感、成就感、幸福感。从我国国情来说，就必然要求以政府主导完善公共文化服务，提高基本公共文化服务的覆盖面和适用性。

“鸿雁悦读”计划成功构建的政府主导、多方参与的多元化公共文化服务供给体系中，“政府主导”在这其中包含两层含义：一方面，避免政府部门出现“既当裁判员，又当运动员”的情况，使政府从“办文化”向“管文化”转变；另一方面，政府应成为公共文化服务事业建设和发展的主要责任主体。公共文化服务必须坚持政府主导。首先，公共文化服务是政府公共服务职能的重要组成部分，也就是说，提供公共文化服务是政府履行其责任的必然。而且，政府可以通过公共文化服务塑造公共文化，弘扬社会主义核心价值观，引领社会主流文化发展。另外，这也是基于公共文化事业的本身特性而决定的。公共文化服务的服务对象是全体人民群众，应普惠大众，而非某个个别群体，追求的是社会效益，而非经济效益。只有在政府主导下，才能确保这一点。公共文化领域实行供给侧结构性改革不能从一个极端走向另一个极端，而必须在坚持政府主导的基础上引进社会力量参与公共文化事业建设。因而，政府是公共文化服务的天然自成的且最为重要的主体。

从实施层面来看，“政府主导”表现为政府抓好导向、做好管理与保障、履行主体责任。“鸿雁悦读”计划一直遵循政府主导原则。内蒙古自治区与呼和浩特市政府是“鸿雁悦读”计划的供给主体，应全面正确履行自身职能，制定相关整体规划、政策和标准体系，充分发挥政府的监督和管理职能，从组织机制、管理体制、考评机制等方面为“鸿雁悦读”计划的人员、经费等提供切实保障。近些年来，内蒙古自治区政府在公共文化服务体系建设上自觉落实主体责任，建立健全党委统一领导、党政齐抓共管、有关部门分工负责、社会力量积极参与的工作体制和工作格局，通过加强顶层设计、强化投入保障、建立健全考核评价机制大力推动公共文化服务高质量发展。“十三五”期间，内蒙古自治区政府制定落实了《关于加快构建现代公共文化服务体系的实施意见》等一系列文件，各级政府将公共文化服务列入优先保障范围，文化和旅游支出300亿元[①]，并将公共文化服务纳入各级党委政府年度实绩考核，自治区人大组织开展《中华人民共和国公共文化服务保障法》执法检查，自治区政协开展公共文化服务调研，合力推进公共文化事业实现长足发展。

“鸿雁悦读”计划得到了中共内蒙古自治区党委员会宣传部、内蒙古自治区文化厅、内蒙古自治区广播电视局、中共呼和浩特市委员会、呼和浩特市人民政府，呼和浩特市委宣传部、呼和浩特市财政局、呼和浩特市文化旅游广电局、呼和浩特市各旗县区人民政府的大力支持。在“鸿雁悦读”计划正式确定前，为推进呼和浩特市国家公共文化服务体系创建工作，呼和浩特市于2015年6月至2016年6月经过多方调研，提出在公共文化服务供给侧结构性改革中做出积极探索，并将呼和浩特市图书馆与新华书店的深度融合作为突破口。根据这一决定，呼和浩特市文化旅游广电局指导呼和浩特市图书馆和新华书店就合作事宜进行探讨。而在最终确定的“鸿雁悦读”计划系列方案中，呼和浩特市图书馆和新华书店之间的“馆店合作”成为最大亮点，实施后受到群众普遍欢迎。

在“鸿雁悦读”计划的实施过程中，政府主管部门坚持创新管理体制，把

---

① 内蒙古自治区人民政府.自治区政府新闻办召开“十三五”时期我区公共文化发展成就新闻发布会[EB/OL].[2021-06-24].http://www.nmg.gov.cn/zwgk/xwfb/fbh/zzqzfxwfb/202012/t20201229_390165.html.

“鸿雁悦读”计划作为重要任务列入议事日程，加强指导，统筹规划，既积极推动、指导图书馆和合作方创新合作，又充分尊重社会主体和市场主体的独立性，不干涉这些机构具体的业务工作，而是由公益性文化机构与营利性企业通过充分协商沟通，达成具有可持续发展的合作机制。

在以政府为主导的公共文化供给模式中，政府为公共文化服务建设发展做好管理与保障，包含多个层面的内容，除了在相关工作中做好指导和统筹规划，还需要通过加强公共文化立法，提高公共文化建设法制化水平，推进公共文化服务的有序化、规范化、法治化。正如前文“制度设计”中所述，在“鸿雁悦读”计划实践中，内蒙古自治区主管部门和呼和浩特市委市政府出台了一系列政策制度，为“鸿雁悦读”计划在不同阶段的顺利开展提供了强大保障。另外，政府主导的公共文化供给模式，还需政府保证公共财政对文化建设的投入，并承担起资金筹集者的责任，建立公共文化服务的经费保障机制，为公共文化服务建设发展提供所必需的资金和经费投入。为保证“鸿雁悦读”计划成功落地，从 2018 年起呼和浩特市政府每年都为“鸿雁悦读”计划划拨专款。2020 年市政府拨款 683 万元作为项目经费，主要用于购买图书、“鸿雁悦读”App 升级维护费、草原书屋原有图书编目加工费，鸿雁书屋电脑、扫描枪、自动借书机等设施设备，物流成本和活动费用。

（2）图书馆实施

现代图书馆具有四大基本职能，即保存人类文化遗产、开展社会教育、传递科学情报、开发智力资源。这些基本职能通过图书馆的业务工作和服务得到履行。随着社会环境发展，图书馆的业务工作和服务也在不断发生更迭变化，如传统的核心业务编目工作现在已经边缘化，而阅读推广工作在图书馆工作中占有越来越重要的分量，提供的服务从围绕书籍开展变为以读者需求为导向，服务内容和形式日益丰富多元，并打破线上线下界限使人们能够更便捷地获取图书馆服务。一直以来，为人民群众提供阅读服务是我国各级各类图书馆的基本职能，但在传统服务中主要表现为借书还书、读书看报。20 世纪 90 年代之后，随着全民阅读理念日益深入人心，图书馆开展全民阅读推广活动越来越多，形式也越来越多样化。公共图书馆作为公益性文化服务机构，是公共文化产品和服务的重要供给主体。从我国实施加快构建现代化公共文化服务体系建设战略后，公共图书馆开展的全民阅读推广服务更是打开了新局面，为促进人们“多读书、读好书”，建设书香社会做出了显著贡献。

呼和浩特市县各级公共图书馆是全民阅读品牌工程“鸿雁悦读”计划的重要供给主体，其中尤以呼和浩特市图书馆最为主要。呼和浩特市图书馆是“鸿雁悦读”计划的具体实施单位，在“鸿雁悦读”计划的实施过程中，呼和浩特市图书馆一直处于中心位置，承担着十分重要的职责，负责网点布局、图书流通、读者管理、信息发布以及阅读推广活动的开展。

一方面，创新供给模式。“鸿雁悦读”计划采用了“图书馆+”的模式完善公共图书馆服务体系，以呼和浩特市图书馆为中心馆打造全覆盖的中心馆—总分馆服务体系。“鸿雁悦读”计划联结呼和浩特市所有公共图书馆构建起图书馆服务体系的骨干网络，其中，呼和浩特市图书馆为中心馆，各旗（县、区）图书馆为总馆，乡镇（街道）综合文化站为分馆，村（社区）综合文化服务中心（图书室）为基层服务点。以图书馆中心馆—总分馆服务体系为枢纽，图书馆界广泛吸纳外界社会力量，包括新华书店、学校、企业、银行、医院、草原书屋等，通过采用“图书馆+”的模式与之跨界融合共建分馆，纳入中心馆—总分馆服务体系。同时，还推出“鸿雁悦读”图书流动服务车、自动借书机、“阅读共享书箱”等作为补充，为偏远地区的人民群众提供图书馆服务。在中心馆—总分馆服务体系内，实行由中心馆呼和浩特市图书馆主导对全市图书文献资源统一采购、统一编目、统一调配、统一标准、统一服务，读者一卡通借通还，形成全市各级公共图书馆互通互联、资源共享。

另一方面，丰富供给内容和形式。“鸿雁悦读”计划旨在为广大人民群众提供更好、更快、更多样化的图书馆服务。在“鸿雁悦读”计划启动后，呼和浩特市图书馆采取了多种举措丰富图书馆服务的供给内容和形式，包括：通过正规程序招标遴选新华书店作为图书馆图书资源主要供应商，确保图书资源供给质量；广邀各界代表组成图书馆选书委员会，定期组织选书委员会成员采购图书资源，使图书资源为读者喜闻乐见；免费办理城乡通用的“鸿雁”读书卡；联合线上线下书店开展“你荐书，我买单”服务；开发“鸿雁悦读”App，在线提供线上荐书、在线阅读等服务；举办青城文化讲坛、“鸿雁”大讲堂、“草原朗读亭”、“鸿雁”传书、“鸿雁”手书展览等活动。而由于中心馆—总分馆服务体系的建立，图书馆的资源和服务也最大化地实现共享，使人民群众在各旗县区总馆、各分馆也能享受到丰富多样的图书馆服务。

（3）社会力量参与

“十二五”以来，我国一直在加强推进公共文化服务的社会化，出台了一系列政策法规鼓励和引导社会力量参与公共文化服务体系建设。如《中华人民共和国公共图书馆法》第四条明确提出：“国家鼓励公民、法人和其他组织自筹资金设立公共图书馆。县级以上人民政府应当积极调动社会力量参与公共图书馆建设，并按照国家有关规定给予政策扶持。”这是我国在公共文化领域供给侧结构性改革的一项重要举措，也是经济社会发展的客观要求。社会力量作为供给主体之一参与公共文化服务体系建设，对于发展公共文化事业、满足人民群众日益增长的文化需求具有重要意义。

在很长一段时间，我国公共文化服务主要由国家和事业单位经办，其他社会力量难以加入其中，使得公共文化服务供给主体和供给方式单一，难以满足人民群众日益增长的动态化、多层次的精神文化需求。推动公共文化服务社会化，不仅对于促进政府职能转变有帮助，也有利于发挥社会资本和市场组织的优势，促进公共文化服务的地区均衡发展和城乡一体化。文化是融入人民群众生产生活当中，与各领域各行业联系十分密切。我国文化产业发展日益蓬勃，展现出社会力量在文化建设方面的巨大创造力和热情。在公共文化服务领域，吸纳其他社会力量参与建设，可以有效在资金、场所、技术、人员等方面增强投入，增加公共文化服务总量，提供更加多样、更加适合群众需要的资源和服务，从而促进公共文化事业的繁荣发展，建立全民共建共享的公共文化发展格局。

目前，我国在推动公共文化服务社会化方面进展很大，政府简政放权，减少行政审批项目，采取多种举措吸引社会资本投入公共文化领域。2012年6月，《文化部关于鼓励和引导民间资本进入文化领域的实施意见》明确提出鼓励民间资本参与公共文化服务体系建设的多种方式，包括：鼓励民间资本捐建或捐资助建图书馆等公共文化基础设施，引导和鼓励民间资本通过捐助机构、资助项目、赞助活动、提供设施等形式参与公共文化服务；采取政府采购、项目补贴、定向资助、贷款贴息、税收减免等政策措施，引导民间资本投资兴建民间图书馆等文化设施，支持民间资本直接面向社会公众提供公益文化服务；鼓励民间资本通过招投标等方式，参与基础文化设施建设、公共文化产品创作生产、公益性文化产品和服务供给、重大文化惠民工程、重大公益性文化活动和其他公共文化服务[①]。

① 文化部.关于鼓励和引导民间资本进入文化领域的实施意见[EB/OL].[2021-06-24]. http://www.gov.cn/gongbao/content/2012/content_2245515.htm.

“鸿雁悦读”计划以“图书馆+”的模式吸纳了多个领域、多个行业的社会力量，使其成为服务体系中的供给主体之一。图书馆特别选取了具备相应条件、与民生密切相关、位于人流较为集中场所的机构进行合作，包括书店系统、社区系统、零售系统、餐饮系统、交通系统、旅游系统、教育系统、医院系统、宾馆系统中有相应意愿的机构以及草原书屋。在合作中，图书馆按照统一标准提供业务模式、图书、培训和运营支持，由合作机构提供分馆所需场地、书架桌椅等家具、水电和日常管理员等。

书店系统包括线上线下的书店。线下书店为新华书店，由图书馆与新华书店合作在其各门店网点建设图书馆分馆，设置专门的阅览区，提供“你荐书，我买单”服务。2017 年 11 月“鸿雁悦读”计划启动后，呼和浩特市的中山西路图书大厦城市书房、摩尔城城市书房、金蓝港城市书房、外文城市书房、金游城城市书房首批 5 家新华书店城市书房成为呼和浩特市图书馆的分馆。至 2020 年 11 月，3 年中已有 25 个新华书店城市书房纳入“鸿雁悦读”计划成为图书馆分馆①。线上书店为大型网络书店京东书城，图书馆与之建立合作，开展“你荐书，我买单”服务，读者可在线上线下书店直接选择自己喜欢的图书免费带回家先看，看完后再归还到图书馆。社区系统即由图书馆与社区居委会、业主委员会、开发商、物业公司合作，在社区建立图书馆分馆或服务网点。零售系统即由图书馆与人流密集的大型商场合作，在商场设立图书馆分馆或服务网点。餐饮系统即由图书馆与咖啡厅、酒吧、餐馆合作，在后者提供的场所设立图书馆分馆或服务网点。交通系统即由图书馆与民航系统、铁路客运系统、公路长途客运系统、公共交通系统建立合作，根据具体情况在候机楼、候车站、客运站、公交站设立分馆或者鸿雁书屋，在飞机、火车、长途汽车、公交车上设立鸿雁书架。旅游系统即由图书馆与旅游系统合作，根据具体情况在客流量大的旅游线路大巴、景区游客中心、景区内部、景区大巴设立分馆、鸿雁书屋或者鸿雁书架。教育系统即由图书馆与高等学校、中等专业学校、中小学、幼儿园合作，依托上述机构的图书馆或场所，建立分馆、鸿雁书屋或者鸿雁书架。医院系统即由图书馆与医院系统合作，根据情况在医院挂号大厅、住院部等区域设立鸿雁书屋或者鸿雁书架。宾馆系统即由图书馆与宾馆合作，根

① 呼和浩特晚报. 3年内30万市民受益“鸿雁悦读”成为首府文化餐[EB/OL].[2021-06-24]. http://www.huhhot.gov.cn/zwdt/tpxw/202011/t20201117_808127.html.

据情况在宾馆设立鸿雁书屋或者鸿雁书架。这些机构主要位于城区，通常人口密度较大，基础设施较完备，具备设立分馆或鸿雁书屋、鸿雁书架的条件。

图 3-2　呼和浩特市图书馆与 U° 咖啡（巨海城店）签约共建分馆（王宇摄影）

而在广阔的农牧地区，人口密度低，基础设施不够完备，社会机构也较少，图书馆根据实际情况选择草原书屋作为在农牧区开展“鸿雁悦读”服务的合作方。早在 2007 年，新闻出版署等部委为解决农村借书难读书难的问题，在全国农村投资建立了农家 / 草原书屋，各村的农家 / 草原书屋根据人口多少配备有几百册左右的图书，建成后交由村民委员会负责管理和运营。呼和浩特建有 900 多个草原书屋，通过呼和浩特市图书馆与村民委员会合作，按照“图书馆 + 草原书屋”模式，将原本不在公共图书馆体系的草原书屋纳入中心馆—总分馆服务体系，依据图书馆业务标准对草原书屋进行业务流程再造，草原书屋原有图书资源也纳入图书馆馆藏书目系统，并由呼和浩特市图书馆按照统一编目、统一配送、统一标准、统一服务的原则定期为草原书屋更新图书、增加设备，对相关人员加强专业培训，提供图书馆专业服务。

而“鸿雁悦读”计划建立的“图书馆 + 社会力量”模式，不仅大大促进了公共文化服务事业的发展，为人民群众带来更加多元、便利的图书馆服务，参与其中的社会力量也是获益匪浅。如新华书店获得稳定营收，零售业绩显著提升，使得书店对这种合作模式表现出非常高的积极性；而广大农牧区的草原书屋也经由这样的合作盘活了文化存量资源，人气增加，重新活跃起来，最终实现了多方共赢。

3. 内容建设

2015年1月，中共中央办公厅、国务院办公厅印发《关于加快构建现代公共文化服务体系的意见》的同时，公布了《国家基本公共文化服务指导标准（2015—2020年）》，其中将基本公共文化服务的内容分为读书看报、收听广播、观看电视、观赏电影、送地方戏、设施开放、文体活动七个方面。其中，读书看报属于公共图书馆提供的服务内容。《中华人民共和国公共图书馆法》中第三条也有相应规定：“公共图书馆是社会主义公共文化服务体系的重要组成部分，应当将推动、引导、服务全民阅读作为重要任务。”

“鸿雁悦读”计划就是呼和浩特市为解决人民群众“读书难、借书难”的问题而推出的全民阅读推广活动。为更好满足人民群众的文化需求，“鸿雁悦读”计划提供了十分丰富的、远超读书看报的公共文化服务。

（1）一卡通借通还服务

通借通还服务是图书馆提升馆藏图书利用率的一种有效途径，有利于读者更便利地借阅图书。基于“鸿雁悦读”计划中建立的覆盖呼和浩特全市的中心馆—总分馆服务体系，读者持本人身份证或医保卡、市民卡等有效证件，即可在呼和浩特市各公共图书馆、分馆或新华书店各网点办理“鸿雁”读书卡，另外也可在分布于鸿雁书屋等处的自助办证机上办卡。“鸿雁”读书卡实行“统一办卡、统一管理；一处办卡，多处可用，免费服务，资源共享”。即任何人只需办理一张“鸿雁”读书卡，就可以在中心馆—总分馆服务体系下的任一图书馆、分馆或服务网点免费借阅图书，包括设置在呼和浩特市区企事业单位、主要街道、学校、医院、部队、社区、银行、机场、车站等场所的自助借书机，或者图书流动服务车、“阅读共享书箱”，读者都可以使用“鸿雁”读书卡享受免费借阅服务。“鸿雁”读书卡分为个人卡和家庭卡，读者可将个人卡升级为家庭卡，持“鸿雁”读书卡的家庭卡，可以为家庭成员借书并享受图书馆和“鸿雁悦读”计划提供的各项服务。读者还书时可享受在中心馆—总分馆服务体系下的任一图书馆、分馆或服务网点通借通还服务，即读者不需要将书还到原本借书的地点，而是可以选择中心馆—总分馆服务体系下距离自己最近、最便捷的图书馆、分馆或服务网点去还书。

图 3-3　读者在新华书店自助办理鸿雁借书卡（王宇摄影）

截至 2020 年 12 月 31 日，读者已可在呼和浩特全市县旗区公共图书馆以及建成的 367 个分馆进行一卡通借通还。这些分馆分布于城乡各处，其中城区分馆 208 个、农村分馆 159 个，有力推动了图书馆服务的城乡一体化进程。

（2）“你荐书，我买单”服务

“你荐书，我买单”服务是“鸿雁悦读”计划提供的重要服务内容之一，由图书馆和书店合作开展。这一服务开启了“点单式”个性化读书服务模式，实现了图书馆服务与读者需求的无障碍连接，可让广大读者能够在第一时间看到上市的新书，并能借阅到自己喜好的图书。2017 年 11 月 23 日上午，“鸿雁悦读”计划启动仪式在呼和浩特市新华书店图书大厦举行，“你荐书，我买单”服务随即开启，受到现场群众的热烈欢迎。

图 3-4　“你荐书，我买单”服务现场人潮如织

读者持“鸿雁”读书卡可在实体书店或网上书店享受“你荐书，我买单”服务。在实体书店，读者可以选择自己想看的图书，利用“鸿雁悦读”App扫描图书的ISBN码，符合荐购条件的图书即可在书店办理借书手续后免费借走，图书信息提交到系统；在网上书店，读者通过呼和浩特市图书馆微信公众号或“鸿雁悦读”App查询馆藏后，可在京东商城下单，通过“鸿雁悦读”App的“鸿雁快借”功能选择自己喜欢的图书借阅，然后由网上书店把所选图书直接配送给读者。不管是实体书店下单的书还是在网上书店下单的书，在规定期限内完成阅读后，读者将书还至中心馆—总分馆服务体系下的任一图书馆、分馆或服务网点即可。读者选购图书的书款由图书馆统一向书店支付，书看完后就近还到图书馆或各分馆，再进行编目典藏加工。

“你荐书，我买单”服务即指通过选书委员会或通过数字化网络平台向图书馆推荐书目，由图书馆根据实际情况纳入图书馆采购计划完成购书。“鸿雁悦读”计划选书委员会定期组织选书委员会成员采购图书资源。选书委员会由人大代表、政协委员、专家学者、读者和图书馆理事会成员等组成。选书委员会通过大数据分析平台和出版社等图书供货商实现信息对接，接收出版动态、供货商的新书信息；分析门店历史销售、借阅大数据，向图书馆主动推送建议采购图书品类及品种建议。数字化网络平台选书则是通过“鸿雁悦读”App、微信、图书馆网站等搭建的读者荐购模块，与图书馆开放公共目录查询系统相连，提供荐购目录、自定义荐购功能，实现读者线上荐书、借书服务。读者按要求填写后提交，图书馆采访人员从后台即可看到并进行处理。

图3-5 “鸿雁悦读”项目选书委员会成员讨论选书（王宇摄影）

（3）图书精准查找

传统图书馆图书上架的方式比较复杂，根据图书分类将图书分区之后还需要通过图书索书号按照顺序排架，排架之后因馆藏较多经常出现书架被排满，不得不重新倒架、再顺架的情况，图书上架成了图书馆非常繁重的一项工作。加之现在图书馆大多为开放书架，读者在图书阅读之后不可能精确将图书重新归放回原有位置，导致大量图书需要重新“上架”。

为了方便读者能够第一时间找到图书，同时有效缓解馆员重复工作，呼和浩特市图书馆通过 RFID 技术实现图书精确定位，为读者提供更加精细化的服务。首先将图书馆（包括分馆和部分流动站）中所有的书架进行统一编号，加贴 RFID 层架标签，将书架信息数字化，再通过图书馆的基本排架方式将加贴 RFID 标签的图书上架，采集图书的 RFID 信息并将图书信息和书架信息逐一对应，实现图书位置的精确定位。之后通过智能分拣将图书进行大类区分后实现快速排架，再通过智能点检设备将图书信息和书架位置信息精确对应，从而实现图书准确定位，大大减少了图书馆工作人员的排架上架难度，同时方便读者能够快速找到所需图书。定时点检保证了图书位置信息的更新和准确。

（4）数字阅读服务

和传统纸书阅读相比，数字阅读在突破时空物理限制方面有独特优势，传递方便快捷，节省大量藏书空间，而且对于已习惯互联网生活的新一代读者来说也更易接受。进入数字时代以来，图书馆数字阅读服务也日益发展并逐渐成为图书馆服务中的一项不可缺少的内容。一般来说，电子书、刊、报的阅览和流通是图书馆数字阅读服务的主要内容。而随着科技的进步和计算机技术在图书馆服务中的深入应用，图书馆还将各种讲座、展览等活动在线上举办，使得图书馆的数字阅读服务内容更加丰富多样。

“鸿雁悦读”计划启动时，即十分重视数字阅读服务。呼和浩特市图书馆为此专门开发了“鸿雁悦读”App 和微信公众号，将图书馆线下职能和线上服务相结合，为人们提供 7×24 小时不间断的服务。读者可在“鸿雁悦读”App 和呼和浩特市图书馆微信公众号在线检索馆藏书目、在线阅读数字资源，通过“鸿雁悦读”App 获取书、报、刊一体的数字阅读资源，实现视频对接。

而在 2020 年新冠肺炎疫情突然爆发后，图书馆的数字阅读服务更是展现出了巨大的服务效能。2020 年 2 月至 4 月，为应对新冠肺炎疫情，呼和浩特市图书馆在闭馆期间利用“鸿雁悦读”App 和呼和浩特市图书馆微信公众号开展线上数字阅读服务和送书上门服务。图书馆充分利用本馆的微信服务号、订阅号以及“鸿雁悦读”客户端，宣传推广“鸿雁悦读”计划的各项线上服务。通过馆员荐书、线上展览、知识竞答、在线活动等形式开展了一系列关于疫情防控知识、注意事项以及防控前沿动态等活动，将详实的信息及时、高效、安全地推送给广大读者，打造24小时不打烊的数字服务，使广大读者在家也能享受到呼和浩特市图书馆的阅读服务。

为更大程度地满足不同读者群体的需求，呼和浩特市图书馆先后引进了超星智慧图书馆、贝贝国学少儿库、博看期刊、艺术教育多媒体资源平台、世界油画数字资源库、中国历代馆藏书画数字资源库、易读书、云图有声在线、乐儿抗疫情特别版阅读抗疫专题资源、全国报刊索引、碧虚企业文献资源、上业科技数字资源库、方略知识管理系统等20余种数字资源特色库，全方位覆盖读者对线上阅读的多元化需求。读者通过“鸿雁悦读”客户端和图书馆的微信公众平台就可以获取上述电子书、报纸期刊、有声图书、公开课、名师讲座、少儿绘本、艺术教育、连环画等优质资源。

图3-6 鸿雁书屋中的自助办证机

为推动“鸿雁悦读”计划的深入实施，呼和浩特市还在不断完善和加强硬件、软件及数字化建设。如在鸿雁书屋中配备电子借阅设备，在全市多处设置数字阅读机等，让读者可以通过手机实现电子借阅，获取图书馆的数字资源。2021年5月31日，由中国人权发展基金会和内蒙古人民出版社共同主办，呼和浩特市文化旅游广电局、呼和浩特市教育局等单位承办的“书香中国文化基金呼和浩特公益行——鸿雁数字悦读进校园”捐赠仪式在武川县第一中学举行。此次活动旨在运用数字化信息技术与平台，进一步开展“鸿雁悦读”延伸推广工作，提高公共数字图书供给能力。

（5）读者文化活动

我国开展全民阅读推广工作已有多年，而从实践成效来看，活动已成为促进全民阅读的最有效载体。图书馆近些年的阅读推广服务多以活动为载体开展，形形色色的阅读推广活动，极大地激发了人们的阅读意愿，提升了人们参与热情，带来很好的阅读推广效果。“鸿雁悦读”计划提供的服务内容中同样包括各种各样的读者文化活动，鼓励读者在读有形之书的同时，也要多读“无字之书”，广泛参与各种读者文化活动进行更深入的交流互动。呼和浩特市图书馆与各相关单位联合，针对不同年龄段、不同群体举办形式多样的互动式体验活动和阅读推广活动，如全市共读一本书、经典诵读大赛、“鸿雁”传书手书大赛、“鸿雁”大讲堂、图书漂流等活动。同时，图书馆还设计了丰富多彩的线下线上联动活动，定期举办各种展览、讲座、比赛、青城记忆线上展播等，有效提升了人们的服务体验。如呼和浩特市图书馆定期举办的青城文化讲坛、“鸿雁”大讲堂等活动，一场场精彩的讲座让市民与文化同行，体味人生，感悟生命。与此同时开展的“草原朗读亭”、“鸿雁”传书手书展览等文化交流活动，为市民搭建读书交流互动平台，使阅读成为“共享生活”的一部分。这些文化活动让市民节假日有了好去处：年轻家长带孩子出门感受文化的熏陶，让青少年从手机、电视、电脑的牵绊中解脱出来；老年读者通过参加各种文化活动，开阔了事业，摆脱生活琐事的桎梏，使晚年生活更加丰富多彩。

2020 年世界读书日期间，呼和浩特市图书馆以“鸿雁悦读”计划为依托，围绕全面建成小康社会这一重大时间节点，以“‘书香内蒙古・脱贫奔小康’2020 草原阅读季活动——悦读青城”为主题在如意开发区鸿雁书房启动全民阅读活动，推出了一系列主题活动，包括“人间暖春”中华诗词答题活动、“与阅读久别重逢”许愿墙活动、“在春天开始悦读”有奖阅读活动、“当影视

图 3-7　2020 草原阅读季全民阅读活动现场

遇上图书”线上有奖答题等25项主题活动，内容涵盖线上阅读、主题征文、名师讲坛、送书、线上展览等多个类型。

2021年4月，在第26个“4·23世界读书日”来临之际，呼和浩特市图书馆整合各类资源，依托“鸿雁悦读”平台，发起“敕勒川阅读季”活动，通过线上和线下渠道，推出经典阅读、数字阅读、阅读分享等主题的系列阅读推广活动。线下活动包括7项：举行“心怀国之大者，传诵百年荣光”读书演讲诵读暨“敕勒川图书阅读季”活动；举行鸿雁传书“学习先烈精神·书写时代担当”经典红色诗词硬笔手书作品征集活动；在呼和浩特市图书馆一楼大厅进行“梦想从阅读开始”4·23世界读书日主题展览；在各小学校园举行“铸牢中华民族共同体意识 扣好人生第一粒扣子”党史进校园系列活动；在呼和浩特市图书馆二楼亲子悦读区举行“阅趣小嘎鲁”少儿悦读系列绘本手工制作活动；在新城区文体旅游广电局小剧场举行“诵读红色经典传承红色基因”——4·23世界读书日“颂歌献给党”诗歌朗诵音乐会；在呼和浩特市图书馆体育场分馆（鸿雁书房）举行“唱支山歌给党听”红色歌曲品鉴会活动等。线上活动有9项，包括：举行“阅读一分钟，编织一个梦”线上阅读打卡活动；举行“书有灵犀·畅想悦读”全民猜书名活动；举行“4·23乐读魔法节”活动，通过打卡看动画了解世界名著；举行“名家谈经典”线上讲座活动；举行“梦想从阅读开始”4·23世界读书日主题线上展览活动；举行“好好吃饭好好睡觉心里的垃圾定期倒一倒”，撰写微书评赢好礼活动；举行“红色经典阅读，点亮爱

图3-8　2021敕勒川阅读季活动现场

党红心”全区联动阅读活动；举行“敕勒川讲坛”线上活动——《历史文化名城呼和浩特》有声阅读；举行红色经典书目赏析。此外，还通过“00荐读”线上优秀图书推荐、“云图有声”线上有声图书推荐、豌豆荐书、“青城故事”线上数字资源、“名师讲坛”线上公开课、青城记忆等线上固定栏目在线上常态化开展相应阅读推广活动。

4. 平台建设

“鸿雁悦读”计划的平台建设包括两个部分，一是以计算机为终端运行的“鸿雁悦读”平台，其目标是以图书馆为枢纽，打通书店卖书、图书馆买书、专家荐书、读者借书四个环节之间的通道，将图书馆部分购书权力交给读者，由读者、大数据和专家驱动图书馆采购决策，最终实现图书发行、采购加工、评价、消费的无缝衔接。二是“鸿雁悦读”App，读者下载并安装“鸿雁悦读”App并绑定自己的读者证号和密码后，即可使用相关的借阅服务。目前“鸿雁悦读”App提供的服务包括鸿雁快借、微书屋、全景图书馆、微课堂、维普考试、悦读悦听等。

（1）“鸿雁悦读”平台

“鸿雁悦读”平台为“鸿雁悦读”计划服务的实现提供了技术支撑。“鸿雁悦读”平台是基于供给侧改革与“互联网+文化”理念的图书馆、书店、专家和读者深度融合的四合一全民阅读供需对接支撑平台。

2017年7月，呼和浩特市图书馆、内蒙古新华发行集团达成合作，签订合作协议。“鸿雁悦读”计划内容逐步细化完善，成立“鸿雁悦读”平台开发项目组。由呼和浩特市图书馆委托广州图创计算机软件开发有限公司负责“鸿雁悦读”平台的具体开发工作。2017年8月，通过对国内外相关项目进行调研，明确“鸿雁悦读”平台的功能、模块，提出平台的总体框架、开发思路。随后，正式开始平台的开发工作，逐步完成了需求分析、总体设计、页面设计、库结构设计、代码编写、产品测试、修改完善、平台实测部署等工作。2017年10月，“鸿雁悦读”平台V1.0初步完成；呼和浩特市图书馆与内蒙古新华发行集团完成项目所需软硬件环境的搭建工作。2017年11月，“鸿雁悦读”平台部署工作完成；2017年11月23日，“鸿雁悦读”计划正式启动，“鸿雁悦读”平台V1.0正式投入运营，反响良好。截至2017年12月31日，通过“鸿雁悦读”平台V1.0，已经实现呼和浩特市城区5个公共图书馆、新华发行集团15个网点、5个市民服务中心共25个网点共联。2018年7月1日，“鸿雁悦读”平台V2.0正式上线。

“鸿雁悦读”平台的目标是以图书馆为枢纽，打通书店卖书、图书馆买书、专家荐书、读者借书四个环节之间的通道，使图书发行、采购加工、评价、消费无缝衔接，将图书馆部分购书权力交给读者，由读者、大数据和专家驱动图书馆采购决策，读者能快速借到新书、好书，专家智慧得到发挥，图书馆服务效能得到提高，书店自身效益得到保障，政府提供了更好的公共文化服务产品，实现群众、专家、图书馆、书店和政府多赢的局面。

①平台架构

“鸿雁悦读”平台从逻辑上分为前端展现、业务处理、数据处理、数据集成四层架构。

“鸿雁悦读”平台由书店管理子系统、图书馆管理子系统、读者管理子系统、大数据分析子系统、专家推荐子系统、读者借阅子系统、总分馆子系统组成。通过书店管理子系统，将书店自身业务系统业务数据纳入到平台大数据池中，为后续图书销售、购买、流通与加工奠定数据基础；通过图书馆管理子系统，可以制定馆店合一状态下的发行、购买和流通策略，实时查看图书在馆店读者之间的流通情况，可以对回流到图书馆的书进行加工；通过读者管理子系统，可以记录读者购书、借阅、是否超期等情况，可以借助第三方机构的信用评价机制，对信用良好的读者提供增值服务；通过大数据分析子系统，可以将来自全国各地图书馆、实体和网络书店汇聚一起并进行分析，分析结果可供书店进书、图书馆购书、读者读书参考借鉴；通过专家推荐子系统，相关专家可以发布各学科的推荐书目，供图书馆、书店和读者参考；通过读者借阅子系统，读者可以在任何一家合作书店或者网络书店选书，选中的图书由平台自动与图书馆馆藏进行比对，对符合条件的图书读者可以直接借走，由图书馆和书店结算书款，读者看完后还到书店、图书馆或者其任何一个分馆；通过总分馆子系统，将某个区域的图书馆全部互联互通，资源共享，信息共享，物流共享，读者借阅的图书可以还到任何一个分馆。

②运行流程

“鸿雁悦读”平台运行环境如下：

系统运行的操作系统：Widows, Linux, Unix等全兼容；使用编程语言：java；使用界面交互环境：Web、Html5；需要使用第三方库：openCV、STL。

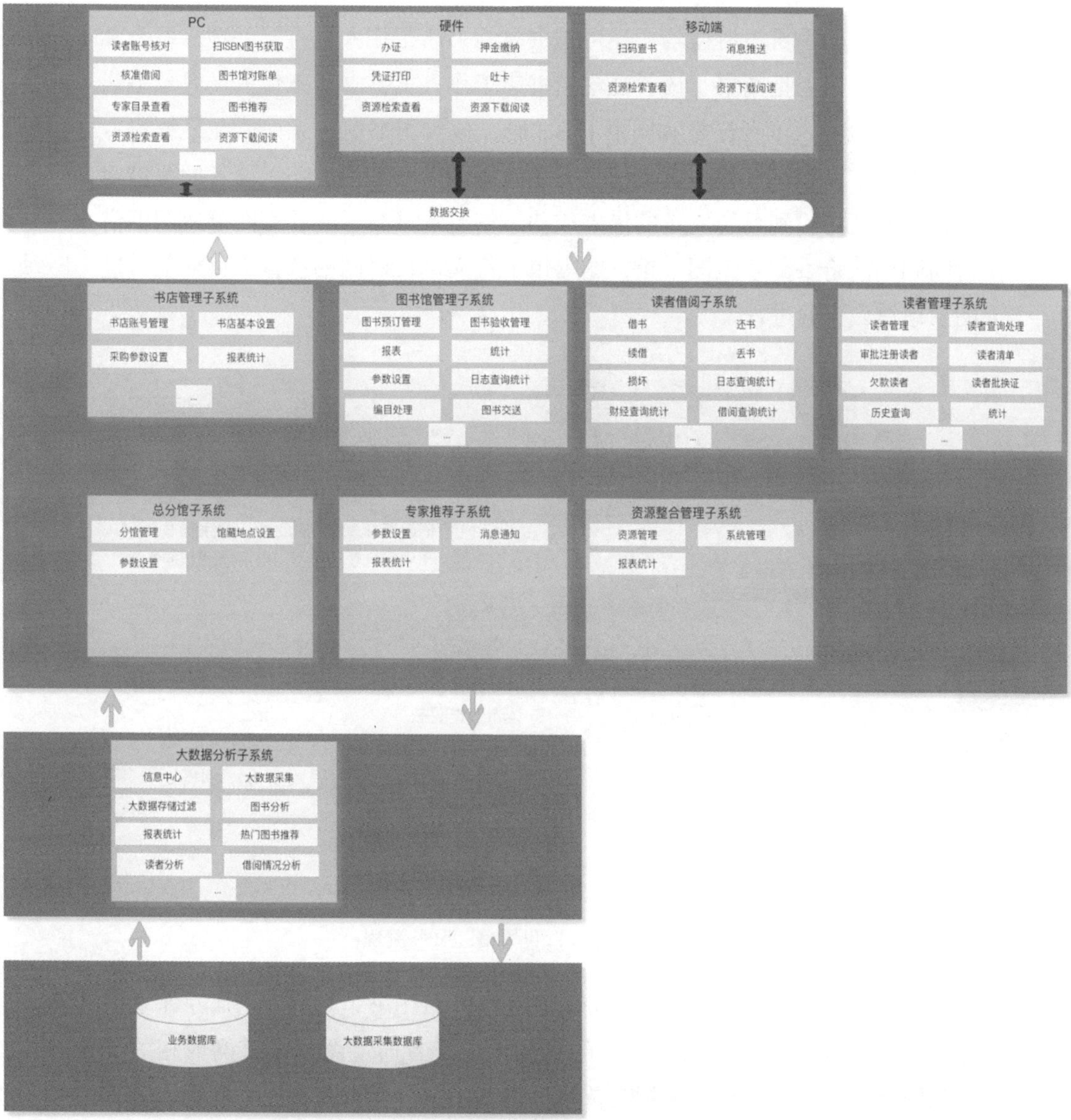

图 3-9 “鸿雁悦读”平台逻辑架构

“鸿雁悦读”平台为“你荐书，我买单”服务提供了技术支持，将读者、书店、图书馆三方连接起来。读者关注图书馆微信并绑定读者证号，利用“扫码荐书”功能，扫一扫图书的ISBN码，微信将自动识别该书是否符合荐购条件。如果读者的手机没有微信，还可把书拿给书店工作人员直接处理。符合荐购条件的话，读者把图书、读者证拿给书店工作人员，书店工作人员登录书店荐书管理后台输入读者证号和图书ISBN码，核对图书信息无误后在系统里点击“核准借走”提交按钮，提交信息，系统返回借书登记成功。读者即可借走图书，同时还将收到系统发送的借书成功短信提示。读者在看完图书或图书借阅时间到期前将书归还至图书馆，图书馆工作人员再对图书进行编目加工，进入图书馆馆藏流通过程。

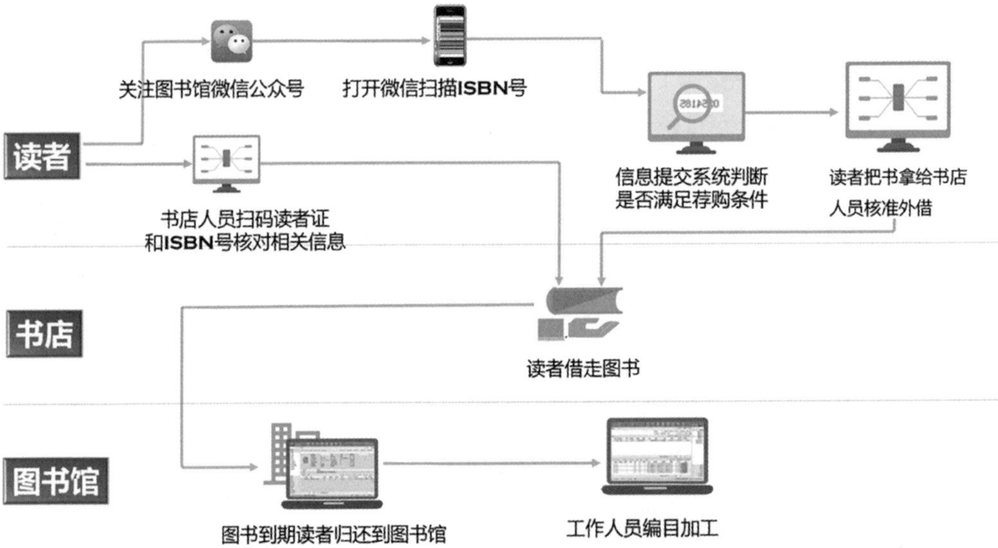

图3-10 “你荐书，我买单”服务流程

而“你荐书，我买单”在线服务是呼和浩特市图书馆与网上书店京东书城合作开展的。在“鸿雁悦读”平台的支持下，读者通过图书馆官网或相关渠道访问网上书店平台地址，根据其首页提供的图书分类查找需要的图书或者直接通过检索框进行检索，找到自己喜欢的书后点击进入该图书的详情页，查看图书的简介及相关信息。在图书详情页面有“图书馆读者免费借回家”（如图3-12）的提示，如读者确定要借阅该书，即可将该书加入购物车，然后选择继续购物或去购物车结算。如果该图书不符合图书馆的要求，界面将另有提示不允许将该书加入购物车（如图 3-13）。读者在购物车结算时，提交订单后填写配送地址及联系方式，完成在线下单流程，就可以坐等图书送上门。如果是没有登录的状态下提交订单，系统会要求读者输入自己的读者证账号和密码，然后再继续后续操作。而在读者提交订单后，系统将通过京东提供的接口将需求提交到京东并进入生产环节。读者可在“我的订单”页面查看当前的状态，也可以通过该页面的“订单详情”查看所下单图书的当前物流状态。

图 3-11　“你荐书，我买单”在线服务网上书店首页

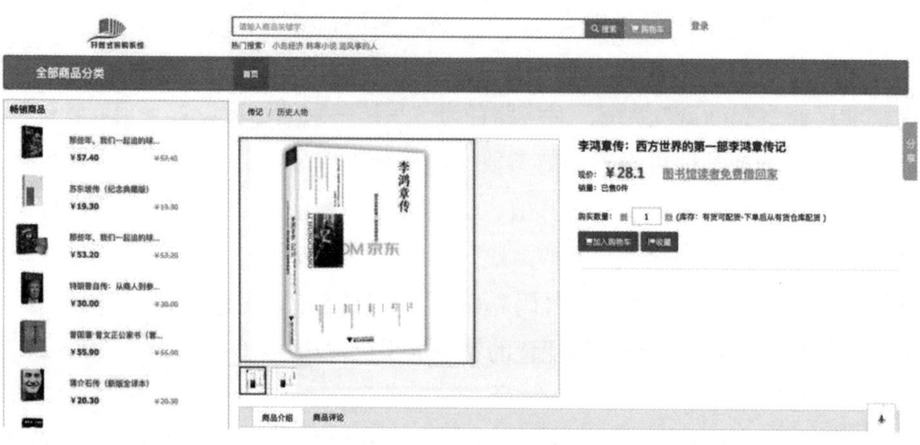

图 3-12　“你荐书，我买单”在线服务图书详情页

图 3-13 “你荐书，我买单”在线服务不可购书提示

在这一流程中，图书馆负责设置相关参数，以控制荐购图书种类、数量等。图书馆管理人员登录这一开放式采购系统后台（opcsi）或interlib3系统后，可对书店书商、荐购预算、荐购验收单、荐购书目数据来源等进行设置。开放式采购系统后台设有图书荐购管理、报表查询统计、图书借还处理、系统参数设置等功能。

设置书店书商。首先，在opcsi的“系统参数设置”下找到“书商管理”项；如为Interlib3系统，对应路径为“采访—采编参数设置—书商管理”。随后点击“增加”即可添加新的书商数据，包括书商代码、名称、分馆代码、密码、Email、电话、邮编、联系人、开户行、账户、地址等。

设置荐购预算。首先，在opcsi的“系统参数设置”下找到“资金预算管理”项；如为Interlib3系统，对应路径为“采访—采编参数设置—预算管理”。随后点击“增加”即可设置相应参数，包括预算编号、分馆代码、预算类型、来源、币种类型、原币值、换算值、已用资金、剩余资金等。其中，“预算类型”默认为“直接拨款”；“币种类型”默认为“CNY”，即人民币。并且可另外设置荐购预算超支手机提醒号码。如此，一旦图书馆设定的书店荐购外借总金额已使用完，系统将自动给配置的管理员手机发送短信，同时提示读者当前采购金额已使用完。

设置荐购验收单。首先，在opcsi的“图书荐购管理”下找到“验收单管理”项；如为Interlib3系统，对应路径为“采访—图书验收管理—验收单管理”。随后点击“增加”即可添加新的验收单数据，包括验收单号、分馆号、书商代码、预算代码等。

设置荐购书目数据来源。荐购书目数据来源的选项包括本地书目库、征订目录库、CIP 云数据库、云数据中心。设置路径为“系统参数设置—荐购参数设置—书店活动设置—书店荐书书目数据来源”。

在“荐购参数设置”项下，还可选择“分馆书店荐书配置”对相关参数进行设置，包括分馆名称、是否开启书店荐书、是否限制押金 > 已借总额 + 已荐总额、出版年份限制、副本在馆是否允许荐购、馆藏所属馆限制副本数、馆藏所在馆限制副本数、读者在书店荐走频率配置、读者在书店荐走金额配置、荐购预算超支手机提醒号码、文献默认流通类型、文献默认所属馆藏地、还书地址、默认操作员账号、荐购码前缀、验收默认批次号等。其中文献默认流通类型、文献默认所属馆藏地、还书地址、验收默认批次号为必填，其他为选填。“是否限制押金 > 已借总额 + 已荐总额”是指是否要限制读者当前已借图书价格总额和已荐购图书价格总额不能超过读者押金。“出版年份限制”指限制读者荐购的图书出版年份，该项为空即不限制。“读者在书店荐走频率配置”是指设定每位读者 n 天内最多可荐走 x 种书。“读者在书店荐走金额配置”是指设定每位读者 n 天内允许书店荐购外借的总金额 x 元人民币。“荐购预算超支手机提醒号码”最多可配置 5 个管理员的联系方式，多个逗号分隔，以“验收默认批次号”对应一个预算，每个预算有且只通知一次。“荐购码前缀”中的荐购码充当临时条码功能，加上前缀是为了规避与图书馆条码重复，以此表示区分。

读者将所借图书归还到图书馆时，如为人工借还书，即可由图书馆流通人员登录后台在“图书借还处理”下选择“图书借还”项进行还书操作。如为 Interlib3 系统，对应路径为“流通—流通管理—借书”。

图书归还至图书馆后，图书馆采编人员需要通过系统后台对图书进行加工，包括置换条码号、增加索书号、修改书目单价、修改馆藏地点。此项操作在 opcsi 的步骤为“图书荐购处理—直接验收处理—验收记录—编辑验收”。如为 Interlib3 系统，对应路径为“采访—图书验收管理—直接验收管理—验收记录—编辑验收”。

而在“你荐书，我买单”活动告一段落后，图书馆采编人员还可以通过系统中的“个别财产账”功能按照“验收单”输出活动总清单与新华书店进行码洋结算。

（2）“鸿雁悦读”App

“鸿雁悦读”平台主要是以计算机为终端运行的。当前移动互联网已得到广泛应用，智能手机成为人们的常用设备，因而对于广大读者来说，手机客户端使用起来更为便利。如上所述，起初，读者可通过微信参与到“鸿雁悦读”平台流程中，享受“你荐书，我买单”服务。但随着“鸿雁悦读”计划的广泛实施，提供的服务越来越丰富，参与的读者越来越多，面向读者开发一款专门的手机客户端已经很有必要。为充分发挥移动互联网在社会资源配置中的优化和集成作用，利用信息通信技术和移动互联网平台延伸图书馆服务，让读者获取“鸿雁悦读”服务更高效、更便捷，2018 年 12 月，呼和浩特市图书馆委托北京掌图科技有限公司开发的“鸿雁悦读”App 正式发布。随后逐步入驻苹果 App Store、三星手机应用商店、小米应用商店等。

图 3-14　“鸿雁悦读”App 开屏画面（左）；“鸿雁悦读”App 主页（右）

读者下载并安装“鸿雁悦读”App 后就可以登录获取其中提供的丰富资源和服务。读者点击“登录”后在登录页面输入自己的读者证号和密码即可绑定“鸿雁悦读”App，可看到自己的“鸿雁悦读”借阅情况，包括在借图书、借阅历史、电子书阅读记录等。还可在“我的”功能版块修改借书卡密码，解绑更换用户。

图 3-15 “鸿雁悦读”App 登录页面

图 3-16 “鸿雁悦读”App 已登录用户信息页面

在“鸿雁悦读”App 主页中间位置是醒目的“扫一扫”功能，点击即可开启“鸿雁借阅”或“扫码查看电子书”。开启此功能需要手机授权“鸿雁悦读”App 使用相机拍摄。“扫码查看电子书”支持读者在数字图书自助借阅机等自助设备上借阅电子书。“鸿雁借阅”支持读者在开展“你荐书，我买单”服务的合作书店选书免费带回家。读者将选中的图书的ISBN码置于页面中间的拍摄框内即可进行自动扫码。如果无法扫码，则可以在扫码页面点击下方的“手动输入ISBN码”，然后手工录入图书的ISBN码。完成后系统将显示借阅成功。读者通过“鸿雁悦读”App借阅图书成功后，返回至主页，点击其右侧的“鸿雁借阅图书”按钮，可看到自己已经借阅的图书列表及其剩余借阅时长。

图3-17 “鸿雁悦读”App自动扫码页面

图3-18 “鸿雁悦读”App手工录入ISBN码页面

图3-19 “鸿雁悦读”App图书借阅成功提示

“鸿雁悦读”App提供的服务包括鸿雁快借、微书屋、全景图书馆、微课堂、维普考试、悦读悦听等，均可在“鸿雁悦读”App主页直接点击获取。

“鸿雁快借”支持读者在线选书免费借回家。为向读者推荐好书新书，“鸿雁快借”特别设置了主编推荐、新书推荐栏目，并推送了读者颇为欢迎的散文随笔书信、侦探悬疑推理等方面的一些图书。读者还可以直接在页面上方的检索框中输入书名或作者名等关键词查找自己想看的图书，或根据书目分类选择自己想看的图书，类别包括文学、文化、历史、金融与投资、管理、艺术、婚恋与两性、音乐、摄影、励志与成功、娱乐与休闲、经济、科普读物、建筑、健身与保健、烹饪与美食、传记、孕产与胎教、工业技术、心理学、育儿与家教、法律、社会科学、科学与自然、绘画、青春文学、小说、家居、政治与军事等。而在每本书的详情页面提供了图书的相关介绍，如图书的基本信息、编辑推荐、作者简介、内容简介、精彩书评、精彩书摘、目录等。如该书符合图书馆的相关要求，在图书的详情页面还会有明显的提示语，表明此书可采购数量，持证读者免费借回家。读者选好书后即可点击页面下方的“加入书架”或“立即借阅”，然后所选图书就可以在“我的书架”找到。每本书只能下单一次，已加入到“我的书架”中的图书将不再支持“加入书架”或“立即借阅”，

图 3-20　“鸿雁悦读”App 的鸿雁快借服务

图 3-21　“鸿雁悦读”App 鸿雁快借的选书下单页面

图 3-22 “鸿雁悦读”App 鸿雁快借的图书订单页面

而是在该书的详情页面显示“此图书已在书架中”。在“我的书架”提交订单后，读者可在“确认订单”页面填写自己的收货地址、联系方式等收货信息，配送方式与支付方式均为默认，支付方式为图书馆支付，读者确认订单后可在“个人中心”查看图书订单的物流信息，联系售后事宜，并查看编辑自己的收货地址以及已收藏的图书信息。

“微书屋”主要包括博看有声、热门期刊、热门图书栏目，提供的是博看书报刊一体在线阅读，同时支持有声读物收听。

“全景图书馆”提供在线观看呼和浩特市图书馆的全景 VR，以便读者沉浸式体验了解图书馆内部的布局情况。

点击“微课堂”可进入微课堂教育多媒体资源服务平台，读者通过其中的丰富视频资源可进行自主学习或碎片化学习。

点击“维普考试”可进入维普掌上题库，它提供在线题库、查找试题、查找试卷、每日练题、做题记录、错题库、个人信息等功能。

“悦读悦听”提供在线数字阅读和有声读物收听服务。

图 3-23　“鸿雁悦读”App 微书屋服务

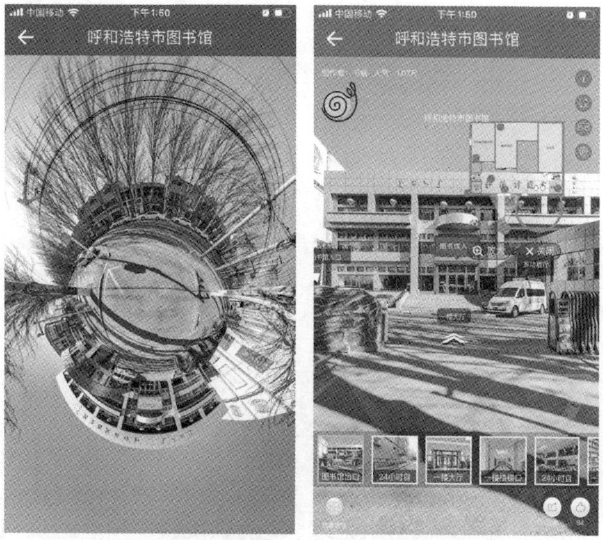

图 3-24　“鸿雁悦读”App 全景图书馆服务

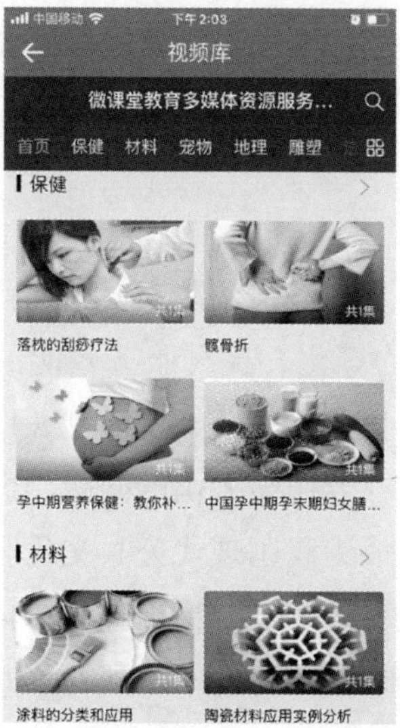

图 3-25　“鸿雁悦读”App 微课堂服务

图 3-26　“鸿雁悦读”App 维普考试服务

图 3-27 “鸿雁悦读”App 悦读悦听服务

除了以上服务外，“鸿雁悦读”App 还提供馆藏图书检索服务，读者在“鸿雁悦读”App 主页点击右上角的检索图标，即可输入检索词进行查找，检索范围包括图书的题名、正题名、ISBN、著者、主题、分类号、控制号、订购号、出版社、索书号等，从而准确找到自己想要阅读的图书、馆藏位置以及图书是否在馆。

5. 标准建设

我国现代公共文化服务体系建设近年来一直高度强调基本公共文化服务的标准化均等化。公共文化服务标准化是促进均等化、提升服务效能的有效手段。我国幅员辽阔，不同地区经济发展存在明显差异，公共资源、人口数量分布不均，公共文化服务的发展和效能方面也存在着明显失衡的问题。区域公共文化发展不均衡、城乡公共文化服务差异大已成为我国现代公共文化服务体系建设中的首要问题。从保障人民群众基本文化权利来说，享受公共文化服务是每一位中国公民的基本文化权利，每个人都有权利获得基本相同的公共文化服务，各级政府应积极采取措施来保障公民的文化权利，使公民有平等的机会来享受公共文化服务。推进公共文化服务的标准化建设，有利于公共文化产品和服务的种类、数量、内容、质量的统一，使各地群众都能有基本相同的机会获得基本相似的公共文化产品和服务，并得到基本相等的服务效果，从而有效实现公共文化服务均等化。“鸿雁悦读”计划的标准建设是建立在我国基本公共文化服务标准体系的基础之上。

（1）基本公共文化服务标准体系建设

从2011年启动的国家公共文化服务体系示范区（项目）创建工作，是我国推进公共文化服务标准化建设的一个重要举措，也为我国公共文化服务的标准化建设提供了重要参考依据。基于国家公共文化服务体系示范区（项目）创建工作所积累的丰富经验，2015年1月14日，中共中央办公厅、国务院办公厅印发《关于加快构建现代公共文化服务体系的意见》，并同时发布《国家基本公共文化服务指导标准（2015—2020年）》。这两份文件为我国公共文化服务体系建设确立了基本纲领和规范，划明了公共文化服务的底线，是我国公共文化服务标准化建设之路上的一个重要里程碑。《国家基本公共文化服务指导标准（2015—2020年）》明确了我国各级政府应向人民群众提供的基本公共文化服务项目、硬件设施条件以及从业人员配备方面的内容和标准。其中，基本公共文化服务项目包括读书看报、收听广播、观看电视、观赏电影、送地方戏、设施开发、文体活动；硬件设施包括文化设施、体育设施、广电设施、流动设施、辅助设施；人员配备包括人员编制、业务培训。“十三五”期间，这一标准为指导公共文化服务体系建设发挥了重要作用。根据国家颁布的这一指导性标准，我国各省、自治区、直辖市和新疆生产建设兵团结合当地群众需求、政府财政能力和文化特色，也相继出台了适合本地区的地方基本公共文化服务实施标准。在“十三五”期间，我国共有31个省（区、市）制定了具体实施标准，333个地市、2846个县出台了基本公共文化服务目录[①]。此外，我国还在更为具体的公共文化服务相关领域颁布了诸如《公共图书馆建设标准》（建标108—2008）、《公共图书馆服务规范》（GB/T 28220—2011）、《乡镇综合文化站建设标准》（建标160—2012）等标准规范，这些标准和目录的发布实施，标志着我国基本公共文化服务标准体系正在逐步形成。

2021年4月20日，国家发展和改革委员会等21个部门共同发布《国家基本公共服务标准（2021年版）》，进一步明确了我国现阶段基本公共文化服务

① 国务院新闻办公室.明确基本公共文化服务主要范围 不断提升群众文化权益保障水平[EB/OL].[2021-07-02].http://www.scio.gov.cn/xwfbh/xwbfbh/wqfbh/44687/45323/zy45327/Document/1702583/1702583.htm.

的主要范围，即公共文化设施免费开放、送戏曲下乡、收听广播、观看电视、观赏电影、读书看报、少数民族文化服务和残疾人文化体育服务等八方面内容，同时明确了各个项目的服务对象、服务内容、服务标准、支出责任和牵头单位，为各级政府履职尽责和人民群众享有相应权利提供了重要依据。

而根据《中华人民共和国公共文化服务保障法》第二十八条规定，市、县级人民政府应根据国家基本公共文化服务指导标准和省级基本公共文化服务实施标准，结合当地实际，制定公布本行政区域公共文化服务目录并组织实施。具体来说，基本公共文化服务标准化建设内容主要包括四个方面：政府保障的标准化、设施建设的标准化、管理和服务的标准化、考核评估的标准化，分别涵盖基本公共文化服务的提供主体、硬件资源、软件服务和成效评估领域。在国家相关政策标准的基础上，内蒙古自治区和呼和浩特市在这四个方面均做出进一步的细化。

在政府保障的标准化建设方面，2016 年 12 月 31 日发布的《内蒙古自治区“十三五”文化改革发展规划》提出，以标准化均等化发展为核心，加快构建现代公共文化服务体系；并进一步提出六项重点工作，包括创新公共文化运行机制和管理体制，推动公共文化设施标准化建设，推进基本公共文化服务标准化均等化，加快贫困地区公共文化服务体系建设步伐，推动公共文化服务社会化发展，提高公共文化产品供给和服务能力；要求落实内蒙古自治区发布的《自治区人民政府办公厅关于向社会力量购买公共文化服务的实施意见》（内政办发〔2015〕143 号）、《关于加快构建现代公共文化服务体系的实施意见》（内党办发〔2016〕8 号）、《关于公共文化服务体系建设评价考核办法（试行）》（内政办发〔2016〕55 号）、《关于加快自治区贫困地区公共文化服务体系建设的意见》（内政办发〔2016〕56 号）、《内蒙古自治区贫困地区“百县万村”综合文化服务中心示范工程建设工作方案》（内党宣字〔2016〕11 号）和《关于社区与机关单位公共文化服务设施共建共用办法（试行）》（内政办发〔2016〕68 号）等一系列政策文件；要求加强保障体系建设，包括加强文化法治建设，完善文化发展考评体系，健全完善文化投入机制，健全完善文化经济政策[①]。2017 年 6 月 21 日发布的《呼和浩特市人民政府关于加快构建现代公共文化服

① 内蒙古自治区人民政府办公厅.内蒙古自治区人民政府办公厅关于印发《内蒙古自治区“十三五”文化改革发展规划》的通知［EB/OL］.［2021-07-02］. http://www.nmg.gov.cn/zwgk/zfxxgk/zfxxgkml/ghxx/202012/t20201208_312894.html.

务体系的实施意见》提出，以人民群众基本文化需求为导向，根据国家基本公共文化服务指导标准，按照因地制宜、适度超前的原则，围绕群众基本文化权益，建立与首府城市经济社会发展水平和供给能力相适应，包括基本公共文化服务保障标准、技术标准和评价标准在内的基本公共文化服务标准体系，明确基本公共文化服务的内容、种类、数量和水平，以及应具备的公共文化服务基本条件和各级政府的保障责任；并要求在保障措施方面加强组织领导，落实经费保障，加强队伍建设①。同时发布的《呼和浩特市基本公共文化服务实施标准（2015—2020 年）》从经费保障、人员编制、业务培训三个方面确立了相关保障措施。

在设施建设的标准化方面，2016 年 3 月发布的《内蒙古自治区基本公共文化服务实施标准（2015—2020 年）》明确规定，在文化设施方面，盟市、旗县公共图书馆面积要分别达到 4500 平方米和 1500 平方米，苏木（乡镇、街道）综合文化站不低于 300 平方米，嘎查（村、社区）综合文化服务中心不低于 120 平米，人口密度低于 50 人 / 平方公里的旗县配备流动文化车等。《呼和浩特市基本公共文化服务实施标准（2015—2020 年）》也从硬件设施、流动设施、辅助设施三个方面规定了文化设施的建设标准，如乡镇（街道）按照辖区内常住人口规模设置不同规模综合文化站，建筑面积根据服务人口数量具体设定，不能低于 300 平方米，户外活动场地不低于 600 平方米，新建、改建、扩建居民住宅区，应配套建设公共文化服务设施。

在管理和服务的标准化方面，2016 年 7 月 1 日开始试行的《内蒙古自治区社区与机关单位公共文化服务设施共建共用管理办法（试行）》从开放内容、组织管理、经费来源及管理、考核监督几个方面做出相应规定。如要求各级机关单位拥有的文化体育设施，包括室内活动室和室外露天运动场所，只要符合居民需要和安全标准、设施独立且场馆面积超过 300 平方米的，均应向社区居民开放；开放时间全年应不少于 11 个月，日均应不少于 5 小时②；并明确提出

① 呼和浩特市人民政府．呼和浩特市人民政府关于加快构建现代公共文化服务体系的实施意见［EB/OL］．［2021-07-02］. http://www.huhhot.gov.cn/zfxxgknew/fdzdgknr/gzxzgfxwj/xzgfxwj/202011/t20201126_893558.html.

② 内蒙古自治区人民政府办公厅．内蒙古自治区人民政府办公厅关于印发社区与机关单位公共文化服务设施 共建共用管理办法（试行）的通知［EB/OL］．［2021-07-02］. http://www.nmg.gov.cn/zwgk/zfgb/2016n_4794/201612/201605/t20160524_308118.html.

此办法适用于旗（县、市、区）、苏木（乡镇、街道办事处）、嘎查（村、社区）三级公共文化服务设施体系。《呼和浩特市基本公共文化服务实施标准（2015—2020年）》中确立了读书看报、收听广播、观看电视、信息化服务、看电影、文化活动、设施开放、流动服务等基本文化服务项目的标准，如要求各级政府每年至少举办1次本辖区的全民阅读活动，活动延续时间不少于7天。

在考核评估的标准化方面，自2016年7月1日起试行的《内蒙古自治区公共文化服务体系建设评价考核办法（试行）》明确了考核原则，确立了对各级人民政府、文化主管部门和公共文化服务单位的考核内容、考核方式以及相应的组织机构、奖惩机制，并规定考核的范围包含自治区、盟（市）、旗（县、市、区）、苏木（乡镇、街道办事处）、嘎查（村、社区）五级公共文化服务体系。其中规定，对各级公共文化服务单位的评价考核内容包括九个方面：（一）本单位文化设施的功能设置和服务项目；（二）基层服务网点的设置和服务情况；（三）队伍建设和人才培养情况；（四）指导基层开展业务培训的次数、人数；（五）免费开放工作落实情况；（六）提供文化产品和文化服务的数量和质量；（七）组织开展各类文化活动的次数和效果；（八）现有文化设施设备利用率、服务人次；（九）指导基层和群众团体开展文化活动的次数及参与人次等①。

（2）“鸿雁悦读”计划的标准建设

“鸿雁悦读”计划是基于以呼和浩特市图书馆为中心馆而建立的中心馆—总分馆服务体系运行的。因而，“鸿雁悦读”计划的标准建设主要体现在分馆建设方面。

在“鸿雁悦读”计划启动的最初阶段，呼和浩特市图书馆与新华书店合作将新华书店的城市书房设立为呼和浩特市图书馆的分馆，并选取了一批咖啡馆、企业、机关单位等合作共建分馆。在合作中，合作机构提供分馆所需场地、书架桌椅等家具、水电和日常管理人员等，图书馆按照统一标准提供业务模式、文献资源、人员培训和运营支持。在这一阶段，确立的相应标准主要是关于分馆的运营管理。按照总分馆建设要求，各分馆的文献资源由呼和浩特市图书馆统一编目、统一配送，并按照呼和浩特市图书馆制定的统一标准提供统

---

① 内蒙古自治区人民政府办公厅.内蒙古自治区人民政府办公厅 关于印发自治区公共文化服务体系建设 评价考核办法（试行）的通知［EB/OL］.［2021-07-02］. http://www.nmg.gov.cn/zwgk/zfgb/2016n_4794/201612/201605/t20160505_308127.html.

一服务，让读者在该总分馆服务体系中的任一分馆都可以享受到一卡通借通还服务。开展了“你荐书，我买单”服务的新华书店各城市书房分馆也按照规定将还回书店的新书统一打包送回呼和浩特市图书馆，由专人负责图书在入藏阶段的数据加工和物理加工。根据合作要求，新华书店目前已设有专业团队负责馆配图书加工，该团队有 10 人以上，平均年龄为 27 岁，全部接受过完整的标准 MARC 编目数据采编、加工和图书物理加工等相关培训。

随着“鸿雁悦读”计划的不断推进，各方面的标准日益完善，相应的标准体系也在逐步确立。2018 年 12 月 25 日，经过广泛的意见和建议征集，中共内蒙古自治区委员会宣传部、内蒙古自治区文化和旅游厅、内蒙古自治区广播电视局联合印发《内蒙古自治区“鸿雁悦读”三年行动计划（2018—2020 年）》和《“鸿雁悦读”计划实施标准（2018—2020 年）》（以下简称《实施标准》），标志着“鸿雁悦读”计划初步形成自己的标准体系。《实施标准》主要参照国家、内蒙古自治区相关标准以及文化部第六次全国县级以上公共图书馆评估定级相应标准指标制定，确立了“鸿雁悦读”计划的各个参与方应具备的基本条件，以及盟（市）图书馆、旗（县、区）图书馆、街道（乡镇、苏木）图书馆（文化站）、社区（嘎查、村）文化室（草原书屋）在服务体系、服务效能、财政保障方面须满足的条件。在财政保障方面，要求盟（市）、旗（县、区）、街道（乡镇、苏木）等各级财政每年应为所属区域的图书馆（文化站、文化室、草原书屋）提供“鸿雁悦读”计划专项资金支持，同时为没有图书流动服务车的图书馆配备图书流动服务车，并解决车辆日常运营维护所需费用。2020 年，呼和浩特市政府拨款 683 万元作为“鸿雁悦读”计划的项目经费，主要用于购买图书、“鸿雁悦读”App 升级维护费、草原书屋原有图书编目加工费，以及鸿雁书屋电脑、扫描枪、自动借书机等设施设备、物流成本和活动费用。

为加快构建现代公共文化服务体系，更快更好地推进“鸿雁悦读”计划，把图书送到读者身边，2018 年 10 月，呼和浩特市推出鸿雁书屋建设项目。鸿雁书屋是由呼和浩特市委市政府主导，呼和浩特市文化旅游广电局、呼和浩特市图书馆倾力打造的一项惠民文化工程，是“鸿雁悦读”计划的枢纽所在，旨在依托“鸿雁悦读”计划，将中心馆呼和浩特市图书馆的服务功能向全市辐射，以点带面，有效缓解公共图书馆分布疏散不均的问题，让广大读者能够就近享受借阅服务。2020 年 4 月 23 日，位于如意开发区二中东校区的第一家鸿雁书屋正式开馆投入使用。随后，其他 5 家鸿雁书屋陆续开馆。这些鸿雁书屋选取了呼和浩特市四城区（新城区、赛罕区、玉泉区、回民区）中人口集中、公交便利、环境良好的位置，充分融合了呼和浩特市已有的公共文化服务场所资源。有的由原有的青城驿站改造而来，如意开发区二中东校区鸿雁书屋；有的由专门的场地改建而来，如回民区蒙西文化广场鸿雁书房、呼和浩特体育场鸿雁书屋。按照计划，还将在农村按照“图书馆＋草原书屋”模式，把草原书屋改造成鸿雁书屋。

图 3-28　鸿雁书屋分馆的统一牌匾

鸿雁书屋是呼和浩特市图书馆总分馆服务体系中的一部分，为呼和浩特市图书馆分馆。鸿雁书屋实行建设、管理与服务“五统一”，即统一标准、统一标识、统一指导、统一采购、统一配送。在设施建设标准上，要求鸿雁书屋需配置图书自助服务设备，如自助办证机、自助借还机、数字图书馆和门禁系统等；鸿雁书屋场地、桌椅家具、网络环境、用电用水、纸张等由合作机构提供；呼和浩特市图书馆为每个鸿雁书屋开通图书馆自动化管理系统使用权，配备至少 500 册图书、一台电脑、一把扫描枪和一台借还机，图书每半年更换一次。在管理与服务方面，鸿雁书屋管理人员由合作机构委派，呼和浩特市图书馆安排培训人员 3 名、管理员 3 名、技术人员 3 名，为全市鸿雁书屋提供后台支持；每个鸿雁书屋用 2 周时间进行人员培训，3 周时间完成原有图书编目，4 周时间完成业务流程再造；每年举办阅读推广活动不少于 4 次。呼和浩特市图书馆还负责做好全市鸿雁书屋图书的轮转调配、通借通还、督导考核等工作，以及负责健全志愿者奖励机制，把志愿者纳入书房的管理工作中，引入文创公司负责日常管理运营及设施设备维护。

在此基础上，2021 年，呼和浩特市图书馆进一步加强了“鸿雁悦读”计划标准的建设，制定了《“鸿雁悦读”服务规范》，对“鸿雁悦读”计划的建设原则，总分馆服务体系中各层级单元馆的职责与义务，参与“鸿雁悦读”计划的各级各类图书馆、草原书屋、合作机构的设施建设、文献资源建设、人力资源建设、服务体系、服务效能、财政保障、服务监督与反馈、考核评估机制和退出机制进行了详细规定。至此，“鸿雁悦读”计划有了一项涵盖实施全要素和过程的较为完备的服务标准，为后续“鸿雁悦读”计划的高质量发展奠定了基础。

6. 体系建设

总分馆制是当前国内外公共图书馆普遍采取的组织模式和运行机制，多年的实践已证实，总分馆制是在一定区域内实现公共文化服务全覆盖的最有效模式。“鸿雁悦读”计划一直依托于以呼和浩特市图书馆为中心馆的中心馆—总分馆服务体系建设，为人民群众解决阅读的最后一公里问题。大力推行中心馆—总分馆四级服务体系建设是“鸿雁悦读”计划的重要举措。

（1）体系建设模式

“鸿雁悦读”计划中建立的中心馆—总分馆服务体系是以呼和浩特市图书馆为中心馆，以旗县区图书馆为总馆，乡镇（街道）综合文化站、鸿雁书屋为分馆，村（社区）综合文化服务中心（文化室）为基层服务点的四级图书馆服务体系。在“鸿雁悦读”计划实施前，呼和浩特市即以国家公共文化服务体系示范区创建为契机，着力推进总分馆服务体系建设。2017 年，呼和浩特全市共有 11 个县级以上公共图书馆和 95 个分馆，其中城区分馆 71 个，农村分馆 24 个；全市旗县区两级公共图书馆均采用图书馆集群管理系统，采访、编目、典藏、流通等各个业务环节均实现数字化统一管理，并分别配备有图书流动服务车。“鸿雁悦读”计划启动后，为尽快完善总分馆服务体系，使之覆盖范围尽可能大，并实现城乡一体化发展，呼和浩特市提出了“城区计划”和“城乡联动计划”两部分。

“城区计划”主要是实现市区内 5 个公共图书馆、新华发行集团网点（包括 25 个城市书房）、呼和浩特市图书馆分馆共联。其中，分馆包括城区的鸿雁书屋和在相关委办局、部队、商场等区域内设置场地的分馆。“城乡联动”计划则紧随“城区”计划，逐步实现全市 9 个旗县区及城关镇的公共图书馆、新华发行集团网点、城市书房、政务服务中心、有代表性的乡镇（街道）、村（社区）、草原书屋网点全部联通。

为快速、低成本地建立起市级—县级—乡镇（街道）—村（社区）四级总分馆服务体系，“鸿雁悦读”计划通过利用社会资源跨界融合，积极鼓励和引导社会力量参与服务体系建设。呼和浩特市图书馆推出了“图书馆 +”的合作模式，构建了“图书馆 + 书店”“图书馆 + 咖啡厅”“图书馆 + 企业”“图书馆 + 机关单位”等分馆共建方式，与交通、旅游、教育、医疗、宾馆以及社区和其他企事业单位广泛合作，促进公共文化设施网点布局和体系化建设的快速推进。

以上述实体网络为枢纽骨干，“鸿雁悦读”计划还大力建设流动文化服务网络作为补充。通过在城区多处以及农村、牧区、贫困地区设点布局，推出自助借书设备、图书流动服务车、“阅读共享书箱”等流动文化设施，将公共文化服务的触角和终端延伸到呼和浩特市的每一个角落。自助借书设备遍及呼和浩特市企事业单位、主要街道、学校、医院、部队、社区及银行、机场、车站等公共场所，基本能满足市民群众随时随地有书读的需求。在 2017 年呼和浩特市图书馆与新华书店达成合作后，共配备有 17 台图书流动服务车为读者提供“鸿雁悦读”服务。每台图书流动服务车装载各类新书 2000 余册，功能齐全，设施先进，车内装备自助借还机并采用开架借阅的方式，为读者现场提供办理借书证、信息咨询等服务，读者既可在车上借还图书，也可在车上阅览。自 2020 年第一家鸿雁书屋建成开放后，呼和浩特市不断加大力度打造“24 小时城市书屋”“24 小时微型图书馆”“数字阅读机（包含草原书屋数字阅读机）”“24 小时信用图书借还机”四种不同形式的鸿雁书屋，使“鸿雁悦读”相关服务进一步向基层延伸。同时，“鸿雁悦读”计划还积极推进数字网络建设，建立“鸿雁悦读”平台、“鸿雁悦读”App 等，打造互联网支撑与资源整合体系，构建了虚实融合、标准统一、互联互通的公共数字文化服务网络，使广大人民群众能够随时随地非常便捷地享受到“鸿雁悦读”计划提供的丰富资源和服务。

（2）体系建设进展

经过三年多的发展，“鸿雁悦读”计划的体系建设取得了巨大进展。截至

2020 年底，“鸿雁悦读”计划通过进机关、进社区、进乡村、进校园、进企业、进军营等，已建成分馆 367 个，其中城区分馆 208 个、农村分馆 159 个，含有鸿雁书屋分馆 6 个、新华书店城市书房分馆 31 个。此外，还设立了图书流动站 53 个、微型图书馆 5 个，在各旗县区部署售借一体机 8 台，并已将符合条件的 14 个草原书屋纳入“鸿雁悦读”计划服务体系。

表 3–1　“鸿雁悦读”计划体系建设中分馆数量统计

年份	分馆总数	城区分馆	农村分馆
2017	95	71	24
2018	165	114	51
2019	245	152	93
2020	367	208	159

从 2017 年到 2020 年，通过实施“鸿雁悦读”计划，呼和浩特市中心馆—总分馆服务体系中分馆数量年均增长率超过 53%，城区分馆数量年均增长率超过 54.95%，农村分馆数量年均增长率超过 64.95%。农村分馆增长比例超过城区分馆增长比例，呈现出城乡均衡发展的态势。

表 3–2　“鸿雁悦读”计划中心馆—总分馆服务体系服务点（部分）

<table>
<tr><th>中心馆</th><th>总馆</th><th>服务点名称</th><th>服务点地址</th><th>类型</th><th>合作机构</th></tr>
<tr><td rowspan="7">呼和浩特市图书馆</td><td rowspan="7">呼和浩特市图书馆</td><td>党委社区分馆</td><td>呼和浩特市新城东街党委社区</td><td>城区</td><td>社区</td></tr>
<tr><td>财政局分馆</td><td>大学东街 18 号</td><td>城区</td><td>政府</td></tr>
<tr><td>小召小学分馆</td><td>玉泉区小召前街 168 号</td><td>城区</td><td>学校</td></tr>
<tr><td>呼市戒毒所分馆</td><td>呼和浩特市玉泉区 209 国道 15 公里处路西</td><td>城区</td><td>公共管理机构</td></tr>
<tr><td>如意开发区管委会分馆</td><td>赛罕区三纬路 2 号</td><td>城区</td><td>政府</td></tr>
<tr><td>U° 咖啡分馆</td><td>丰州路巨海城九区东门国会馆北 100 米路西</td><td>城区</td><td>咖啡馆</td></tr>
<tr><td>呼市高速大队分馆</td><td>金川开发区电力学院北门对面</td><td>城区</td><td>交通机构</td></tr>
</table>

续表

中心馆	总馆	服务点名称	服务点地址	类型	合作机构
呼和浩特市图书馆	呼和浩特市图书馆	呼市纪检委分馆	如意开发区一纬路 8 号	城区	公共管理机构
		石油公司	呼和浩特市新城区成吉思汗大街 26 号日新大厦	城区	加油站
		金谷银行	呼和浩特市新城区成吉思汗大街（体育场对面）	城区	金融机构
		新华书店图书大厦五层分馆	中山西路 94 号图书大厦	城区	书店
		二中鸿雁书房	呼和浩特市二中西北角青城驿站	城区	图书馆管理
		玉泉区昭君路后桃花村委会	后桃花村	农村	草原书屋
		蒙西文化大厦鸿雁书房	石羊桥路 13 号文旅局一楼	城区	图书馆管理
		玉泉区郦城鸿雁书房	呼和浩特市玉泉区郦城东门青城驿站内	城区	图书馆管理
		蒙鑫国际鸿雁书房	成吉思汗大街与通道路交汇处蒙鑫国际旁青城驿站内	城区	图书馆管理
		体育场鸿雁书房	呼和浩特市新城区成吉思汗大街 30 号	城区	图书馆管理
		呼市儿童探索博物馆鸿雁书房	呼和浩特市回民区儿童探索博物馆北侧青城驿站	城区	图书馆管理
		新城区水泉村	呼和浩特市新城区水泉村村委会	农村	草原书屋
		城市书房——图书大厦店	中山西路 94 号图书大厦 4 楼	城区	书店
		城市书房——金蓝港店	光明大街 26 号女神酒店 1 楼	城区	书店
		城市书房——摩尔城店	新华大街维多利摩尔城 A 座 12 层	城区	书店
		城市书房——外文店	新华大街 56 号东 3 层	城区	书店

续表

中心馆	总馆	服务点名称	服务点地址	类型	合作机构
呼和浩特市图书馆	呼和浩特市图书馆	城市书房——金游城店	鹏欣金游城 3 楼	城区	书店
		武川县新华书店	武川县可镇文化东街 2 号	城区	书店
		土默特左旗新华书店	土默特左旗察素齐镇团结大街政府广场南 400 米	城区	书店
		托克托县新华书店	托克托县东胜西路与利民路交叉口西 100 米	城区	书店
		和林格尔县新华书店	和林格尔县两道巷与红旗街交叉口西北 150 米	城区	书店
		清水河县新华书店	清水河县城关镇永安街 96 号	城区	书店
		新华小学图书流动站	呼和浩特市新城区呼伦贝尔北路西	城区	学校
		呼市第一医院图书流动站	呼和浩特市玉泉区南二环路 150 号	城区	医院
		托克托向阳院图书流动站	呼和浩特市托克托县	城区	养老院
	赛罕区图书馆	中专路街道办事处综合文化站	丰州南路丁香苑小区	城区	文化站
		大学东路街道办事处综合文化站	内蒙古大学东校区南 100 米	城区	文化站
		张宝华艺术团	金河镇十一中对面	农村	民间剧团
		黄合少镇中心小学图书服务点	黄合少镇中心小学	农村	学校
		“红色氧吧”展览馆分馆	赛罕区党群服务中心	城区	党群服务中心
		“芳华图书角”图书室	赛罕区妇女联合委员会	城区	流动站
		呼市第十一中学流动图书服务点	呼和浩特市第十一中学	农村	流动站

续表

中心馆	总馆	服务点名称	服务点地址	类型	合作机构
呼和浩特市图书馆	新城区图书馆	成吉思汗大街街道办事处分馆	成吉思汗街道办事处院内一楼	城区	文化站
		东街街道办事处河西社区分馆	兴安路与乌兰察布路十字路口建行宿舍前院	城区	社区
		古路板村分馆	保合少镇古路板村村委会院内	农村	草原书屋
		海拉尔东路街道办事处公安厅社区分馆	海拉尔东路 15 号	城区	社区
		成吉思汗街道哈拉更草原书屋	成吉思汗街道哈拉更村委会	农村	草原书屋
		蒙鑫国际鸿雁书屋	成吉思汗大街蒙鑫国际南门	城区	旅行社
		新城区图书馆鸿雁书屋	新城区图书馆西侧	城区	图书馆
	玉泉区图书馆	石东路街道办事处	富丽社区	城区	社区
		鄂尔多斯路街道办事处	康居社区	城区	社区
		大南街街道办事处	小西街社区	城区	社区
		昭君路街道办事处	五里营社区	城区	社区
		昭君路街道办事处流动站	沟子板小学	城区	学校
		武警内蒙古总队第一支队十六、十七、二十中队流动站	玉泉区	城区	部队
		劳动用工综合服务市场流动站	玉泉区南二环与昭君路口	城区	政府
	回民区图书馆	钢铁路办事处特弘社区居委会	回民区光明路西街磐基苑小区 A 座	城区	文化站
		海西路办事处部队社区	回民区盐站西街西路部队大院	城区	文化站
		攸攸板镇人民政府	回民区攸攸板镇镇政府南楼 3 楼	城区	文化站

续表

中心馆	总馆	服务点名称	服务点地址	类型	合作机构
呼和浩特市图书馆	回民区图书馆	新华西路办事处通道北街社区	回民区通道北街富邦小区通北社区	城区	文化站
		光明路办事处金园社区	回民区沿河南路 8 号	城区	文化站
		图书流通服务点（红旗小学）	回民区海拉尔西路红旗小学	城区	学校
		图书流通服务点（创业园区）	回民区新华西街御花园金葫芦一楼	城区	企业
	武川县图书馆	武川图书馆青山分馆	武川县可镇影视西街路口往西 50 米	城区	独立
		武川县经济开发区工会流动图书室	武川县经济开发区	农村	政府
		武川县大青山抗日游击根据地展馆流动图书室	武川县得胜沟乡	农村	流动站
		内蒙古优然牧业有限责任公司流动图书室	武川县上秃亥乡	农村	企业
		武川县冀东水泥有限责任公司流动图书室	武川县工业园区	农村	企业
		内蒙古蒙健生物科技有限公司流动图书室	武川县金三角开发区	城区	企业
		内蒙古牧原乳业有限公司流动图书室	武川县金三角开发区	城区	企业
	和林格尔县图书馆	翔宇分馆	和林格尔县经济开发区翔宇小区	城区	社区
		盛春社区分馆	和林格尔县城关镇盛春社区	城区	社区
		第三社区分馆	和林格尔县城关镇第三社区	城区	社区
		第七社区分馆	和林格尔县城关镇第七社区	城区	社区
		第十社区分馆	和林格尔县城关镇第十社区	城区	社区
		盛乐镇分馆	和林格尔县盛乐镇	农村	文化站

续表

中心馆	总馆	服务点名称	服务点地址	类型	合作机构
呼和浩特市图书馆	和林格尔县图书馆	巧什营镇分馆	和林格尔县巧什营镇	农村	文化站
	托克托县图书馆	双河镇综合文化站东胜社区站分馆	托克托县双河镇综合文化站东胜社区	县城	社区
		新营子镇综合文化站分馆	托克托县新营子镇综合文化站	乡镇	文化站
		伍什家镇综合文化站分馆	托克托县伍什家镇综合文化站	乡镇	文化站
		古城镇综合文化站分馆	托克托县古城镇综合文化站	乡镇	文化站
		五申镇综合文化站分馆	托克托县五申镇综合文化站	乡镇	文化站
		郝家窑村农家书屋分馆	托克托县河口管委会郝家窑村文化室	农村	农家书屋
		自来水公司分馆流动服务点	托克托县自来水公司	县城	供水公司
	土默特左旗图书馆	毕克齐镇文化站	毕克齐镇政府	乡镇	文化站
		杨家堡农家书屋	杨家堡村委会	乡镇	农家书屋
		塔布赛文化站	塔布赛乡政府	乡镇	文化站
		把什文化站	把什服务中心	乡镇	文化站
		奥拉社区分馆	察素齐镇向阳路奥拉社区	县城	社区
		乌兰社区分馆	察素齐镇人民路乌兰社区	县城	社区
		土默特左旗财政局	土默特左旗恒富安花园公务员小区西北	县城	政府
	清水河县图书馆	城关镇昆新社区分馆	城关镇昆新社区益民小区	县城	社区

注：表中服务点包括分馆、草原书屋、流动服务站等。

2019年4月初，呼和浩特市图书馆上线了图书流动服务车“公交服务”模式的品牌阅读推广服务，该服务每隔一周停靠一个站点，为站点周围的群众就近提供图书借还和阅览服务，每个站点的停靠时间为上午 9:30—11:00。截至 2021 年 4 月已经先后停靠了乌兰夫同志纪念馆、内蒙古煤田局勘测队、大召广场、成吉思汗公园、环宇天地、兴康社区、“呼和浩特市文化客厅”项目工地、内蒙古出入境边防检查总站训练基地、玉泉区前桃花村和新城区水泉村等 10 个站点，共 36 次，累计办理读者证 500 余张，借还书 800 余册次，取得了良好的服务效果，切实满足了各区域读者的借阅需求，得到了广大读者的一致好评。2021 年，为了满足全市各类型读者的借阅需求，呼和浩特市图书馆图书流动服务车在保留前期“公交服务”模式部分站点基础上，结合实际情况和读者需求，又增设了 2 个乡村站点和 2 个学校站点，充分覆盖不同区域的读者群体，真正为全市读者打通借阅的最后一公里。作为“鸿雁悦读”计划的补充，图书流动服务很好地延伸了图书馆、分馆及鸿雁书屋的服务职能，为不方便前往图书馆的读者就近提供服务，真正做到了为群众办实事的目的。

图 3-29 “鸿雁悦读”计划开展的流动服务

7. 效能建设

经过“十二五”期间的建设发展，我国已建立起从省到县、从乡到村的比较完备的公共文化服务网络体系，尤其在公共文化基础设施建设方面，取得巨大成就。但随之凸显出来的问题是，基层公共文化设施利用率低，公共文化服务效能不高。这一问题成为我国现代公共文化服务体系建设的难点和痛点，服务效能的问题也成了我国和发达国家相比差距最明显的存在。为此，“十三五”时期，我国公共文化服务体系建设高度重视服务效能，将提升公共文化服务效能列为工作重心。《关于加快构建现代公共文化服务体系的意见》在部署加强公共文化产品和服务供给时，首先要求提升公共文化服务效能。《中华人民共和国公共文化服务保障法》在“总则”中明确提出“加强公共文化设施建设，完善公共文化服务体系，提高公共文化服务效能”。同时，我国采取了多种举措，加强基本公共文化服务的标准化、均等化建设，针对体系不完善、发展不均衡、效能不高的问题，抓紧补短板、强弱项、提质量。呼和浩特市公共文化服务体系建设中，“鸿雁悦读”计划的开展实施明显提升了公共文化服务效能，为广大人民群众带来实实在在的获得感、幸福感。

（1）效能提升路径

在效能建设方面，“鸿雁悦读”计划主要采取了以下方式：

首先，加强公共文化基础服务设施网络的均衡配置，推动城乡一体化发展。“鸿雁悦读”计划通过实施“城区计划”和“城乡联动计划”，在呼和浩特市城区和农牧区广泛设点布局，建立了遍及城乡的中心馆—总分馆服务体系；通过打造鸿雁书屋、安置自助服务设施、开展流动服务等方式，切实把阅读资源和服务送到人民群众身边，尽可能地降低人民群众因居住偏远而导致在图书馆服务方面付出的交通、时间等获取成本。根据呼和浩特市图书馆的调查，“鸿雁悦读”计划实施前，人们往返图书馆平均需要1—2个小时，项目实施后，平均往返时间降低到0.5—1小时，交通与时间成本平均降低到之前的50%。

其次，积极引导吸纳社会力量参与建设，激发公共文化服务发展的内在动力。“鸿雁悦读”计划围绕读书看报等基本公共文化服务项目，将图书馆置于开展各项工作的中心，充分发挥图书馆使命，强化公益性文化事业单位基本服务职能，并在此基础上，大力推动公共文化服务的社会化发展，广泛吸纳社会力量参与公共文化服务建设。通过图书馆与书店、村民委员会、社区、学校、咖啡馆、企业、事业单位、草原书屋等机构合作，构建政府主导的多元化供给模式，借助社会组织的场地、人员、资源等优势来弥补政府在公共文化建设中的不足，为人民群众提供更具特色的公共文化服务，满足大众在文化内容、文化形式等方面的差异化需求，给老百姓提供更高质量、更契合需求的阅读资源和服务，有力地提升了公共文化服务水平和效率。

再次，以读者需求为导向建立按需供给的服务模式，提升群众满意度。“鸿雁悦读”计划开展的“你荐书，我买单”服务将图书馆新书采购权部分交给读者做主，充分发挥群众的文化选择权、参与权和自主权，让读者能够选择自己想读的图书去读，能够在第一时间读到新上市的图书，真正实现了公共文化服务和群众文化需求的有效对接。这种点单式、定制式的个性化服务极大地提升了公共文化服务对于人民群众的吸引力，有效解决了公共文化服务供给品利用率低、群众满意度差的问题。从实践来看，“鸿雁悦读”计划受到广泛欢迎，群众参与度高，满意度高。

最后，通过科技赋能，线上线下结合提升服务体验。现代信息社会，日新月异的科技为社会经济发展提供了强大助力，在文化领域，科技也展现出杰出高效的引擎动力，为提升公共文化服务效能发挥出重要作用。在公共文化服务中，公共数字文化服务日益受到重视，其在丰富公共文化服务供给内容与供给方式、扩大信息传播范围、推动公共文化服务公平获取方面有着十分显著的优势。“鸿雁悦读”计划采用了“互联网＋公共文化服务”的模式，打造“鸿雁悦读”平台，并应用已广泛融入群众生活的移动互联网技术，通过“鸿雁悦读”App、微信号等，大力拓宽公共文化资源和服务的传递渠道，将数字化资源聚集到一站式联网服务平台。同时，一些线下开展的服务和读者活动也搬到线上举办，如图书馆与网上书店开展的在线“你荐书，我买单”服务，通过互联网进行的共享直播、资源点播、活动预约、场馆导航以及线上讲座、线上展览等，使人民群众获取阅读资源和相关服务更加便利。科技赋能所带来的众多好处受到了人们的广泛欢迎，而在 2020 年新冠疫情爆发后，公共数字文化服务更是展现出无可比拟的优势，为疫情期间“鸿雁悦读”计划的服务不打烊发挥了重要作用。

（2）效能建设成果

自“鸿雁悦读”计划启动以来，呼和浩特全市图书馆的持证读者数量、图书借还人次册次、图书流通率均有了显著提升。据统计，截至 2018 年 6 月 13 日，即“鸿雁悦读”计划开展半年多的时间，呼和浩特市图书馆新增读者 5013 人，借书 49116 册次，还书 44678 册次；新华书店自助办证机办理借阅卡 20000 余张，完成借阅共计 10 万余次，新书借阅 50000 余册次，新书还回 30000 余册次；全市图书流通率达 60%；“鸿雁悦读”计划选书委员会完成选书 270 万余万。当“鸿雁悦读”计划开展近三年时，统计数据表明，截至 2020 年 7 月 16 日，呼和浩特图书馆办“鸿雁悦读”借阅卡的人数已逾 50000 人次，共实现借书 316458 册次，还书 301028 册次，实现了跨越式增长；图书流通率也较启动前大幅增长，2017 年、2018 年、2019 年分别达到 26.3%、21.0% 和 22.7%。城乡联动下，共辐射惠及 30 余万市民及周边居民[①]。

表 3-3　2017—2020 年呼和浩特市“鸿雁悦读”计划服务效能统计

年份	持证读者总人数	城区持证读者人数	农村持证读者人数	服务总人次	外借图书册次
2017	63148	61520	1628	749266	548154
2018	91517	86583	4934	1394426	453718
2019	111552	105428	6124	1811614	501145
2020	123125	115741	7384	1282181	344723

如表 3-3 所示，自“鸿雁悦读”计划开展以来，图书馆持证读者人数逐年上升，呼和浩特市的图书馆服务效能显著提升，尤其在缩小城乡差距方面表现明显。2017 年，呼和浩特市的图书馆持证读者总人数中，农村持证读者人数仅占 2.6%。“鸿雁悦读”计划实施三年后，农村持证读者人数在全市持证读者总人数中的占比已提升到 6%。同时，“鸿雁悦读”计划实施后，全市图书馆系统服务城乡居民人次、外借图书册次也十分可观，比项目实施前有了大幅度的提升。而且，对于参与“鸿雁悦读”计划的社会力量来说，也获得了明显效益，如新华书店，通过与图书馆合作扩大了自身的社会影响力，客流量大幅增加，带动了图书零售业务的发展，促进了呼和浩特市的文化消费。也就是说，“鸿雁悦读”计划实现了图书馆、合作伙伴、读者的多方共赢效果。

“鸿雁悦读”计划所取得的显著社会效益获得了专家、社会和媒体的一致好评。2018 年 3 月 11 日，内蒙古自治区党委宣传部组织召开了“鸿雁悦读”计划专家评审会暨“鸿雁悦读”体系开题报告会。由国家公共文化服务体系建设专家委员会主任委员、北京大学信息管理系李国新教授领衔，辽宁省图书馆馆长王筱雯研究馆员，教育部图书馆学教学指导委员会委员、中国人民大学信息资源管理学院索传军教授，上海浦东图书馆原馆长、上海浦东新区教育局张伟副局长，河北大学图书馆副馆长任瑞娟教授共五位知名专家组成的专家委员会对“鸿雁悦读”项目进行了评审。会上，专家组对“鸿雁悦读”计划给予了

① 呼和浩特晚报. 3 年内 30 万市民受益 “鸿雁悦读” 成为首府文化餐 [EB/OL]. [2021-06-24]. http://www.huhhot.gov.cn/zwdt/tpxw/202011/t20201117_808127.html.

高度肯定。李国新教授指出：“‘鸿雁悦读’计划公共阅读设施网点快速布局、快速推进的成功经验，具有普遍意义，尤其值得在中西部欠发达地区推广。”

图 3-30 “鸿雁悦读”计划专家评审会暨“鸿雁悦读”平台开题报告会

8. 营销推广

阅读推广工作现已成为我国图书馆的核心业务和基础服务之一。阅读推广可以说是营销推广的一种，它是以营销推广为手段来实现推动全民阅读的目的。但作为非营利性组织，传统图书馆并不是很重视营销推广，从业人员也普遍缺乏营销推广技能，在工作中缺乏营销推广意识，导致在很长一段时间里，图书馆的营销推广工作效果不够理想。随着现代社会的发展，尤其是进入新时期以来，图书馆事业面临了来自外界和内部的巨大挑战，探索转型发展成为当前图书馆界的一个重要课题。在图书馆被迫或主动发生改变，重新调整自身定位、创新图书馆管理和服务时，广大民众对图书馆的认知却严重滞后，导致图书馆推出的资源和服务陷入“墙内开花墙外无香”的尴尬境地。在此形势下，营销推广日益为图书馆人所重视，并越来越多地应用到图书馆的实际工作中。作为一项全民阅读推广项目，为更多人所知、让更多人参与其中是“鸿雁悦读”计划的一个重要任务。高度重视营销推广是“鸿雁悦读”计划一以贯之的工作方针。

（1）启动前期的营销推广

在“鸿雁悦读”计划策划阶段，相关营销推广工作即已开展，包括为“鸿雁悦读”计划设计活动标识，拟定宣传标语，设计印制活动海报等。而将此阅读推广项目命名为“鸿雁悦读”也是具有深刻涵义。鸿雁是中华文化中的典型意象，在我国古代诗文中十分常见。在我国传统文化中，鸿雁常被用作书信、信使的代称，“鸿雁传书”是人们耳熟能详的历史故事。可见，鸿雁与阅读有着深刻紧密的联系，而草原又是其主要栖息地之一。作为一种候鸟，鸿雁每年飞越数千公里，冬天从北方的内蒙古飞到遥远的南方过冬，夏天再从遥远的南方飞回到北方的内蒙古。因而以“鸿雁悦读”为名，能极大地引发人们的共鸣，既激发出大家对于阅读的向往和期待，又寓意不管人们距离图书馆多远，图书馆都会像鸿雁一样把服务及时送达，让读者尽情享受阅读带给自己的快乐。

鸿雁悦读
HONG YAN ENJOY READING

图 3-31 “鸿雁悦读”计划 Logo

图 3-32 “鸿雁悦读”计划宣传海报

“鸿雁悦读”计划精心设计了两条宣传标语，用以激发人们对于阅读的热爱：“一卡品书香，鸿雁悦青城”“青城飞鸿雁，书香润心田”。青城是呼和浩特市的别称。这一别称可追溯至明朝时期。当时，呼和浩特地区是由蒙古土默特部阿拉坦汗统领。阿拉坦汗颁布了一系列有利民生的政策，使得呼和浩特地区畜牧业、农业迅速兴荣，经济和社会经历了一个较长的和平稳定且快速发展的时期。1572 年（明隆庆六年），阿拉坦汗还与明朝“通贡互市”建立友好关系，并由其妻子三娘子主持在这里修建城池，万历皇帝将建成后的城池命名为“归化”。这座城池的城墙用青砖砌成，远望一片青色，蒙古族人民更多称其为“库库和屯”，音译即“呼和浩特”，意为青色的城，“青城”之名即由此而来。这座城也是现代呼和浩特市的雏形。“鸿雁悦读”计划的两条宣传标语将鸿雁、青城、书香密切联系起来，朗朗上口，并精炼地传递出“鸿雁悦读”计划的核心服务内容，让人们能够迅速获取关键信息，吸引其继续关注。

（2）实施阶段的营销推广

为了取得良好的营销推广效果，在“鸿雁悦读”计划启动实施后，还采取了多种营销推广方式，主要包括：利用呼和浩特市覆盖全市的中心馆—总分馆四级服务体系进行宣传；开展丰富的线下活动和线上推广活动；借助传统媒体和新媒体广为传播。通过将这几种方式组合起来，将“鸿雁悦读”计划信息送达各年龄层受众，吸引更多人知晓并参与这一项目。

“鸿雁悦读”计划大力建设中心馆—总分馆四级服务体系，成效显著，实现了对呼和浩特市的全覆盖，城乡一体化有了很大进展，偏远地区的人们也能通过自助服务设施、流动服务点、图书流动服务车等获取图书馆提供的资源和服务。而同时，这一服务体系也是宣传推广“鸿雁悦读”计划的重要枢纽。体系内各级图书馆、分馆、基层服务点、流动服务点以及线上运行的“鸿雁悦读”App 和微信公众号等，都属于直接的分发渠道，向人们展示传递“鸿雁悦读”计划的相关信息，人们还可在其中直接体验“鸿雁悦读”计划的具体服务内容，为提升“鸿雁悦读”计划的知名度、美誉度、忠诚度发挥了重要作用。

“鸿雁悦读”计划实施期间，各种形式多样、内容丰富的阅读推广活动呈现常态化开展之势，线上线下齐头并进，且互融互通，成为吸引人们关注并参与“鸿雁悦读”计划的重要载体。尤其是每年世界读书日前后开展的大型阅读推广活动，广泛动员社会各界人士，呼和浩特市的大中小学、机关单位、企业、社区都被带动起来，形成全民阅读的热潮，成为书香呼和浩特的一大盛况。数年来，已培育出一系列拥有忠实读者群体的阅读推广子品牌，如“鸿雁”大讲堂、青城记忆、阅趣小嘎鲁、“鸿雁”手书传书等。

各级各类媒体的广泛报道更是使“鸿雁悦读”计划的影响力从呼和浩特辐射全国。这些媒体既有报纸、电视台等传统媒体，也有以互联网为传播平台的新媒体；既有呼和浩特市本地的广播电视台、报纸媒体，如呼和浩特市广播电视台、《呼和浩特日报》、《呼和浩特晚报》等，也有自治区级的媒体，如《内蒙古日报》、《北方新报》、内蒙古广播电视台，还有国家级重要主流媒体，如《中国文化报》、《人民日报》、人民网等。在“鸿雁悦读”计划启动以来，多家媒体对此活动进行了深度报道。据统计，截至2020年底，各类媒体对“鸿雁悦读”计划进行报道不下90次。除了内蒙古、呼和浩特多家传统媒体进行跟踪报道外，一些国家级主流媒体也对“鸿雁悦读”计划给予特别关注。《中国文化报》就曾多次专文报道“鸿雁悦读”计划，如2017年11月24日第6版用整版篇幅以《呼和浩特市：创新公共文化服务体制，“鸿雁悦读”接地气、得民心》为题对“鸿雁悦读”计划进行了报道；2018年4月26日，以《“鸿雁悦读”计划，助力“书香呼和浩特”》为题再次对“鸿雁悦读”计划进行报道；2020年12月29日，又以《内蒙古自治区呼和浩特市图书馆：“鸿雁”悦青城》为题对“鸿雁悦读”计划进行报道。2018年4月19日，人民网以《“鸿雁悦读”计划打通全民阅读“最后一公里”》为题对“鸿雁悦读”计划进行视频报道。2018年4月20日，《人民日报》以《青城飞“鸿雁”书香润心田》为题对“鸿雁悦读”项目进行报道。2020年3月12日，人民网以《“鸿雁悦读”书香战“疫”——呼和浩特市图书馆疫情防控与业务建设两不误》为题对“鸿雁悦读”计划进行报道。

公共关系是营销学中的重要内容，应用到图书馆领域，如何建立并强化与上级主管部门的沟通联系就是图书馆营销中公共关系的重要内容。“鸿雁悦读”计划开展后得到基层群众的广泛欢迎，其成功经验也被总结后向上级主管部门汇报，并先后被原文化部公共文化司、中共中央组织部列为示范案例在全国进行推广。2018年1月8日，《文化部简报》第2期以《“鸿雁悦读”打通公共文化服务最后一公里》为题对“鸿雁悦读”计划进行了报道。2019年7月，中央组织部组织编选的《贯彻落实习近平新时代中国特色社会主义思想、在改革发展稳定中攻坚克难案例》丛书由党建读物出版社出版发行。这批工作案例共7本，包括经济建设、政治建设、文化建设、社会建设、生态文明建设、党的建设、防范化解重大风险7个领域172个案例，生动展示了习近平新时代中国特色社会主义思想在波澜壮阔的社会实践中的巨大指导作用，是帮助党员干部学习领会习近平新时代中国特色社会主义思想的鲜活教材。其中，文化建设卷收录了“鸿雁悦读”计划，以《互通互融 共建共享 提升公共文化服务效能——内蒙古呼和浩特市实施“鸿雁悦读”计划推进全民阅读的探索实践》为题，全面阐述了“鸿雁悦读”计划在推进基本公共文化服务均等化，调动社会力量参与公共文化服务体系建设，充分发挥倍增效应等方面走出的创新发展之路。

6　专题
呼和浩特市：创新公共文化服务体制，“鸿雁悦读”接地气、得民心

图 3-33 《中国文化报》以专题报道“鸿雁悦读”计划

文化 12　2018年4月20日 星期五　人民日报

呼和浩特构建“公共图书馆+新华书店”的合作模式，方便读者阅读

青城飞“鸿雁” 书香润心田

关注全民阅读

你阅读、我买单，群众借阅图书很方便

改变了图书馆与新华书店的传统定位

打通线上线下，提供自助服务，搭建互动平台

新语

科技潮流中的变与不变

广州整治校外培训机构

禁止超纲教学等行为

图 3-34 《人民日报》报道“鸿雁悦读”计划

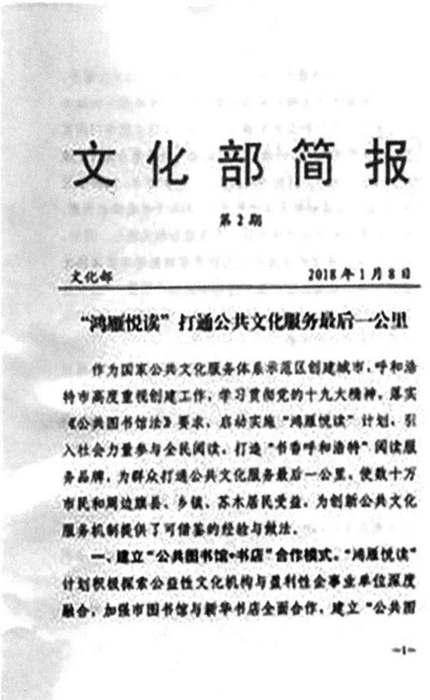

文化部简报

第2期

文化部　　　　2018年1月8日

“鸿雁悦读”打通公共文化服务最后一公里

作为国家公共文化服务体系示范区创建城市，呼和浩特市高度重视创建工作，学习贯彻党的十九大精神，落实《公共图书馆法》要求，启动实施“鸿雁悦读”计划，引入社会力量参与全民阅读，打造“书香呼和浩特”阅读服务品牌，为群众打通公共文化服务最后一公里，使数十万市民和周边旗县、乡镇、苏木居民受益，为创新公共文化服务机制提供了可借鉴的经验与做法。

一、建立“公共图书馆+书店”合作模式。“鸿雁悦读”计划积极探索公益性文化机构与盈利性企事业单位深度融合，加强市图书馆与新华书店全面合作，建立“公共图

—1—

图 3-35 《文化部简报》第 2 期报道“鸿雁悦读”计划

图 3-36《贯彻落实习近平新时代中国特色社会主义思想、在改革发展稳定中攻坚克难案例》丛书“文化建设”卷

同时，“鸿雁悦读”计划还积极参加地区和全国的文博展览活动介绍成功经验。2018 年 7 月 10 日至 11 日，内蒙古自治区公共文化服务信息化建设助力脱贫攻坚和乡村振兴现场推进会在牙克石市举行，呼和浩特市图书馆携“鸿雁悦读”项目进驻推进会，同各盟市交流“鸿雁悦读”项目实施经验，进一步促进公共文化在全区的交流和传播，以文化传播助力精准扶贫。2019 年，“鸿雁悦读”计划先后参加第十五届中国（深圳）国际文化产业博览交易会、第十二届中国艺术节演艺及文创产品博览会、乌兰察布第四届中国创业创新博览会，受到来自各地区各领域参展和观展人员的关注。2020 年 11 月 27 日至 30 日，国家公共文化服务体系示范区公共图书馆创新发展研讨会在浙江嘉兴举行，呼和浩特市图书馆向与会代表介绍了“鸿雁悦读”品牌活动及取得的成果。

图 3-37　“鸿雁悦读”计划参加 2019 年第四届中国创业创新博览会

图 3-38　2020 年在国家公共文化服务体系示范区公共图书馆创新发展研讨会上介绍“鸿雁悦读”计划

此外，呼和浩特市还采取了更多举措大力推广“鸿雁悦读”计划。2020 年，为尽量降低新冠疫情的不良影响，呼和浩特市文化旅游广电局编印了《呼和浩特文化旅游指南》，在全市主要星级酒店、旅游景区、特色餐馆、大型商场、车站、游客集散中心等 120 个公共场所分发投放，旨在全面展现“美丽青城・草原都市”城市形象，促进文旅消费。文旅指南共分 15 类，制作精良，品类丰富，“鸿雁悦读”计划是其中的一大重要内容。2021 年，呼和浩特市还以“鸿雁悦读”计划申报国际图联国际图书馆营销奖，并邀请中央电视台知名主持人刘栋栋与著名蒙古族青年歌唱家、呼和浩特市文化旅游推广大使乌兰图雅来到“鸿雁示范书屋”，与首府读者一起读书，并通过央视及新媒体推介鸿雁书屋惠民阅读模式。2021 年 5 月，由内蒙古自治区文化和旅游厅主办，内蒙古自治区旅游协会承办，内蒙古广播电视台协办的首届内蒙古网红打卡地投票评选（阅读空间类）活动中，呼和浩特市体育场鸿雁书屋在广大网友的支持下高票入选最终名单。

图 3-39　内蒙古包头市“鸿雁悦读”项目启动

图 3-40　内蒙古乌海市“鸿雁悦读”项目启动

图 3-41　内蒙古呼伦贝尔市“鸿雁悦读”项目启动

目前，“鸿雁悦读”计划已经由呼和浩特市的一个市级项目演变为内蒙古自治区全省的阅读推广项目，并已发展成为全国知名的全民阅读品牌。截至 2020 年底，内蒙古包头市、乌海市、赤峰市、通辽市、鄂尔多斯市、呼伦贝尔市、巴彦淖尔市、乌兰察布市、兴安盟、锡林郭勒盟、阿拉善盟十二盟市已全部启动“鸿雁悦读”计划，正在为满足群众对美好文化生活的需求不断做出积极贡献。

四、“鸿雁悦读”计划的创新经验

总结“鸿雁悦读”计划取得成功的经验，主要有以下几点：一是具有较强的可复制性与可推广性，这主要体现在该项目在地域、周期和团队方面的较强可复制性；二是创造了政府主导全社会参与构建公共阅读服务体系的模式，一大批政府主导的全社会各种力量参与的设施迅速地建设起来，整个呼和浩特的阅读设施体系、服务体系迅速铺展开来，也带动了内蒙古自治区十二个盟市阅读服务体系的建立；三是“鸿雁悦读”计划致力于从便利性、资源、空间、服务等多个方面打造高品质阅读空间，让群众在最短的时间、最便利的条件下、最舒适的环境中阅读到自己需要的图书，享受丰富的文化大餐；四是“鸿雁悦读”计划打造了互联网支撑下的资源整合体系，将各方实体资源、数字资源、业务数据整合起来，构建全民阅读云服务平台，充分利用网站、客户端、微信公众号等工具，创造了线上线下有机融合的服务方式，弥补了公共文化设施的时空局限，真正打通了城乡公共图书馆服务的最后一公里。

1. 可复制性与可推广性强

创新的主要目标是总结提炼具有较为普遍推广价值的工作模式，这就要求创新成果具有较强的可复制性和推广性。“鸿雁悦读”计划具有较强的可复制性和推广性，复制该模式对于全民阅读推广活动的开展、公共图书馆总分馆制建设具有重要的现实意义。2019 年，“鸿雁悦读”计划入选中央组织部组织编选的《贯彻落实习近平新时代中国特色社会主义思想、在改革发展稳定中攻坚克难案例》丛书，列为示范案例在全国推广其成功经验。2018 年 12 月，中共内蒙古自治区委员会宣传部、内蒙古自治区文化和旅游厅、内蒙古自治区广播电视局联合印发《内蒙古自治区“鸿雁悦读”三年行动计划（2018—2020 年）》，同时下发《“鸿雁图书悦读”计划实施标准（2018—2020 年）》，在全区范围内推动实施“鸿雁悦读”计划。目前内蒙古自治区包头市、呼伦贝尔、阿拉善、乌海、兴安盟、鄂尔多斯等十二个盟市已陆续启动并实施“鸿雁悦读”计划。从呼和浩特实施成功到内蒙古自治区全区推广，“鸿雁悦读”计划被证实具有较强的可复制性和可推广性，取得了一系列可喜成果。

（1）地域的可复制性

“鸿雁悦读”计划具有较高的地域可复制性。通常同质性较高的地方，才具备实施同一个项目或者类似项目的可能。所谓同质性，是指服务对象、需求、实施条件或资源等方面相同或类似。

理论上讲，“鸿雁悦读”计划的服务对象是全体公民，只要有合法的身份证，都可以享受“鸿雁悦读”服务。但由于空间、距离的原因，实践中“鸿雁悦读”计划的服务对象主要是呼和浩特市城乡居民，重点保障对象则是老年人、未成年人、残疾人、农民工、农村留守妇女儿童、生活困难群众等特殊群体。我国的公共文化服务体系建设是实现人民群众基本文化权益的主要途径。2015 年中共中央办公厅、国务院办公厅印发的《关于加快构建现代公共文化服务体系的意见》中，将老年人、未成年人、残疾人、农民工、农村留守妇女儿童、生活困难群众作为公共文化服务的重点对象，提出要开展面向这一特殊群体的文化活动，提供适合他们的配套公共文化服务设施。为公民提供无差别文化服务，重点保障特殊群体的基本文化权益是我国各地公共文化服务体系建设追求的目标之一，也是各级各类公共图书馆的服务目标之一。因此，“鸿雁悦读”计划与我国公共文化服务体系建设的服务对象性质是一致的。

在文化需求方面。现阶段，我国社会主要矛盾已经转化为人民日益增长的美好生活需要和不平衡不充分的发展之间的矛盾。随着物质生活水平的不断提高，人民群众对文化生活也提出了更高的要求，无论是在经济发达地区还是在经济欠发达地区，人民群众文化需求的差异化越来越明显，即呈现出多元化、个性化、高品质、网络化的新特点和新趋势，其中便利性是影响基本文化需求急需解决的重要问题。但由于财力有限，公共文化服务体系建设虽是政府主导，也难以真正实现无死角的全覆盖。一项基于 12 省 25 县的公共文化服务体系问卷调查显示，“距离远近”是影响公众使用公共文化服务设施的主要因素之一，约占 52.33%[①]。2017 年 6 月，“鸿雁悦读”对最终用户的一次调查显示：85% 以上的人们反映去一趟图书馆往返花费时间在 1—2 小时，地处偏远地区的人们要花费 4 个小时左右；70% 以上的人们反映图书馆新书上架不及时，有的新书在书店已经上市 3 个月了，图书馆仍然借不到；90% 的人们希望通过增加图书馆服务点并借助互联网解决上述问题。

“鸿雁悦读”的运营和服务模式很好地对接了群众的文化需求，提高了图书馆服务的可获得性，其引入以读者需求为导向的采购机制满足了读者及时获取新书的需求，群众参与成为化解文化需求差异化矛盾的法宝。

在实施条件和资源方面，按照《“鸿雁悦读”计划实施标准（2018—2020 年）》的要求，对照原文化部第六次全国县级以上公共图书馆评估定级标准，市级图书馆需满足《地市级图书馆等级必备条件和评估标准》西部地区二级馆标准，县区级图书馆需满足《县级图书馆等级必备条件和评估标准》西部地区三级馆标准，街道（乡镇）图书馆（文化站）、社区（村）文化室（农家 / 草原书屋）参照原文化部第三批国家公共文化服务体系示范区（项目）创建标准之示范区创建标准西部地区有关条款。也就是说，满足以上条件的县级以上公共图书馆均可实施，县级和县级以下地区由于人口数量相对市级要少，服务规模小，因而需要根据实际情况或由市级图书馆在总分馆体系中带动实施。例如，阿拉善盟图书馆作为总分馆体系的中心馆，于 2019 年末率先启动“鸿雁悦读”计划，各旗县图书馆作为总馆，在中心馆实施一段时间后陆续进行了部

① 孙政，吴理财. 公共文化服务刚性供给与文化需求弹性发展的矛盾及解决之道［M］// 陈潭. 广州公共管理评论（第 1 辑）. 北京：社会科学文献出版社，2013：72-94.

署，如额济纳旗于2020年4月启动实施“鸿雁悦读”计划。

此外，“鸿雁悦读”计划基层网点的合作机构主要为农村村民委员会、社区、企事业单位、书店、农家书屋（草原书屋），由这些机构提供场地、人员与图书馆合作建设鸿雁书屋，并接受图书馆统一的业务管理。这些机构只要满足上述标准，愿意与图书馆合作，随时可以开始部署和实施。

由于“鸿雁悦读”计划是从满足人民群众基本的文化需求出发，是基于全体市民的共同利益，解决的是公共文化服务体系建设中普遍存在的问题，从服务对象、需求上来看，无论是经济发达地区还是欠发达地区，都具有较高的同质性；从设施和资源上来说，其标准是基于西部不发达地区而制定的，因而其地域可复制性和推广性都较高，尤其对中西部等经济欠发达地区具有积极的参考作用。2018年3月11日，由内蒙古自治区党委宣传部组织召开的“鸿雁悦读”计划专家评审会上，专家委员会一致认为，“鸿雁悦读”计划在公共文化设施网点快速布局、综合推进方面的经验，对于经济欠发达地区有借鉴作用。

（2）周期的可复制性

所谓周期的可复制性，是指项目在同一个地域或不同地域的不同时期都可以实施并具备同样的实施效果。目前看来，“鸿雁悦读”计划在各盟市的实施，均是从与新华书店的“你荐书，我买单”的便捷服务开始。从前期的需求调研，与书店合作意向的达成，到正式的合作协议签署，平台软件安装、图书馆业务数据与“鸿雁悦读”平台交互接口的部署、平台测试、图书馆及书店人员培训到服务正式启动，在设备和资金到位的情况下，约需几个月到一年左右的时间。“你荐书，我买单”服务运行平稳后，再根据群众需求陆续考察和布局其他服务网点。之所以将“你荐书，我买单”放在整个计划实施的开端，作为“鸿雁悦读”计划正式启动的重头戏，是因为这一服务打破了“图书馆只能借书、书店只能买书”的历史，将书店卖书与图书馆看书的功能合二为一，解决了读者借书不便捷、图书馆藏书有限的问题，让读者能在最短的时间看到自己喜欢的新书，因而更易在群众中引起共鸣，起到更好的宣传和服务效果，有利于整个计划的后续实施和布局。

例如，乌海市图书馆于2018年12月正式开通“鸿雁悦读”平台，其运行模式是与网上书店合作，把购书款预付给网上书店，读者通过“鸿雁悦读”平台在网上书店选择符合平台要求的图书，并在签收图书快递单之日后30天内，将图书还到市图书馆做数据加工，享受“你荐书，我买单”的服务；同时“鸿雁悦读”图书流动服务车深入企业、社区等，为读者开展借阅服务。截至2019年4月，乌海市有4个图书馆、55个草原书屋、38个书吧，极大丰富了市民的阅读选择。

阿拉善盟图书馆的“鸿雁悦读”计划“你荐书，我买单”服务模式于2019年10月14日开始实施，2019年11月初正式启动。阿拉善盟图书馆通过与新华书店之间搭建云平台，为读者提供联合编目、资源共享、图书外借等一系列基于动态数据的云服务，让阿拉善盟图书馆和阿拉善盟新华书店构成为“云图书馆”的服务终端，读者可以在新华书店直接下单借书，之后归还到新华书店或盟图书馆，实现“你荐书，我买单”的便捷服务。2020年阿拉善盟总分馆体系内的旗县图书馆也陆续实施“鸿雁悦读”计划。

2019年10月，经过近一年的筹备，呼伦贝尔市图书馆与新华书店合作的“鸿雁悦读”计划正式在中心城区启动实施。市民可以持居民身份证在市图书馆或海拉尔区新华书店办理读者证，持读者证在最短的时间、以最便捷的方式在书店直接借阅新书，看完书之后可以在附近的图书馆或书店网点还书，由图书馆和书店进行结算。隶属呼伦贝尔市的县级市根河市于2019年11月与新华书店合作开展“鸿雁悦读”计划推广活动。2020年7月，呼伦贝尔市首家24小时自助图书馆正式开馆，馆内专门设置了“鸿雁悦读”新书专架。

从以上案例可以看出，只要具备启动条件，如资源、人力、设备、资金等，“鸿雁悦读”计划与书店合作的“你荐书，我买单”服务可随时启动，后续的分馆、流动站等的网点布局也可以采取成熟一家启动一家的模式，其周期的可复制性和推广性较高。

（3）团队的可复制性

团队的可复制性是指项目在原实施地点或者其他地域更换实施团队后仍能保质保量顺利实施项目。

“鸿雁悦读”计划实施人员主要包括三部分：一是合作书店的服务人员；二是图书馆人员，即中心馆或总馆的实施人员；三是分馆和服务网点人员。这三部分人员中，中心馆或总馆人员是整个计划运营的核心人员，承担着对书店和分馆、各网点人员的培训任务，这部分人员往往全程参与从项目调研到启动、运营的整个过程，是中心馆或总馆的业务骨干。分馆和服务网点人员情况较为复杂，有专门负责分馆业务的图书馆员，也有如农村村民委员会、社区、企事业单位、书店、农家 / 草原书屋等合作机构负责人。整个实施团队实事上就是总分馆服务体系内的所有人员。

“鸿雁悦读”计划实施人员的培训内容主要分为两个部分，一是技术培训和图书馆业务培训。“鸿雁悦读”计划是以总分馆为主体架构，包括分馆、24小时城市书房、24小时微型图书馆、流动图书站、自助售借机等服务覆盖方式，为市民提供便捷的、全天候的、多样化的公共阅读服务，是一个统一管理的服务整体，核心业务系统为部署于中心馆并通过平台接口实现各个分馆（包括书店）及书房系统和设备运行的总分馆集群业务系统、开放式采购系统。全体计划参与人员都要进行核心系统的操作培训和图书馆相关业务培训。二是服务理念和服务意识的培训。通过服务理念和服务意识培训，加深实施人员对服务的理解和认识，提高他们对服务价值的认可度，保障“鸿雁悦读”计划的服务水平。

从整个团队需要掌握的相关业务技能和对服务理念的理解、认识上来看，分馆和各服务网点人员通常专业馆员较少，图书馆业务知识培训是重点，核心系统的操作反倒较易掌握，因为“鸿雁悦读”平台操作简单，只要具备图书馆一般业务知识，会使用电脑、手机者，都可在短时间内学会。在已建立了总分馆制的地区，分馆及各服务网点人员的业务培训是中心馆和总馆的常规工作内容之一，即便没有建立总分馆的地区，对基层人员的业务辅导和培训也是各市县级公共图书馆的日常工作内容。

呼和浩特市在实施“鸿雁悦读”计划过程中，中心馆安排培训人员 3 名、管理员 3 名、技术人员 3 名，为全市鸿雁书屋提供后台支持。每个鸿雁书屋用 2 周时间进行人员培训，3 周时间完成原有图书编目，4 周时间完成业务流程再造。呼伦贝尔市图书馆实施“鸿雁悦读”计划前，派 3 名专业技术人员到呼和浩特市图书馆学习，同时加大对新华书店图书管理人员培训图书加工、云借阅软件使用等方面的业务知识培训，项目得已顺利实施。

已有的项目实施经验证明，“鸿雁悦读”计划是建立在图书馆原有业务基础上的项目，没有技术和人员方面的特殊要求，在更换实施团队后仍能保质保量顺利实施，其团队的可复制性和推广性的较高。

2. 政府主导与社会化发展

2015 年，中共中央办公厅、国务院办公厅印发的《关于加快构建现代公共文化服务体系的意见》，将“坚持以政府为主导，鼓励社会力量积极参与”作为构建现代公共文化服务体系的基本原则，进一步明确了政府作为公共文化服务保障主体的责任和义务。《中华人民共和国公共文化服务保障法》第二条规定：“本法所称公共文化服务，是指由政府主导、社会力量参与，以满足公民基本文化需求为主要目的而提供的公共文化设施、文化产品、文化活动以及其他相关服务。”政府主导与社会化发展，是我国新时期公共文化服务体系建设的一体两翼。

政府在提供公共文化服务时，由于财力有限，难以实现资源的有效配置，因而不能完全满足人民群众日益增长且差异化的文化需求。因此，在保证公益性的前提下，通过政府主导，鼓励和吸引社会力量参与公共文化服务，实现公共文化服务的社会化发展，是弥补公共财政不足、保障公共文化服务的有效选择。公共文化服务社会化发展不能脱离政府主导，没有政府主导，基础设施建设、产品和服务供给、人才队伍建设等就得不到财政支撑，人民群众的基本文化权益就难以得到有效、稳定和持续的保障；没有政府主导，缺乏政府的指导、政策指引、行业监管，公共文化服务的发展就有可能偏离正确轨道，就不能保证公共文化服务的公共性、公益性和服务性[①]。但政府主导并不是政府包办，不是“给钱”就了事，政府需要在公共文化服务的规划、建设、管理、运营等各个环节发挥主导作用，通过研究人民群众的精神文化需求，做到因地制宜，科学规划，分类指导，要支持、引导、激发并重。

“鸿雁悦读”计划创造了政府主导全社会参与构建公共阅读服务体系的模式，一大批政府主导的全社会各种力量参与的设施迅速地建设起来，整个呼和浩特的阅读设施体系、服务体系迅速铺展开来。通过项目的带动，覆盖呼和浩特城乡、满足老百姓需求的阅读服务体系建设起来了；同时，在政府主导下，也带动了内蒙古自治区十二个盟市阅读服务体系的建立。

（1）公共文化政策的出台

相关政策的出台，是政府主导的公共文化服务体系建设的第一步。

2014 年，呼和浩特市开始筹备创建国家公共文化服务体系示范区，制定了《呼和浩特市创建国家公共文化服务体系示范区规划》，2015 年 7 月被文化部、财政部列入第三批创建国家公共文化服务体系示范区名单，进入全面创建

① 陈慰，巫志南. 公共文化社会化发展中政府主导实现方式分析——以上海、宁波、株洲为例[J]. 图书馆杂志，2020，39(4)：65-71.

阶段。呼和浩特市组建市、旗县区两级创建工作领导小组，积极探索公共文化服务的供给侧结构性改革，拟从呼和浩特市图书馆与新华书店的深度融合寻找突破口。

2016年，为进一步推进自治区全民阅读活动开展，全面建设“书香内蒙古”，内蒙古自治区人民政府办公厅印发了《内蒙古自治区全民阅读中长期规划（2016—2025）》（以下简称《阅读中长期规划》，提出了硬件设施服务、内容精品提供、阅读推进机制的全民阅读中长期发展目标以及为实现中长期目标而实施的六大重点工程，其中就包括建立以公共图书馆为主体、苏木乡镇综合文化站、农家（草原）书屋、社区书屋、校园书屋和职工书屋为补充，覆盖城乡、功能完善的公共图书馆阅读服务网络。《阅读中长期规划》的出台和实施不仅为“鸿雁悦读”计划奠定了政策基础，还直接促进了“鸿雁悦读”计划的主要实施者公共图书馆和书店网点的建设，为“鸿雁悦读”计划奠定了设施基础；同时全市阅读氛围的进一步加强和阅读需求的提升，也为“鸿雁悦读”计划营造了良好的社会氛围。

随着全民阅读推广活动以及呼和浩特市创建国家公共文化服务体系示范区的推进，“鸿雁悦读”计划的形成与实施也就水到渠成。2017年11月，在内蒙古自治区党委宣传部、文化厅，呼和浩特市委、市政府、市委宣传部、市文化新闻出版广电局的支持下，呼和浩特市图书馆正式确定实施以图书馆与书店融合为主要特色的“鸿雁悦读”计划，作为呼和浩特市创建国家公共文化服务体系示范区的核心品牌。

2018年8月，内蒙古自治区党委宣传部印发了《内蒙古自治区“鸿雁图书悦读”三年行动计划（2018—2020年）》（以下简称《三年行动计划》）、《“鸿雁悦读”计划实施标准（2018—2020年）》（以下简称《实施标准》）征求意见稿，决定在全区十二盟市推广“鸿雁悦读”计划。提出到2020年，建成国内网络体系最健全、服务网点最多的覆盖全域、全时空的公共图书馆中心馆—总分馆四级服务体系的总体目标，并对“鸿雁悦读”计划在各盟市的推进工作进行了具体部署，实施“创新管理体制、加大资金投入、加强人才培养、建立考评机制”等四项保障措施。《三年行动计划》不仅是对其他盟市实施“鸿雁悦读”计划的指引和保障，也是对呼和浩特市“鸿雁悦读”计划实施成果的进一步肯定，为下一步的发展理清了思路、确定了方向、增加了信心。《实施标准》对基本条件、服务体系、服务效能、财政保障进行了详细规定，为“鸿雁悦读”计划的进一步完善和标准化建设提供了依据。

为进一步扎实推进全市现代公共文化服务体系与全民阅读长效机制建设，积极响应自治区党委宣传部提出的深化“草原书屋”和“鸿雁悦读”一体化改革方案，加快构建覆盖全域、全时空的公共图书馆总分馆服务体系，推进“鸿雁悦读”计划的高质量发展，2020 年 4 月 3 日，中共呼和浩特市委组织部、市委宣传部、文化旅游广电局党组联合印发了《关于进一步扎实推进“鸿雁悦读”计划的实施意见》，部署了全市以“鸿雁悦读”为核心品牌的公共文化服务事业发展的总体目标和具体工作任务。

2020 年 12 月，由呼和浩特市、包头市、鄂尔多斯市、乌兰察布市四地文化旅游广电局和市图书馆主办的“呼包鄂乌公共图书馆服务一体化发展工作推进会”在呼和浩特市图书馆召开，会议初步拟定了呼包鄂乌公共图书馆协同发展的具体事宜和路径，签订了《呼包鄂乌公共图书馆服务一体化发展战略联盟协作协议》。“鸿雁悦读”计划在四地公共文化服务实现区域协同和高质量发展中将发挥更大的作用。2021 年 10 月 31 日，内蒙古自治区人民政府印发《呼包鄂乌“十四五”一体化发展规划》，将“鸿雁悦读”计划纳入四地公共服务共建共享一体化发展范畴。

2021 年 4 月，呼和浩特市文化旅游广电局印发《呼和浩特市文化旅游广电局 2021 年重点工作安排》，将深入推进“鸿雁悦读”计划、建设 24 小时书屋和鸿雁书屋作为 2021 年重点工作安排之一[①]。

（2）持续和稳定的财政投入

公共文化服务体系建设是以政府投入为主的文化事业，再好的创意没有财政资金支持也只能是空想。在公共经费有限而文化需求巨大的情况下，如何把钱花在刀刃上，使财政资金发挥最大效益，是政府和公共文化服务机构都应该思考的问题。

“鸿雁悦读”计划作为呼和浩特市创建国家公共文化服务体系示范区的核心品牌，创建初期，就获得了示范区创建经费的支持。《国家公共文化服务体系示范区创建标准（西部）》要求按照基本公共文化服务标准测算、落实当地常住人口享有基本公共文化服务所必需的资金，保障公共文化服务体系建设和

① 呼和浩特市文化旅游广电局.关于印发《呼和浩特市文化旅游广电局2021年重点工作安排》的通知［EB/OL］.［2021-06-28］. http://www.huhhot.gov.cn/zwgk/zfxxgkzl/zfxxgkmlx/202104/t20210420_862105.html.

运行。公共财政文化事业费投入增长幅度高于财政经常性支出增长幅度，公共文化支出占财政支出的比例稳步提高。设立农村文化建设专项资金。人均文化事业费（按常住人口计算）处于本省领先水平。

2014 年，呼和浩特市已经实现了把公共文化产品和服务项目、公益性文化活动纳入公共财政经常性支出预算，公共财政对公共文化投入的增长幅度高于财政经常性支出增长幅度。2015 年 12 月，呼和浩特市人民政府办公厅印发了《创建国家公共文化服务体系示范区规划和实施方案》，要求市、旗县区两级政府按照各自职责落实创建期间软硬件建设所需经费。市、旗县区两级政府分别设立示范区创建专项工作经费，市本级每年至少安排 300 万元，旗县区每年至少安排 100 万元。同时为提高资金使用效益，确保专款专用，制定《呼和浩特市国家公共文化服务体系示范区创建专项资金管理办法》，对专项资金的使用办法、使用程序、监督管理进行了规定。2017 年 6 月，呼和浩特市人民政府办公厅印发《关于加快贫困地区公共文化服务体系建设的实施意见》，提出设立呼和浩特市贫困地区公共文化服务体系建设专项资金，要求各级政府将落实基本公共文化服务标准所需资金纳入公共财政经常性支出预算，统筹利用一般性转移支付、现有项目资金、对口支援项目资金等，支持贫困地区公共文化建设[①]。一系列的经费保障政策的出台，使“鸿雁悦读”计划在创建初期就得到了很好的资金保障。到 2018 年，每年用于“鸿雁悦读”计划的专项经费已达 800 万元[②]。

随着“鸿雁悦读”计划的逐步推进，呼和浩特市政府进一步加大资金投入，健全政府投入保障机制，合理划分各级政府基本推进工作的支出责任，加强政府各部门协调配合，为公共图书馆总分馆、基层综合性服务网点的财政投入提供政策保障，确保“鸿雁悦读”计划的顺利推进。优先安排建设涉及广大人民群众切身利益的分馆、服务网点，重点保障服务一线的总分馆、服务网点的正常运转所需经费。各地要按照《中华人民共和国公共文化服务保障法》《中华人民共和国公共图书馆法》，以及文化部《第六次全国县级以上公共图书馆评估指标体系》的要求，加大对各级公共图书馆、基层文化室的资金投入，

---

① 呼和浩特市人民政府办公厅关于加快贫困地区公共文化服务体系建设的实施意见[J].呼和浩特市人民政府公报,2017(3):26-30.

② 张枨.青城飞“鸿雁”书香润心田[EB/OL].[2021-09-03].http://www.cssn.cn/ts/ts_wxsh/201804/t20180420_4163043_1.shtml.

确保“鸿雁悦读”计划的顺利实施。表 3-4 为呼和浩特市“鸿雁悦读”计划政府资金投入项目。

表 3-4　呼和浩特市“鸿雁悦读”计划政府资金支出项目

序号	建设项目	经费支出项目
1	旗县区分馆建设	分馆流转图书费用
		自助借还和防盗设备
		计算机
		运营费用
2	旗县区鸿雁书屋建设	青城驿站
		24 小时城市书房
		24 小时微型图书馆
		数字阅读机
		24 小时信用图书售借机
3	“鸿雁悦读”计划相关业务配套经费	鸿雁书屋电子资源配置
		物流服务车
		分馆、流动站匹配设备
		核心业务系统
		馆藏数字资源
		人员培训费
		绩效考评
4	“鸿雁悦读”计划图书采购	线下采购新华书店图书及连续出版物
5	“鸿雁悦读”计划课题研究与研讨	出版专著、召开研讨会
6	“鸿雁悦读”宣传推广经费	线上线下宣传推广

（3）政府有效的组织与引导

充分、有效、合理地发挥政府主管部门的组织和引导作用，是“鸿雁悦读”计划成功的重要基础之一。“鸿雁悦读”计划是呼和浩特市创建国家公共文化服务体系示范区的核心品牌。2015 年 10 月，呼和浩特市成立了以分管副市长为组长，市委副书记、市委组织部副部长、市委宣传部副部长，市编办、发改委负责人，教育、科技、财政、规划、交通、城管、旅游等部门负责人和各旗县区负责人为成员的示范区创建工作领导小组，制订《创建呼和浩特市公共文化服务体系建设协调机制实施方案》，建立了长效的公共文化服务体系建设协调机制，完善党委领导、政府管理、部门协同、权责明确、统筹推进的公共文化服务体系建设管理制度。根据不同部门的职能分工和资源优势，分工协作，共建共享。在市级层面，重在贯彻落实国家、自治区有关方针政策、改革措施和重点任务，发挥各部门作用，协调推进制定全市公共文化服务体系专项规划；在旗县区级和基层，重在强化地方党委、政府的统筹协调，整合基层资源，形成合力，加大面向基层的公共文化服务力度。得益于全市公共文化服务体系建设协调机制的建立和实施，“鸿雁悦读”计划在调研、规划、启动、设施建设、网点布局、宣传推广等方面获得广泛支持，使整个项目在短时间内取得良好社会效果。

在省级层面，内蒙古自治区党委宣传部、内蒙古自治区文化厅、内蒙古自治区广播电视局与中共呼和浩特市委员会、呼和浩特市人民政府共同组成“鸿雁悦读”计划的主办单位，对整个计划起到了宏观指导和支持作用。2018 年 3 月 11 日，由内蒙古自治区党委宣传部在北京组织召开了“鸿雁悦读”计划专家评审会暨“鸿雁悦读”体系开题报告会，与会专家积极肯定了“鸿雁悦读”计划启动以来所取得的工作成效及创新价值，也指出了项目存在的不足和问题，为“鸿雁悦读”计划的可持续发展提供了建议。

2020 年 4 月，为进一步扎实推进“鸿雁悦读”计划的实施，呼和浩特市成立了以市委常委、宣传部长任组长的“鸿雁悦读”计划推进工作领导小组，领导小组办公室设在呼和浩特市文化旅游广电局；同时各旗县区也成立了“鸿雁悦读”推广工作领导小组，领导小组下设办公室，办公室主任由各旗县区宣传部长担任，具体负责本地区“鸿雁悦读”计划的推广实施。市、旗县区把“鸿雁悦读”计划列入重要议事日程和学习型党组织主题教育活动，加强指导，统筹规划，指导公共图书馆和社会机构的持续性创新合作。

（4）与社会力量的长效合作

奠定与社会力量合作的政策基础。2017 年 6 月，呼和浩特市人民政府办公厅印发了《关于政府向社会力量购买公共文化服务的实施办法》的通知，明确提出要积极稳妥推进政府向社会力量购买公共文化服务工作，到 2017 年底，在全市范围内基本建立比较完善的政府向社会力量购买公共文化服务体系，形成与全市经济社会发展水平相适应、与人民群众精神文化需求相符合、具有本市发展特色的公共文化资源配置机制和供给机制。同时发布的《呼和浩特市人民政府向社会力量购买公共文化服务指导性目录》中，将公共图书馆（室）、文化馆（站）、村（社区）综合文化服务中心（含农家书屋）等运营和管理纳入其中。这为"鸿雁悦读"计划在网点布局上与社会力量的多方合作奠定了政策基础。

尊重合作方的主体独立性。呼和浩特市文化旅游广电局（原呼和浩特市文化新闻出版广电局，以下简称市文旅广局）作为呼和浩特市文化主管部门，在推进"鸿雁悦读"计划过程中，既积极推动、撮合、指导图书馆与社会力量创新合作，又充分尊重社会主体和市场主体的独立性，不干涉这些机构具体的业务工作，而是由公益性文化机构与营利性企业通过充分协商沟通，达成具有可持续发展的合作机制。具体过程如下：一，指导洽谈。市文旅广局根据供给侧改革为群众提供优质公共文化服务产品的理念，指导、协同图书馆、书店以及其他单位进行磋商，明确各自分际和效益点及目标，探讨产业链融合发展共同提供公共文化服务产品的可能性和可行性。二，自主配置。图书馆、书店以及其他单位根据前面磋商的结果，进行自主配置，明确合作的目的、合作点和合作模式。三，签订协议。相关方签订商务合同，确保项目的顺利运行以及各方的责权利。四，实际运营。开展平台研发、测试、上线以及实际运行。

合作中实行各方优势互补。"鸿雁悦读"计划在与书店的合作中，图书馆通过招标遴选新华书店作为图书馆图书资源主要供应商，新华书店提供数据加工服务，有效保障了图书馆采购图书的质量和书目数据的准确性。新华书店充分发挥网点优势，将旗下的城市书房和其他网点建设成为图书馆分馆，读者不仅可以买书，还能办理读书卡、借还图书、阅读学习等。在运营方面，图书馆与新华书店通过引进相关文化业态，尝试建立阅读、休闲、娱乐相融合的文化消费综合体运营模式；共同致力于将阅读环境与前沿风尚相结合，为读者提供小型发布会、讲座沙龙、亲子教育等特色服务，改变了传统书店格式化布局和图书馆的单一服务模式，创造富有人文艺术气息的阅读氛围。从 2017 年 11 月 23 日至 2018 年 3 月 5 日，短短三个多月的时间，呼和浩特市图书馆新增读者 723 人，借书 13775 册次，还书 13030 册次；新华书店新书借阅 50000 余册次，新书还回 30000 余册次。而在 2016 年，呼和浩特市图书馆的图书流通量仅为 4

万余册次[①]。

注重激发合作方的主动性和积极性。“鸿雁悦读”计划注重发挥社会力量参与公共文化服务的积极性和主动性，努力构建“政府主导、社会参与、共建共享”的良好格局。除与新华书店合作外，图书馆还与机关、部队、学校、医院、社区、银行、商场、加油站、市民服务中心等企事业单位和社会力量合作，加快体系网点快速布局，实现市区公共图书馆、城市书房、社会机构等网点全面联通。与书店的合作不同，图书馆在与这些社会机构的合作当中，向合作单位提供一定数量的图书，负责图书流通、读者管理、信息发布以及阅读推广活动的开展。合作单位负责提供场地、日常维护和信息反馈。通借通还的实现，方便了读者就近阅读、就近借还图书，打破了传统图书馆建筑之“墙”，让图书服务融合于社会公众的日常生活。对于合作单位，图书馆以读者借阅量作为主要指标进行年度考评，服务效能发挥好的单位和个人可以参加“全民阅读示范基地”“十佳鸿雁书屋”“最美图书管理员”的评选。“鸿雁悦读”计划使群众方便快捷地享受到了阅读服务，为各类社会合作机构吸引了大量读者和消费者，带动了零售业务的发展，促进了文化消费，提升了文化品位。政府通过指导要素自主配置促进了公共文化服务效能的提升，从而实现了群众、图书馆、书店、社会力量和政府多赢的局面。

发挥党建共同体的引领作用。2021 年 5 月，呼和浩特市文化旅游广电局成立了党建引领“书香呼和浩特 · 全民阅读”共同体，主要任务是充分整合各成员单位的职能优势、资源优势、人才优势，围绕推进全民阅读建设书香社会共同目标，开展全方位党建引领、全覆盖全民阅读服务保障，持续推动公共文化服务高质量发展。通过部门协调配合，打破地域、条块、隶属等因素限制，采取“支部 + 支部”“党委 + 支部”等方式，跨区域、跨组织、跨领域、跨行业组成党建共同体，在把握各自特点和规律的基础上，最大限度集聚资源，促进公共文化服务与军队、社区相融合，文化事业、产业相融合，合力推动落实。

以鸿雁书屋为阵地，通过党建共同体，呼和浩特市图书馆党支部进一步加强与内蒙古社科院图书馆党支部、呼和浩特市体育局机关党委、内蒙古自治

① 苗青. 呼和浩特：用图书共享助力全民阅读［EB/OL］.［2021-09-03］. http://m.xinhuanet.com/nmg/2018-03/19/c_1122556518.htm.

区公安厅交管局高速公路一支队呼和浩特大队党支部、内蒙古蒙新图书连锁有限公司党支部、内蒙古新华书店有限责任公司党委、内蒙古师范大学学附属第二中学党总支、武警呼和浩特支队政治工作部党支部、新城区锡林北路街道三角线社区党委、赛罕区人民路街道兴康社区党委等的联系，以提升组织力为重点，强化党建引领，以组织相加推动全民阅读工作相融，扩大公共文化服务覆盖面，促进公共文化服务提质增效，逐步构建具有呼和浩特特色的全民阅读服务体系①。

多种举措并用，“鸿雁悦读”计划形成了与社会力量合作的长效机制，实现了合作各方的互利共赢，助推了全民阅读活动的持续开展。

3. 高品质的阅读空间打造

高品质的阅读空间，可以吸引更多用户加入到阅读活动中，并产生持续阅读的动力。“鸿雁悦读”计划致力于从便利性、资源、空间、服务等多个方面打造高品质阅读空间，让群众在最短的时间、最便利的条件下、最舒适的环境中阅读到自己需要的图书，享受丰富的文化大餐。

（1）服务网点的可达性与便利性

图书馆的地理空间布局往往会影响读者的到馆方式、时间成本和金钱成本，进而影响读者对图书馆的访问体验和频次。有研究表明，距离远近始终是读者是否愿意访问图书馆的关键因素之一，生活或工作在图书馆周边的读者可享受到更为便捷的图书馆服务，而生活或工作在离图书馆较远地区的读者则需支付更多的时间、精力和金钱成本才能享受到图书馆服务。因图书馆地理空间布局产生的这种获取信息的不公平现象，直接影响着图书馆服务的公平性。

“鸿雁悦读”计划是为解决市民阅读“最后一公里”问题，在全市培育“读书好、好读书、读好书”的良好阅读习惯，打造“书香呼和浩特”品牌而推出的阅读推广活动，因而全力解决因地域因素造成的阅读盲区，增加服务网点的可达性与便利性是首先要考虑的问题。在建设过程中，特别注意与交通、旅游、教育、医疗等人群密集程度高的民生公共刚需领域机构合作设点布局；

① 丛林，燕建平．呼和浩特市文化旅游广电局：党建引领“书香呼和浩特 全民阅读”[EB/OL].[2021-09-03]. https://www.sohu.com/a/476316681_120883008.

特别注意在农村、牧区、贫困地区设点布局，并在体系化建设的基础上，推出了自动借书机、流动图书车、“阅读共享书箱”等服务方式，最终建立起覆盖城区、农村和牧区的中心馆—总分馆服务体系，使偏远地区的群众也能享受到国家的文化惠民红利。

①书店系统。将新华书店体系网点建为图书馆分馆是“鸿雁悦读”计划的特色之一。为方便群众借阅和购买图书，将新华书店城市书房全部建为分馆，新华书店还在四个城区投放自动售借机，流动借阅车等、方便群众借阅和购买图书。

图 3-42　金蓝港城市书房

②社区系统。社区居委会和街道办事处一般设立在所管辖范围的地域内方便居民和社区人员办事、工作的地方，与周边社区距离较近且交通方便。“鸿雁悦读”计划通过 4 个市辖区总馆在各区街道办事处设置分馆。如新城区东风路街道办事处丽苑社区分馆位于海拉尔东路，周边 2 公里内有近 10 个居住社区；距离丽苑社区分馆约 3 公里处，另设海拉尔东路街道办事处公安厅社区分馆，满足了新城区海拉尔东路沿线社区居民的阅读需求。

③零售系统。在人流密集的大型商场设立分馆或者服务网点，如维多利摩尔城分馆、鹏欣金游城分馆等。

④餐饮系统。在咖啡厅、酒吧、餐馆设立分馆或者服务网点，如 U° 咖啡分馆、维多利国际待茉咖啡分馆等。

图 3-43　维多利广场待茉分馆

图 3-44　读者在维多利广场待茉分馆看书

⑤交通系统。与民航、铁路客运、公共交通系统合作，在候机楼、候车站、客运站、公交站设立分馆或者鸿雁书屋，在飞机、火车、长途汽车、公交车上设立鸿雁书架。

⑥旅游系统。在客流量较大的城区主干道、旅游线路、景区游客中心、景区内部、景区大巴、宾馆设立分馆、鸿雁书屋或者鸿雁书架。青城驿站是呼和浩特市政府在城区主次干道，人流量大、人员密集的繁华路段修建的用以解决群众如厕难的城市公共服务综合体，共修建有 1200 多座，其选址多围绕主街

区和旅游景点周边，较大的驿站内设超市、茶吧、咖啡屋、手机充电站、书报亭等便民设施。呼和浩特市政府将部分青城驿站交给呼和浩特市图书馆和各旗县区图书馆管理运营，通过“鸿雁悦读”计划将青城驿站纳入中心馆—总分馆体系。在面积较大、周围居民集中、有专人管理维护且具备宽带接入条件的青城驿站中建设24小时城市书房；在面积较大但无专人管理的青城驿站中建设24小时微型图书馆；在面积较小且无人管理的青城驿站中建设数字阅读平台；在面积较小且无人管理的青城驿站中对接新华书店系统实现图书售卖和图书借阅，设立24小时自助售书机。此外，2021年，“鸿雁悦读”计划分别在神泉景区、黄河麦野谷景区、蒙牛工业旅游区、香格里小区、莫尼山非遗小镇建设了鸿雁书屋。

⑦教育系统。与高等学校、中等专业学校、中小学、幼儿园合作，依托上述机构的图书馆，建立分馆、鸿雁书屋或者鸿雁书架。如已建成的小召小学分馆、内蒙古师范大学附属第二中学分馆；与内蒙古工业大学金川校区图书馆、大学城呼和浩特职业学校图书馆合作开设的校园书屋——内蒙古工业大学店和大学城店等。

⑧企事业单位。与企事业单位合作建设分馆，为企事业干部职工解决“读书难、借书难、还书难”的问题。如和林格尔县图书馆税务局分馆、武警呼和浩特支队强军书屋、呼市高速大队分馆、呼市纪检委分馆、石油公司分馆、金谷银行分馆、内蒙古党校益友书屋、呼市总工会职工书屋、呼市戒毒所分馆等。

图 3-45　中国石油内蒙古销售公司分馆签约仪式

图 3-46　中国石油内蒙古销售公司分馆阅览区

⑨草原书屋。在农村和牧区，“鸿雁悦读”计划将草原书屋纳入图书馆总分馆体系中，打造基层公共文化服务终端。截至 2018 年底，全市共有草原书屋 960 多个。呼和浩特市图书馆逐步将有条件的草原书屋纳入总分馆管理体系，把草原书屋的服务项目和内容与公共图书馆融合，加挂鸿雁书屋牌子，有效解决了农村、牧区和偏远地区群众因距离原因而造成的看书难和借书难的问题。

⑩流动服务。为最大化地给群众阅读提供便利，2019 年 4 月初，“鸿雁悦读”计划开通“公交服务”模式，每隔一周停靠一个站点，为站点周围的群众就近提供服务，每个站点的停靠时间为上午 9∶30—11∶00。截至 2021 年 4 月，已开通呼和浩特乌兰夫纪念馆、内蒙古煤田地质局勘测队、大召广场、成吉思汗公园、环宇天地、兴康社区、“呼和浩特市文化客厅”项目工地、内蒙古出入境边防检查总站训练基地、玉泉区前桃花村、新城区水泉村等公交服务站点。

⑪自助借书机遍布市区企事业单位、主要街道、学校、医院、部队、社区、银行、机场、车站等公共场所，基本满足群众“随时随地有书读”的需求。

（2）阅读空间环境的打造

“鸿雁悦读”分馆和鸿雁书屋均采用统一标识。鸿雁是一种候鸟，每年飞越数千公里，冬天从北方的内蒙古飞到遥远的南方过冬，夏天再从遥远的南方飞回到北方的内蒙古。鸿雁书屋的标识上方为一只展翅飞翔的鸿雁，寓意为不管人们距离图书馆多远，图书馆都会像鸿雁一样把服务及时送达，让读者尽情享受阅读带给自己的快乐；下方为一本打开的书籍，又形似茁壮成长的小草，寓意“鸿雁悦读”计划将新时代的新思想新知识传遍草原的每个角落。每一座鸿雁书屋虽然因场地不同而外形各异，但牌匾都同时使用汉字和蒙文书写。从外观上来看，有的像清新可人的小木屋，有的像邻家的小书房，也有的就是一座安静肃穆的图书馆了。遍布城市不同区域的鸿雁书屋既与周围的建筑和谐统一，相互呼应，又有自己的风格，成为城市一道独特的风景线。

图 3-47 “鸿雁悦读”LOGO

由于鸿雁书屋建设多与第三方合作，由合作方免费提供场地，在节约资金的前提下，内部环境装修在充分利用原场地家具设备的基础上，多采用暖色调系列，力图营造温馨舒适的家的感觉。在原场地无家具的情况下，鸿雁书屋的书架和桌椅等家具根据场地的不同通常采用原木色、木棕色或木黄色，但并不局限于这些颜色，在样式上根据读者特点灵活设计。例如一些邻近社区的书屋设置有儿童阅读区，根据少年儿童的生理和心理特点，不仅注意阅读空间趣味性的营造，在桌椅和书架设计上加入适合儿童的红色、绿色、白色等构成较为活泼的彩色系列；还兼顾环境的安全性和舒适性，家具均采用环保材料制作，并从式样、尺寸、高矮设计上充分考虑儿童的特点，使整个环境温暖、安静，但又不失明快、活泼。在空间布局方面，根据鸿雁书屋服务的读者、空间面积不同而进行差异化设计。

体育场鸿雁书屋面积 700 平方米，阅览席位 160 个，可同时为 200 人提供学习阅读服务。该书屋巧妙利用原有的场地特点，以“书山有路勤为径”为设计理念，馆体内部成“青山环抱”状，将书架设计成围绕整个空间的环形，书架前面的空间设计为环形的三级台阶，放置具有蒙古族元素的坐垫，方便读者取书后坐下阅读；馆舍中央设置环岛式水吧，读者可携两三挚友品茶读书；开设有文创用品艺术廊，东侧设有研讨室，以及为儿童设计的星空儿童阅读区，满足儿童对多元体验的诉求；西侧设置演讲区，读者可与大咖名师展开心灵的对话。由于体育场鸿雁书屋面对的读者多为周边居民或出来健身娱乐的市民，桌椅摆放采用圆桌式，整个空间布置成休闲、放松和安静的风格，在提供个性化借阅体验的同时满足了当代人多元化的阅读需求。2021 年 6 月，体育场鸿雁书屋获得由内蒙古自治区文化和旅游厅主办的“首届内蒙古网红打卡地”评选活动阅读空间类第一名。

由青城驿站打造而成的鸿雁书房面积较大，驿站本身外形时尚、功能齐全，多配备有现成的桌椅、手机充电站、供市民查询信息的电脑等，因而改造为鸿雁书房时，只需加配书架和自助设备即可。一些针对特殊群体的鸿雁书屋，如武警呼和浩特支队强军书屋，面对的读者是武警战士，整个书房面积 120 平方米，布置更像一个小型的自习室，除书架外，书桌和座椅以课桌的形式成排摆放，可以最大限度容纳人数，方便武警战士阅读和集体培训、学习等。

乡镇或农村的草原书屋或文化馆站内部一般不做特别的装修，以原有场地和书架、桌椅为主，室内张贴“鸿雁悦读”计划介绍和宣传标语。每当图书流动服务车过来调换新书时，书屋内全是看书的村民，服务车旁边往往会支起便携式阅览桌椅，村民围坐一起，迫不及待地翻看刚来的新书。

城区的鸿雁书房均配备有多媒体播放设备、图书自助服务设备（自助办卡机、自助图书售借机）、数字图书馆和门禁系统，日常有专人负责管理和维护，所有读者只需凭借呼和浩特市图书馆的读者卡即可刷卡进入。同时，书房内还设有电子借阅设备，读者也可以通过手机实现电子借阅。乡镇或农村的草原书屋或文化馆站的“鸿雁悦读”服务网点不设门禁系统，但均配有电子借阅设备。

为使鸿雁书房能够保质保量按时投入使用，鸿雁书房的装修改造工程和监理均通过政府采购以公开招标的形式确定承包商，并严格按照相关工程技术规范施工和验收。

（3）鸿雁书屋和网点文献资源

鸿雁书屋的图书由呼和浩特市图书馆统一派送，根据每个鸿雁书屋周边读者的阅读特点在图书配置上进行按需分配，并有专人巡查，了解读者最新阅读需求，定期对图书进行更新和调换，真正做到让读者始终都有新书看。例如，体育场鸿雁书屋是一座示范型书屋，设计藏书 30000 余册，涵盖中国文学、外国文学、社会科学、自然科学、历史地理、地方文献、蒙文文献、旅游专题、少儿图书、新书推荐和习近平新时代中国特色社会主义论著等 11 个借阅区域，并结合建党 100 周年和党史学习教育，在书屋设置党史学习专架，为学党史、悟思想、办实事、开新局提供精神补给。

呼市儿童探索博物馆鸿雁书房位于香格里拉酒店旁边，紧邻商业街和中小学，附近的居民是来这里读书的常客；由于紧邻儿童探索博物馆，这里也是孩子们经常光顾的地方。该书屋藏书量3000余册，图书种类包含除文学类、党建类、历史、地理等社会科学类的书籍外，特别设置了丰富的少儿类读物，满足市民和附近中小学生的阅读需求。

武警呼和浩特支队强军书屋为广大武警官兵提供阅读服务，涵盖党史党建、政治、军事、科技、法律等各类图书2700余册。

在鸿雁书屋和各服务网点，读者不仅可以随时借阅纸质图书，还可以通过数字阅读器阅读电子资源，也可以扫描二维码直接将数字图书馆的资源下载到手机阅读。为更大程度地满足不同读者群体的需求，呼和浩特市图书馆先后引进了超星智慧图书馆、贝贝国学少儿库、博看期刊、艺术教育多媒体资源平台、世界油画数字资源库、中国历代馆藏书画数字资源库、易读书、云图有声在线、乐儿抗疫情特别版阅读抗疫专题资源、全国报刊索引、碧虚企业文献资源、上业科技数字资源库、方略知识管理系统等20余种数字资源特色库，全方位覆盖读者对线上阅读的各类型需求。此外，读者也可通过“鸿雁悦读”客户端和图书馆微信公众平台阅读上述电子书、报纸期刊以及有声图书、公开课、名师讲座、少儿绘本、艺术教育、连环画等优质数字资源。

4. 线上与线下服务有机融合

“鸿雁悦读”计划打造了互联网支撑下的资源整合体系，将各方实体资源、数字资源、业务数据整合起来，构建全民阅读云服务平台，充分利用网站、客户端、微信公众号等工具，创造了线上线下有机融合的服务方式，使群众随时随地便捷地享受图书馆的各项服务。通过线上与线下服务的有机融合，重塑了图书馆业务模式，使资源建设与读者需求实行有效对接；弥补了公共文化设施的时空局限，打通了城乡公共图书馆服务最后一公里；线上线下联动开展阅读活动，营造了全民阅读的浓厚氛围，掀起了文化活动全民参与的热潮。

（1）开放式采购重塑图书采购业务流程

馆藏资源是公共图书馆开展各项服务活动的物质基础，提高馆藏资源质量和利用率是以读者为中心的图书馆服务工作的重点。2011年，读者决策采购（PDA）概念引入我国，在图书馆界掀起了以读者需求为驱动的馆藏资源建设热潮，以PDA理念为基础，从传统的采访员采购、读者荐购发展到读者自主借购的开放式采购模式，图书采购业务流程发生了颠覆性变化，由馆员做主到读者做主，馆藏资源与读者需求间的距离越来越小，极大提高了资源利用率和读者满意度，图书馆有限的资源建设经费真正用在了“刀刃”上。“鸿雁悦读”计划建立的“图书馆＋书店”合作模式，与新华书店深度融合，读者成为图书采访的主力，是典型的开放式图书采购模式。

传统的采访员采购，馆员是决策主体，馆员与读者间的信息不对称以及馆员自身知识和专业水平的限制，很难满足复杂的读者群体的需求。基于PDA理念的读者荐购，初期一般为读者口头或书面荐购，即直接以口头方式或书面方式告知图书馆所需书目；为保证馆藏质量，一些图书馆也开展专家荐购，即邀请某一学科的专家通过荐购平台集中荐购；为让读者能够更直观地荐购，一些图书馆邀请出版商或书店到馆举办书展，请读者现场选书，但由于场地限制，图书种类有限，读者荐购数量不高，出版商或书店也缺乏积极性；线上荐购模式，即读者通过邮件、社交媒体或图书馆荐购平台荐购。无论哪一种荐购形式，都需要对荐购数据进行汇总，并根据文献采选要求和馆藏建设规范筛选出有效荐购书目，因读者填写不规范或不复合馆藏复本等要求，读者荐购成功率往往不高，因而不能很好地满足读者的阅读需求。

开放式图书采购采用“图书馆＋书店”的模式，通过搭建互联网阅读服务平台，把图书采购权交给读者，建立图书馆、书店与读者三方为主体的线上与线下融合采购模式，读者在书店看到想要阅读的图书，在书店直接办理借阅手续，图书的编目、加工和借出通过阅读服务平台自动或现场完成，所借图书由图书馆统一向书店付费购买。开放式图书采购更直观，因而读者荐购成功率高。区别于传统采购模式中的一次性集中采购，开放式图书采购是随时进行的、与读者需求精准对接的动态采访模式，因而更能满足读者不断变化的、个性化的阅读需求，使馆藏资源建设真正实现以读者需求为主导。

“鸿雁悦读”平台除具备一般开放式图书采购服务平台的功能外，将图书发行、采购加工、评价、消费进行无缝衔接，有效发挥大数据和专家智慧对读者自主采购决策的支撑作用，使读者能快速借到新书、好书。其内置的大数据分析子系统可将来自图书馆、实体书店和网上书店的借阅和销售数据汇总和分析，分析结果可为书店进书、图书馆购书、读者读书提供参考借鉴；专家推荐子系统由相关专家定期发布各学科推荐书目，供图书馆、书店和读者选书时参考；读者管理子系统记录读者购书、借阅、是否超期等情况，借助第三方机构的信用评价机制，对信用良好的读者提供增值服务，激发读者利用图书馆的热情。“鸿雁悦读”平台采用多馆多店模式，并与图书馆总分馆系统无缝对接，实现资源共享，物流共享，读者可将图书还到任何一个分馆、服务网点或书店，不仅便利了读者，同时资源建设是以全市图书馆总分馆体系的总体资源为基础，资源共享程度和利用率更高，避免了重复采购。此外，“鸿雁悦读”平台不仅可以在线下借阅纸质图书，也可以在线上通过“图书快借”借阅纸质图书或电子图书。线上线下多种要素的融合重塑了图书采购业务流程，读者能快速借到新书、好书，专家智慧得到发挥，图书馆资源结构更为合理、服务效能得到提高，书店自身效益得到保障，政府提供了更好的公共文化服务产品，实现群众、专家、图书馆、书店和政府多赢的局面。

（2）打通城乡公共图书馆服务最后一公里

内蒙古自治区地广人稀，尤其是农牧民生活居住比较分散，光靠线下网点布局很难真正实现公共图书馆服务的全覆盖；此外，“鸿雁悦读”计划还在持续推进中，草原书屋并没有全部纳入服务体系。呼和浩特图书馆经过调研后发现，利用线上方式延伸服务触角，通过线上线下融合是打通城乡公共图书馆服务最后一公里的有效途径，并且已经具备了一定的实施条件。

2014 年，内蒙古自治区成为国家发改委、财政部、工业和信息化部联合组织实施的“宽带乡村”试点工程首批试点地区①，包括文化室建设的内蒙古自治区农村牧区“十个全覆盖”工程也在同一年开始实施。2015 年底，国家财政部、工业和信息化部开始实施为期 5 年的以推动农村及偏远地区宽带建设发展为重点的电信普遍服务试点工作，呼和浩特市进入前二批试点城市范围②。经过几年的发展，呼和浩特市城乡经济差距明显缩小，公共服务渐趋均等，文化室、草原书屋等的建设也颇具成果。到 2017 年底“鸿雁悦读”计划实施时，农村牧区宽带普及率已达 95%，为通过线上线下融合延伸图书馆服务奠定了网络基础。到 2020 年，自治区农村牧区宽带普及率已达到全覆盖。

此外，随着农村牧区宽带普及率的提高，农民群众的思想观念、生活习

① 姜雪兰. 首期“宽带乡村”试点工程实施 内蒙古成为试点地区［EB/OL］.［2021-09-03］. http://inews.nmgnews.com.cn/system/2014/06/23/011486114.shtml.

② 李永桃，刘长宇. 呼和浩特进入全国电信普遍服务试点［EB/OL］.［2021-09-03］. https://www.sohu.com/a/106939701_116198.

惯、信息获取方式也发生了明显变化。一项2017年对安徽农村居民信息需求的调查显示，通过上网获取信息的人数越来越多，占比达到58.8%[①]。虽然调查样本取自安徽省六个县，但调查结果依然能够反映出农村居民信息获取方式的普遍变迁，网络已成为农村居民获取信息的主要方式之一。然而，我们必须注意的是，非网民仍以农村地区人群为主[②]。也就是说，一方面，大量的农村居民通过网络获取信息，而另一方面，仍有一部分农村居民因文化程度、技能、年龄、兴趣等原因没有用过互联网。

针对基层的这种情况，“鸿雁悦读”计划通过线上线下融合延伸服务触角，打通城乡公共图书馆服务最后一公里的基本思路是，线下网点布局形成服务网格，线上建成信息互通共享的网络平台，让图书馆服务更加智慧化、现代化，线下服务触及不到的地方通过线上服务弥补，实现基层群众享受图书馆服务不跑路，不出门。同时，通过线下服务宣传和推广线上服务，反过来通过线上服务促进线下服务开展，让网民和非网民群众都有机会接触和享受图书馆服务。

要做到这一点，重在融合。在基层服务网点布局不断推进的前提下，如何让群众知晓和利用线上服务成了工作重点。首先是定期对基层服务网点管理人员进行业务培训，使他们精通线上业务流程，熟悉“鸿雁悦读”计划的服务宗旨，同时掌握一定的线上阅读推广技能。培训形式采取集中培训和点对点针对性培训。集中培训主要用来解决共性问题，指定期将已纳入总分馆服务体系的基层服务网点和草原书屋管理人员召集到一起，统一培训业务知识及业务系统操作技能，同时邀请图书馆事业发展较快地区的馆长和专家分享经验和好的做法，使基层管理人员开扩眼界，激发他们在实践中的创新精神。例如2020年9月的全区图书馆总分馆建设业务培训就邀请了宁波图书馆馆长徐益波围绕如何开展阅读推广作了《社区与乡村阅读推广理论与实践》专题报告。点对点针对性培训是指针对不同基层网点的问题由总馆派工作人员现场培训和解决。

其次是对基层群众的培训和宣传，引导他们学会使用线上服务。在已纳入总分馆服务体系的区域主要由基层服务网点管理人员在日常工作中开展；还没有纳入总分馆服务体系的区域，主要由流动图书车在基层开展服务活动时向群

① 严贝妮，孟文静．文化需求精准识别视角下农村居民文献信息需求实证研究——基于安徽省六县的调查[J]．图书情报工作，2019（2）．

② 中国互联网络信息中心．第47次《中国互联网络发展状况统计报告》[2021-07-05]．[EB/OL]．http://www.cac.gov.cn/2021-02/03/c_1613923423079314.htm.

众进行宣传。“我为群众办实事”是流动图书车的服务宗旨。每当流动图书车停靠服务点时，总有馆员细致耐心地为群众讲解“鸿雁悦读”线上服务的使用方法。

此外，呼和浩特市图书馆在近几年持续开展的文化扶贫活动中宣传和推广“鸿雁悦读”计划，不仅为贫困村群众送纸质图书，也为他们送去丰富的数字资源，引导群众利用“鸿雁悦读”计划的线上服务，营造多读好书的良好风尚。2018 年，呼和浩特图书馆选派一名党员干部进驻清水河老牛湾镇营盘峁村任驻村第一书记，开展精准扶贫帮扶工作，“鸿雁悦读”计划的线上线下服务宣传也成为帮扶工作的主要内容之一，不仅为村民带去了线下的养殖技术讲座、图书，线上的数字资源和“鸿雁快借”也为村民致富打开了另一扇窗。2020 年 4 月，呼和浩特市图书馆在位于营盘峁村的老牛湾游客服务中心投入了自助售借机和微型图书馆，“鸿雁悦读”的城乡联动计划在这里得以扎根。

基层群众尝到了甜头，利用线上服务的积极性提高了，口口相传，群众自发的推广效果显著。现在，越来越多以前不会上网的群众学会了使用自助借阅机，通过图书馆微信服务号借书还书、参加阅读推广活动，使用“鸿雁悦读”客户端听讲座、看电子书，通过“鸿雁快借”网上选书，足不出户就能看到免费的新书。看似面积不大的草原书屋、基层网点、流动图书车以及微型图书馆，通过线上线下服务把城乡群众同图书馆的海量资源联系起来，为他们送去了丰富的文化大餐，真正做到了为群众办实事的目的。

2020 年疫情期间，为有效避免人群聚集可能带来的传染风险，全市暂停到馆读者服务，线下分馆和基层服务网点也暂停开放。呼和浩特市图书馆充分利用微信服务号和订阅号、“鸿雁悦读”客户端开展线上服务。由于几年来线上线下融合服务宣传工作做的扎实到位，读者参与线上活动积极踊跃，图书馆各类数字资源的读者利用率也居高不下。

（3）线上线下联动开展阅读推广活动

为了提高阅读推广活动效果，扩大读者参与范围，加深读者印象，同一主题的活动通常采取线上和线下相结合的形式进行。以 2021 年活动为例：

端午节：线上推出为期 9 天的“粽香飘万里 民俗共传承”传统文化整点答题活动，每场 6 题，每题 15 秒答题时间；在线展览“位卑未敢忘忧国——端阳节爱国文人志士事迹展”，歌颂那些为祖国的前途、命运分愁担忧，为天底下的人民谋幸福的文人志士的政治抱负和博大胸襟。线下则组织了亲子活动端午节传统庆祝项目舞龙的制作活动。

六一儿童节：线上推出六一特辑“愿你在长大的世界里，快乐不减，活出天真”新书推荐；“六月童言・童话故事我来讲”线上故事大赛；“六一”国际儿童节直播课堂：童心飞扬 欢度六一，内容包括知识拓展、绘本阅读、手工制作等。线下则在图书馆亲子悦读区组织了“黏土手工制作——五彩冰淇淋，玩儿转儿童节”活动。

七一建党节：为庆祝建党 100 周年，2021 年 6 月起，线上推出每周一期的“红色故事绘——党史上的今天：连环画里的中国共产党”党史连环画推荐；在线展览“借问英雄何处——你所不知道的英雄事迹展；7 月 1 日推出七一建党节特别书单。线下活动包括“寻访红色足迹——共产党人的革命之路”主题展览、“千秋伟业 百年只是序章”建党 100 周年电影展播活动、《草原母亲与国家的孩子》和《红色文艺轻骑兵—乌兰牧骑纪事》主题讲座，唱支山歌给党听——“天籁纯音 随心畅听”音乐品鉴会等；同时为小朋友开展了“百年礼赞・逐梦未来”我们为党过生日活动，内容包括观看红船故事动画片、手工制作为“人民服务“小书包、为党庆生，分享生日蛋糕等。

五、“鸿雁悦读”计划的未来展望

1.“十四五”的发展目标与实现路径

（1）“十三五”期间存在的问题和短板

“十三五”期间，“鸿雁悦读”是中共呼和浩特市委员会、呼和浩特市人民政府在内蒙古自治区党委宣传部支持下为建设书香社会，坚定新时代中国特色社会主义文化自信而打造的公共文化服务品牌活动，在呼和浩特市文化旅游广电局的具体领导下，经过四年的建设，已成为自治区有影响的公共文化服务品牌，为呼和浩特市快速建成覆盖全域、全时空的公共图书馆中心馆—总分馆服务体系，着力解决群众阅读“最后一公里”问题做出了积极贡献。然而，“鸿雁悦读”计划在实施过程中也发现了一些影响全市公共文化服务体系持续发展的问题和短板亟需解决和补齐。

一是基层尤其是乡镇、村图书馆服务人员匮乏。建立一支具有一定规模且整体实力较强的人才队伍，是推动公共文化服务体系建设持续发展的有力保证。图书馆服务人才不仅要具备业务能力，会电脑和网络应用，熟悉图书馆业务，还要有一定的艺术素养，具备活动组织和宣传能力，可谓一专多能。然而，现实情况是乡镇村图书馆服务人员仍然以镇（村）干部兼职为主，开门锁门、登记图书借阅是其主要管理工作，图书导读、阅读推广则无暇顾及或因缺乏这方面技能而无法开展。因此，建立和培训一支稳定的基层服务人才队伍迫在眉睫。

二是总分馆体系尤其是基层图书室、文化室的资金投入有待加强。目前，已纳入总分馆服务体系的基层图书室、文化室图书由总馆统一配送，随着服务网络的不断扩大，需要配送图书的服务网点越来越多，图书购置经费以及配送相关经费缺口较大；此外，为改善基层服务质量，扩大服务范围，如上所述，光靠志愿人员或兼职人员无法完成，必须有一支稳定的服务队伍，这部分人员的薪资问题也需要解决。部分基层图书室、文化室的硬件设备也亟须更新换代。

三是市级、旗县区公共图书馆和文化馆及其分馆、服务网点等业务单元的馆舍、设备、资源建设有待加强。这些不同层级的专业单元是总分馆服务网络开展服务的物质基础，也是将图书馆服务向最基层延伸，解决群众阅读“最后一公里”的物质保障。目前，一些旗县区公共图书馆分馆、镇、街道服务网点出现“断点”现象，因业务力量薄弱或设施、资源、人员等问题无法开展工作，直接影响服务向下一层级延伸。

四是相关标准和地方立法有待加强。“鸿雁悦读”计划的最终目标是实现基本公共文化服务的普遍均等和惠及全民，标准化是实现这一目标的重要手段。2018 年 12 月，中共内蒙古自治区委员会宣传部、内蒙古自治区文化和旅游厅、内蒙古自治区广播电视局联合发布《“鸿雁图书悦读”计划实施标准（2018—2020 年）》，对“鸿雁悦读”计划盟市、旗县、街道（乡镇）、社区（嘎查）图书馆以及合作书店的基本条件、服务体系、服务效能、财政保障等进行了规范，但该标准还有待进一步细化以增加其可操作性。此外，2017 年 6 月起实施的《全民阅读促进条例》是全民阅读工作开展的法律保障，目前全国已有多地出台了地方全民阅读法规，呼和浩特市的全民阅读促进条例地方立法工作至今还未启动。

五是地方文化和传统文化资源有待充实。地方文化和传统文化资源有深厚的群众基础，更接地气，群众更易于接受，建立在这些资源基础上的阅读推广活动更易在群众中产生共鸣，有助于“鸿雁悦读”计划服务效能的提升和向最基层推广和延伸。2018年呼市图书馆推出的记忆项目青城记忆视频版在群众中产生了较大反响，但由于各种条件所限，仅采访了10位人物，远远不能反映各民族长期交融形成的开放、包容、吸纳的敕勒川文化。

六是“鸿雁悦读”计划作为公共文化服务的创新品牌，对其进行阶段性总结，提炼创新亮点，分析出现的问题，可为下一步工作开展提供思路。“十三五”期间由于图书馆人手有限，这方面的工作几乎没有开展。

（2）“十四五”的发展目标与实现路径

“十四五”时期是我国全面建成小康社会、实现第一个百年奋斗目标之后，乘势而上开启全面建设社会主义现代化国家新征程、向第二个百年奋斗目标进军的第一个五年。在新的历史起点上，公共文化服务也面临着新的发展形势。2021年6月10日，文化和旅游部印发《“十四五”公共文化服务体系建设规划》（以下简称《规划》），提出了公共文化服务布局更加均衡、公共文化服务水平显著提高、公共文化服务供给方式更加多元、公共文化数字化网络化智能化发展取得新突破的五年发展目标；明确了未来五年的主要任务，即推进城乡公共文化服务体系一体化建设，建设以人为中心的图书馆，繁荣群众文艺，增强公共文化服务实效性，推动公共文化服务社会化发展，推动公共文化服务数字化、网络化、智能化建设，推进公共文化服务区域均衡发展。《规划》为公共文化服务体系未来五年和更长时间的发展指明了方向和路径。

行稳方能致远，顺应《规划》提出的公共文化服务体系发展方向和目标，结合呼和浩特市公共文化服务发展特点和优势，认真总结几年来“鸿雁悦读”计划建设的经验和教训，在呼和浩特市文化旅游广电局的指导下，呼市图书馆确立了“鸿雁悦读”计划“十四五”期间的基本原则、发展目标和实现路径。

①基本原则

坚持高质量发展。坚持高质量发展思想，强化体系建设，补齐短板，充实要素，丰富内涵，努力提高公共文化服务体系全要素的生产效率，开展体系化、系统性创新，提升乡村公共文化服务供给效能，加强优秀民族民间文化的保护传承，开展区域记忆工程，坚持理论与实践相结合，认真研究、探索和总结公共文化服务领域高质量发展的经验和理论，为“鸿雁悦读”计划的高质量发展提供理论支撑。

坚持供给侧创新。坚持供给侧结构性改革思想，对公共文化服务供给内容、供给对象、供给结构、供给方式进行全面创新。促进供需对接，积极主动听取群众的意见和需求反馈，接受群众监督和评估，激活资源存量，加强异质要素融合，优化要素配置，改变要素组合方式，将传统供给方式与互联网等新型供给方式结合起来，细分对象，不断提高供给的有效性。

坚持文旅融合。坚持文旅融合的发展思路，支持图书馆等公共文化服务机构与旅游系统合作，根据公共图书馆中心馆—总分馆服务体系建设需求，在旅游系统设立鸿雁书屋或者鸿雁书架，充实区域文化内涵，为区域旅游赋能，通过旅游扩大“鸿雁悦读”计划的品牌影响。

坚定文化自信。坚持以习近平新时代中国特色社会主义思想为指针，不断坚定社会主义文化自信，发展先进文化，创新传统文化，扶持通俗文化，引导流行文化，改造落后文化，抵制有害文化，铸牢中华民族共同体意识，充分发挥公共文化服务在提升文化软实力中的重要作用。

②总体目标

服务体系显著完善。建成由固定文化设施与流动文化服务设施相结合，实体网络与数字网络相结合的国内网络体系最健全、服务网点最多的覆盖全域、全时空的公共图书馆中心馆—总分馆四级服务体系，积极配合国家“乡村振兴”战略，将公共文化服务的触角和终端延伸到幅员辽阔的广大社区、农村和牧区特别是革命老区、贫困地区和边境地区，打造高效便捷的公共文化产品与服务配送体系，降低群众享受公共文化产品和服务获取成本，不断提高公共文化服务整体水平和服务效能，逐步形成布局合理的现代公共文化服务体系格局。

服务效能显著提升。坚持不断提升公共文化服务事业的服务效能，促进公共文化服务事业的可持续发展。在提升服务效能的同时，要兼顾公平和效率，既要坚持在人群聚集密度高的地区开展服务，还要坚持在人群聚集密度不高但幅员辽阔的地区开展服务，充分发挥基本公共文化服务兜底线、补短板的基础性保障功能，让党的文化惠民政策惠及每一位群众。

品牌影响显著扩大。坚持以“鸿雁悦读”为核心品牌打造公共文化服务事业品牌体系，不断提升“鸿雁悦读”品牌的能见度与美誉度。坚持通过活动建构和培育品牌，通过品牌来规范活动，使活动成为品牌的物质载体，使品牌成为活动的思想灵魂。由此，使品牌的文化意蕴在历次活动中不断丰富，活动的影响通过品牌不断放大，形成一套文化活动与文化品牌相互建构、相互生成的做法。

数字化网络化智能化水平不断提高。把握数字化、网络化、智能化融合发展契机，利用信息技术提升公共文化数字化建设水平，构建标准统一、互联互通的公共文化数字化服务网络，加强公共文化数字资源建设，加强公共文化数字技术人才队伍建设，鼓励社会力量参与公共文化数字化建设，最终建成内容丰富、覆盖城乡、方便快捷的公共文化数字化服务体系，推进城乡公共文化服务体系一体建设。

③实现路径

a. 相关举措

加强人才队伍建设。加强图书馆及其分馆、服务网点等相关合作机构特别是人社区、农村、牧区基层文化人才队伍建设和培养，充分利用公共图书馆服务体系的优势，抓好基层图书馆、文化活动室骨干人员和文化志愿者培训，系统开展业务流程、技术方法、服务标准、绩效考评等方面的培训，不断提高人员素质和服务水平，打造一支业务能力强的基层公共文化服务队伍，为“鸿雁悦读”计划的持续发展奠定坚实的人力资源基础。

加强经费支持力度。按照《中华人民共和国公共文化服务保障法》、《中华人民共和国公共图书馆法》，以及原文化部《第六次全国县级以上公共图书馆评估指标体系》的要求，发挥各级政府和思想文化主管部门的主导作用，加强协调协同，加大对公共图书馆、基层文化室的资金投入，加强对“鸿雁悦读”计划的资金投入，加强对资源、运营和人才队伍建设方面的经费投入，确保“鸿雁悦读”计划的顺利实施。

加强业务单元建设。加强对市级公共图书馆和旗县区公共图书馆及其分馆、服务网点等业务单元的馆舍、设备、资源建设，充实、壮大单元力量，夯实公共图书馆中心馆—总分馆四级服务体系的单元基础，使公共文化体系整个网络更加坚固，覆盖更全面，服务更到位，为实现公共文化服务体系的公益性、基本性、均等性、便利性奠定坚实的物质基础。

加强业务标准建设。完成“鸿雁悦读”计划呼和浩特市地方标准建设，从基本条件、政府保障、体系建设、单元建设、设施建设、效能建设六个方面构建“鸿雁悦读”计划实施规范；建立考评机制，将“鸿雁悦读”计划纳入到文化主管部门年度工作目标中，接受上级部门和社会各界的监督和考评；推动呼和浩特市全民阅读促进条例地方立法，为“鸿雁悦读”计划持续发展提供政策与制度保障。

总结“鸿雁悦读”经验。对“鸿雁悦读”计划公共文化服务体系建设供给侧结构性改革实践进行提炼总结，通过理论专著、宣传片、标准规范等形式固化研究成果，为全国构建现代公共文化服务体系提供示范和借鉴，为形成现代公共文化服务的“中国经验”“中国模式”“中国道路”贡献具有鲜明民族特色的地方实践样本。

b. 工作任务

坚定新时代中国特色社会主义文化自信。通过全市共读一本书、经典诵读大赛、“鸿雁”传书手书大赛、“鸿雁”大讲堂、图书漂流等丰富多彩的活动，在全市群众中形成践行社会主义核心价值观的风尚，不断坚定新时代中国特色社会主义文化自信，铸牢中华民族共同体意识。

创新政府公共文化服务与产品供给方式。积极开展“你荐书，我买单”活动，鼓励群众和社会力量积极参与公共文化服务产品的生产和供给，促进异质要素融合，优化要素配置，改变要素组合方式，提高公共文化服务产品供给效率和供给水平，细分对象，进行有针对性的供给，不断提高供给的有效性，形成人人参与、人人创造、人人共享的中国特色社会主义公共文化服务体系。

加强公共图书馆中心馆—总分馆四级服务体系建设。通过实施“图书馆+”跨界合作战略，进一步深化和拓展与书店系统、社区系统、零售系统、餐饮系统、交通系统、旅游系统、教育系统、医院系统、宾馆系统、草原书屋等合作，并结合流动服务和互联网服务，构建覆盖全域、全时空的公共图书馆中心馆—总分馆四级服务体系建设。

推进“鸿雁悦读”体系平台建设。完善“鸿雁悦读”体系平台建设，将图书馆以及合作单位的书报刊印本资源、数据库资源等各类资源整合在一起，打造全民阅读云，通过网站、客户端和微信公众号等方式面向用户提供检索、阅读、下载等 7×24 小时的数字服务。

加强“鸿雁悦读”各级业务单元建设。强化市级和旗县区图书馆在中心馆—总分馆服务体系中的中心地位和总分馆地位，加强市、旗县区两级图书馆对服务体系及体系内下属业务单元的统筹、规划、指导能力的建设，加强各级图书馆尤其是街道乡镇苏木、社区嘎查村图书馆（草原书屋）馆舍、设施设备和资源建设工作，加强对各级业务单元业务建设和人员培训工作，各级政府加大对各级图书馆实施“鸿雁悦读”计划相关资金投入。鼓励社会力量和市场力量以合适的形式进行投入。

加强公共文化数字资源建设。依托“鸿雁悦读”平台，推进数字图书馆建设，为群众提供更多便捷高效的线上文化服务；加强优秀传统文化数字资源建设，借助现代科学技术，建设记忆工程，将区域优秀传统文化资源数字化网络化；通过数字化实现文化供给与用户需求的精准对接，有针对性地开发数字文化产品，更好满足群众需求。

积极开发文创产品。围绕“鸿雁悦读”计划，开发传统工艺文创产品、知识产权文创产品、地方特色数据库产品、城市记忆音影产品，面向政府开展智库服务，将地方历史文化资源、自然资源转化为包括平面设计、出版、数据库、信息服务、雕塑、剪纸、皮画、影音等在内的文创产品，促进文化创意产业的发展。

总结提炼，讲好和呼和浩特故事。研究制定“鸿雁悦读”计划实施机制、相关标准、品牌规划、绩效考核办法，为“鸿雁悦读”计划持续发展提供政策与制度保障。委托第三方对“鸿雁悦读”计划进行深化挖掘研究，从理论范式、实践案例、横向比较等方面对“鸿雁悦读”计划进行系统总结和提炼，通过研究报告、学术文章、专著、工作纪实、宣传片及其他文创产品等形式固化“鸿雁悦读”创新成果和经验，以实现持久传承。以上述研究成果为基础，充分利用报纸、期刊、广播、电视、网络、微信、博客等传统和新型媒体，宣传介绍“鸿雁悦读”计划，讲好呼和浩特故事，向全国宣传展示呼和浩特公共文化服务高质量发展的创新模式和创新经验。

2. 2035 年的远景目标与实现路径

2016 年 5 月 5 日，内蒙古自治区人民政府办公厅印发了《内蒙古自治区全民阅读中长期规划（2016—2025 年）》，将全民阅读提升到战略高度，提出了自治区全民阅读的长期目标：与建设现代化内蒙古相适应，到 2025 年全区成年国民综合阅读率及传统媒介、新兴媒介阅读等各项指标达到全国平均水平；全民阅读硬件设施服务、内容精品提供、阅读推进机制进一步完善；全民阅读正在成为国民生活方式的重要内容，“书香内蒙古”建设成为全社会的自觉行为。

2018 年 12 月，中共内蒙古自治区委员会宣传部、内蒙古自治区文化和旅游厅、内蒙古自治区广播电视局联合印发《内蒙古自治区“鸿雁图书悦读”三年行动计划（2018—2020 年）》，将“鸿雁悦读”计划列为在全自治区推广的公共文化服务品牌。

2020 年 9 月，呼包鄂榆城市群及呼包鄂乌协同发展党政联席会在呼和浩特召开。会上，呼和浩特市、包头市、鄂尔多斯市、榆林市、乌兰察布市达成协议，在公共服务、文化旅游、智慧城市群进行一体化建设，签署了《2020—2021 年呼包鄂榆城市群建设重点事项合作协议》《2020—2021 年呼包鄂乌协同发展重点事项合作协议》，并制订了《呼包鄂榆乌公共服务一体化行动计划》《呼包鄂榆乌文化旅游一体化行动计划》等。根据这一部署，2020 年 12 月 4 日，呼和浩特市图书馆、包头市图书馆、鄂尔多斯市图书馆、乌兰察布市图书馆服务一体化发展工作推进会在呼市图书馆召开。会上，四馆签订了《呼包鄂乌公共图书馆服务一体化发展战略联盟协作协议》，立足呼包鄂乌区域整体发展大局，强化了四地公共图书馆协同发展意识，建立了常态化沟通协调机制，勾画了高水平、高起点区域公共图书馆服务一体化的发展蓝图。2021 年 10 月 31 日，内蒙古自治区人民政府印发《呼包鄂乌“十四五”一体化发展规划》，将“鸿雁悦读”计划纳入四地公共服务共建共享一体化发展范畴。

文化和旅游部印发的《“十四五”公共文化服务体系建设规划》提出的 2035 年远景目标为，在基本实现社会主义现代化之际，建成与社会主义文化强国相适应的现代公共文化服务体系，人民基本文化权益保障制度更加健全，基本公共文化服务均等化水平持续提升，城乡间、区域间公共文化发展差距明显缩小，人人参与、全民共享的公共文化服务发展局面基本形成，人民群众对美好精神文化生活的新期待得到更好满足，公共文化服务在促进人的全面发展、凝聚人民精神力量、增强国家文化软实力方面发挥更大作用。

如上所述，为深入贯彻文化和旅游部、自治区政府关于公共文化服务和全民阅读的中长期发展目标以及《呼包鄂榆乌文化旅游一体化行动计划》，展望 2035，“鸿雁悦读”计划将立足呼和浩特，以呼包鄂榆城市群及呼包鄂乌协同发展为契机，做强做优呼包鄂乌地区公共文化服务体系，打造区域公共文化服务形象品牌，切实为区域内人民群众提供最便捷、最全面的服务，实现呼包鄂乌公共文化服务的协同、一体化和高质量发展。同时，在内蒙古自治区党委宣传部领导下，继续向全区深入推广“鸿雁悦读”计划。

（1）呼和浩特市域范围发展任务及相关举措

①发展任务

推动《呼和浩特市全民阅读促进条例》的立法工作，为“鸿雁悦读”持续发展提供法律保障。通过制度明确各个方面在建设书香呼和浩特的具体责任，整合各方力量，促进呼和浩特市全民阅读工作高质量发展。

打造“鸿雁悦读”子品牌。将“鸿雁悦读”打造成在全国有重要影响的全民阅读品牌体系，形成面向社区、乡村、学校、机关等不同领域的子品牌，不断提升“鸿雁悦读”品牌系列的能见度与美誉度。

提升全民阅读活动效能。发挥“鸿雁悦读”网络覆盖效应，提高其在偏远地区的数字化、智能化水平，建成覆盖城乡的实体网络与数字网络相结合的全民阅读服务体系，兼顾公平和效率，不断提升全民阅读活动效能。

强化地方特色文化的挖掘与研究。完成全面反映呼和浩特历史文化的记忆工程项目（敕勒川记忆、青城记忆等）的视频版发布和文字版的编撰出版工作，保存呼和浩特优秀历史文化，全面反映党的十八大以来呼和浩特公共文化事业所取得的重要成就。

②相关举措

开展《呼和浩特市全民阅读促进条例》地方立法调研工作，深入调研市级公共图书馆、旗县区公共图书馆及其分馆、服务网点以及实体书店等阅读场所，广泛收集基层群众意见建议，总结阅读推广活动经验，积极向市人大教科文卫委员会反映群众意见，为全民阅读促进条例的立法工作提供一手资料。

培养一批稳定的、活跃在社区、乡村、学校、机关的“鸿雁悦读”宣传与品牌推广人员，为不同领域“鸿雁悦读”子品牌建设提供人才保障。加强已建成的鸿雁书房日常运营管理和维护，完善书房设施设备配备，保障网络、软件系统的畅通和文献的充足供给，使之成为“鸿雁悦读”品牌的示范性网点。

通过遴选与敕勒川文化相关的多个领域内的重要人士进行口述历史访谈，广泛搜集相关资料，深入挖掘并记录敕勒川历史文化的发展变迁，完成青城记忆和敕勒川记忆工程项目的视频版与文字版，并在整个“鸿雁悦读”体系中实现免费观看。

（2）呼包鄂乌区域发展任务及相关举措

①发展任务

签订战略联盟合作协议。为了促进四地公共图书馆事业合力共建，为四地各行业协同发展提供文献信息支撑，签订“鸿雁悦读”战略联盟合作框架协议，推动四地公共图书馆文化服务互惠共享活动，共同助推图书馆服务的高质量协同发展。

建立大数据智慧中心。呼和浩特市图书馆在现有图书馆联盟的基础上，基于大数据、云计算、移动互联网技术，打造图书馆联盟服务模式，四地图书馆可以创新性地以云服务方式搭建大数据智慧中心、智慧馆藏中心、智慧服务中心，实现四地图书馆共享公共文化决策平台、场馆人流统计系统、大数据智慧墙等数据平台，借助大数据技术帮助图书馆形成全面的数据分析决策，进而提升图书馆联盟决策的科学性和有效性。

图书馆文献区域流动服务。基于现有四地图书馆总分馆服务模式，进一步将服务升级为文献区域流动，将域内各图书馆的业务系统、业务流程、服务模式进行规范，实现统一规划、统一管理、统一标准、统一接口、统一物流。将现有图书馆点到面的服务扩展为网状服务，实现图书馆读者管理和文献管理的跨区域整合，实现文献在区域内各图书馆的服务网点无差别的流通，打通各图书馆读者管理的壁垒，并运用先进物流网服务技术实现文献异地调拨，最终实现域内文献流动。

自建地方文献数据库共享。依托互联网，实现四地图书馆的自建地方文献数据库和地方特色库的共享，四地读者可以通过网站、微信等平台查阅、检索、浏览四地图书馆的自建数据库；进一步推进呼和浩特市图书馆青城记忆、鄂尔多斯市图书馆鄂尔多斯记忆以及呼包乌三地敕勒川记忆的共建共享。

建立公益性讲座、展览资源互送互展。根据各自的文化资源和人才资源等优势，相互推送“文化惠民”特色精品讲座，共同开展推送主题展览活动。

②相关举措

形成日常联络机制。签订战略合作协议后，构建起四地公共图书馆之间公共文化服务互惠共享合作关系，并确定联系领导、日常联系科室和联络员，形成联动办公机制，保持日常互联互通。

强化政策支持。完善呼包鄂乌公共文化服务政策措施，加强呼包鄂乌公共图书馆政策衔接。

加强舆论宣传。通过图情刊物或新媒体，共同开辟四地公共图书馆文化互动展示交流平台。联合建立与读者互动的阅读推广平台及阅读推广工作交流的平台，开展新媒体宣传，打造展现四地特色、品牌效应浓厚的阅读品牌。

第四章 “鸿雁悦读”计划系列品牌活动典型案例

一、鸿雁书房：新时代高品质公共文旅服务空间

1. 鸿雁书房建设背景

“十三五”期间，在自治区党委宣传部领导下，由呼和浩特市文化旅游广电局具体指导，呼和浩特市图书馆与新华书店具体实施的“鸿雁悦读”计划快速完成了图书馆总分馆服务体系建设，解决了公共阅读空间相对不足的问题。“十四五”期间，呼和浩特市紧扣高质量发展这一主题，着力解决公共阅读空间好不好的问题，以满足人民群众对高质量美好文化生活的需要。

高品质公共阅读空间建设需要大量的投入进行基础条件打造，需要成熟的图书馆业务模式支撑，需要稳定的团队进行日常运营，需要科学的进入退出机制，这样才能保证高品质阅读空间建起来、管起来、用起来和火起来。显然，受到财力、物力、人力、管理和运营等诸多因素的制约，无论政府主管部门、公共图书馆还是社会力量，都不可能独自完成大量高品质公共阅读空间的建设、管理和运营，但是群众对于高品质公共阅读空间的需求又是实打实的。

为解决这一问题，呼和浩特市文化旅游广电局经过充分调研，充分发挥政府顶层设计的主动性，依托“鸿雁悦读”计划，紧紧抓住鸿雁书房这个牛鼻子，从供给侧结构性改革入手，发挥政府主管部门馆场资源调配优势，以及公共图书馆业务模式的可复制性和社会力量的经营积极性等优势，按照“高品质公共阅读空间 + 高品质文化服务 + 高品质文创产品”相结合的思路，指导呼和浩特市图书馆着力打造以体育场鸿雁书房为代表的高品质公共阅读空间，经过探索和实践，取得了良好的效果。

2. 工作举措

建设高品质公共阅读空间需要解决跨界合作、资源整合、管理运营、进入退出等一系列问题，这些问题的解决需要依靠政府主管部门、公共图书馆和合

作机构共同完成。

（1）政府主管部门负责顶层设计，并提供场所和必要资金

呼和浩特市文化旅游广电局负责全市高品质公共阅读空间建设的规划布局、建设模式等顶层设计工作。建设高品质公共阅读空间首先面临的一个问题是场所问题。公共图书馆与社会力量合作建立分馆，场所由合作方提供。大多数情况下，受相关条件制约，合作方提供的场所位置、空间和面积未必符合打造高品质阅读空间的需要，即便场所空间符合条件，但仍然缺乏装修资金。而政府主管部门掌握着一大批公共场所，根据顶层设计，政府主管部门依法依规为建设高品质公共阅读空间调配所需场所，并且投入一定的装修装饰资金以及日常水电、取暖和制冷费。通过公开招投标程序，招募相关企业进行场所空间的设计装修，打造出高颜值的公共阅读空间。这样就解决了场所空间问题。

（2）公共图书馆负责管理工作，并提供阅读资源和业务模式

呼和浩特市图书馆作为政府主办的公益性文化服务机构，拥有大量高品质的阅读资源、成熟的业务模式和管理办法。因此，图书馆既为阅读空间提供符合社会主义核心价值观的高质量印本资源和数字资源、活动资源，以及成熟的图书馆总分馆业务模式，又负责公共阅读空间社会力量运营方的招募、培训、管理、考核、退出工作。为确保公共阅读空间的可持续发展，图书馆制定了《“鸿雁悦读”体系建设与服务规范》等一系列规章制度，从意识形态安全、服务质量、服务效能等多个方面对公共阅读空间运营进行规范，同时与符合条件的合作机构签订合作协议，明确双方责权利。

（3）社会力量负责日常运营，并提供高品质文创产品

按照入驻时签订的合作协议，合作机构为公共阅读空间配备符合条件的人员，负责日常运营，人员费用由合作机构负责。在图书馆的指导下，合作机构按照图书馆制定的业务规范开展阅读推广服务并负责阅读空间的日常维护。为提高合作机构的积极性，确保阅读空间的可持续发展，合作机构可以在阅读空间开展优秀文创产品、咖啡和简餐售卖，所产生的收入全部归合作机构。文创产品上架前须经图书馆同意方可，咖啡和简餐质量须符合食品安全管理法规，并依法依规到食品卫生部门办理相关手续。为保证公共阅读空间的高质量运行，合作机构按照规定接受图书馆的定期绩效考核，如果考核不达标就会按照相应的条款进行处罚，直至退出。

3. 体育场鸿雁示范书房

2016 年底，呼和浩特市委、市政府把公厕建设作为提升首府环境卫生质量、推进城市文明发展水平的重要举措之一，决定启动青城驿站工程，以解决群众如厕这一民生公共刚需。青城驿站是集公厕、文化休闲空间、景观建筑于一体的城市公共服务综合体，选址围绕主街区和旅游景点周边，既有木质上下两层复式结构，也有泥土混搭结构，外形时尚、功能齐全。内设水冲公厕、咖啡屋、超市、休闲茶吧、超市、节能汽车充电桩、手机充电站、信息查询、皮鞋美容、书报亭、便利店、银行柜员机、垃圾收集点等便民设施或服务，部分驿站还设有母婴专区。2017 年共建成青城驿站 346 座。2018 年，呼和浩特市政府将 70 座青城驿站交给呼市图书馆和各旗县区图书馆管理运营，把青城驿站纳入公共图书馆中心馆—总分馆服务体系之中，根据青城驿站空间大小，为每个青城驿站配备数量不同的图书期刊报纸、自助办证机、自助借还机、阅读机等资源和设备，进一步开发青城驿站的文化功能。

2018 年 10 月 16 日，市政府及市文新广局、市财政局等领导在图书馆负责人的陪同下，对市四区内青城驿站鸿雁书房进行调研，规划将在市四区建设 10 个 100 平方米以上的城市书房，其中新城区、赛罕区各建 3 个，玉泉区、回民区各建 2 个。

体育场鸿雁示范书房位于新城区呼和浩特市新体育场，是全市唯一一家示范书房，也是呼市城区北部面积最大的公共图书馆。该书房于 2021 年 3 月 15 日试运营、4 月 1 日正式开馆。建筑面积 700 平米，藏书 25000 余册，数字阅览以及自助服务设备 4 台，阅览席位 120 个，可同时为 200 人提供学习阅读服务。书房藏书涵盖文学、党建、社会科学、自然科学、历史地理、地方文献、旅游专题、少儿图书等 11 个借阅区域；配备有自助办证机、自助借还机、机器人导航、瀑布屏（使用电子资源）、测温仪等各类设备。

体育场鸿雁书房以“书山有路勤为径”为设计理念，馆体内部成“青山环抱”状，在馆舍中央的环岛式水吧，携两三挚友品茶读书；在文创用品艺术廊，感受颇具地方文化特色的文旅市集；去东侧的研讨室，与大咖名师展开心灵的对话；更有星空儿童阅读区，满足儿童对多元体验的诉求，在这里来一场与阅读的亲密邂逅，与绘本相伴，悦享孩子的成长。最终形成了主书区、收银区、文创产品区、儿童区、咖啡区的动态场景组合。整间书房为读者营造出温馨的阅读环境，颠覆了传统图书馆的设计理念，在提供个性化借阅体验的同时满足了当代人多元化的阅读需求。

图 4-1　体育场鸿雁书房空间布局图

图 4-2　体育场鸿雁书房环形设计

图 4-3　体育场鸿雁书房收银台

图 4-4　体育场鸿雁书房入口

体育场鸿雁书房引进文创公司参与书房日常管理运营及设施设备维护，每日 8 点半到 20 点半开馆，节假日照常开放。书房自启动以来，高颜值的空间 + 高质量的阅读资源 + 高品质的服务 + 方便的地理位置，方便了附近群众的阅读，实现了群众在家门口就能多读书、读好书，读者参与率、图书流通借阅率有了极大的提升，受到了群众的热烈欢迎，在自治区文化和旅游厅举办的 2021 年首届内蒙古网红打卡地评选活动中，体育场鸿雁书房获阅读空间类第一名的荣誉。

4. 其他鸿雁书房

（1）师大附二中鸿雁书房

师大附二中鸿雁书房于 2021 年 4 月 1 日揭牌，是呼和浩特市图书馆与内蒙古师范大学附属第二中学合建的第一家中学校园鸿雁书房，位于呼市玉泉区昭君路东，建筑面积 260 平方米，阅览席位 50 余个，藏书 6000 余册，涵盖党史党建、文学、社会科学等。该书房馆校合作的共建模式，既为学校提供了自由阅读的空间，又更好地发挥了学校作为教育基地的功能，充分利用图书馆现有资源，为学校教育提供有益补充，互惠共赢。

图 4-5　师大附二中鸿雁书房入口

图 4-6　师大附二中鸿雁书房阅览区

（2）武警呼和浩特支队强军书屋

武警呼和浩特支队强军书屋于2021年4月1日上午在武警呼和浩特支队体能馆正式启动，是继武警内蒙古总队训练基地兴军书屋、武警内蒙古总队强军书屋后启动的又一座军民共建共享的鸿雁书屋。强军书屋共有涵盖党史党建、政治、军事、科技、法律等各类图书2700余册，阅览席位20余个，满足了官兵的文化阅读需求，为部队官兵提高文化素质提供有力支持。根据官兵需要，强军书屋定期开放图书馆，日常周末和政治学习时开放居多。

图4-7 武警官兵在武警呼和浩特支队强军书屋阅读

图4-8 武警呼和浩特支队强军书屋入口

（3）U° 咖啡鸿雁书屋

U° 咖啡鸿雁书屋位于呼市赛罕区巨海城九区东门国会馆北 100 米路西，于 2017 年 12 月 30 日正式开馆。阅览席位 60 余个，藏书 5000 余册，包含哲学、文学、经济等各大类图书。配备自助办证机、自助借还机。呼和浩特市图书馆负责提供图书和各类自助设备，U° 咖啡提供场地，负责装修和日常管理，图书置于餐桌旁，顾客就餐时可随意阅读。

图 4-9　U° 咖啡鸿雁书屋阅览区

图 4-10　U° 咖啡鸿雁书屋座位布置

（4）玉泉区后桃花村分馆

作为“草原书屋”示范性书屋，玉泉区后桃花村分馆是呼和浩特市图书馆与政府合作在玉泉区昭君路街道办事处后桃花村草原书屋建设的分馆，于 2020 年 4 月 23 日开馆。呼和浩特市图书馆、玉泉区图书馆首批为“草原书屋”配送电子借阅机一台、电脑一台、扫码枪一个、图书 1800 余册，定期对书屋管理人员进行业务培训。呼和浩特市图书馆负责提供图书和电脑等设备，玉泉区后桃花村村委会提供场地，并安排工作人员值守，保证开馆时间。

图 4-11　玉泉区后桃花村分馆一角

图 4-12　玉泉区后桃花村分馆农民书画园地

图 4-13　读者在玉泉区后桃花村分馆看书

（5）蒙西文化广场鸿雁书房

蒙西文化大厦鸿雁书房位于呼市玉泉区石羊桥路蒙西文化广场西南角，于2020 年 7 月 1 日开馆，藏书 3373 册，包含文学、历史、政治、法律、少儿社科类图书，阅览席位 10 个。鸿雁书房全部以自助服务为主，市民持有呼和浩特市图书馆读者证即可刷卡进入，体验自助办证、自助借还服务。同时，鸿雁书房内还设有电子借阅设备，读者可以通过手机实现电子借阅。

（6）呼和浩特市二中鸿雁书房

图 4-14　呼和浩特市二中鸿雁书房书架

图 4-15 呼和浩特市二中鸿雁书房阅览区

如意开发区二中东校区鸿雁书房于 2020 年 4 月 23 日正式开馆，藏书 2684 册，包含文学、历史、政治、法律、少儿社科类图书，阅览席位 6 个。鸿雁书房全部以自助服务为主，市民持有呼和浩特市图书馆读者证即可刷卡进入，体验自助办证、自助借还服务。同时，鸿雁书房内还设有电子借阅设备，读者可以通过手机实现电子借阅。

二、鸿雁大讲堂：说古论今弘扬核心价值观

2017 年，按照呼和浩特市委宣传部在全市开展基层大讲堂建设的要求，鸿雁大讲堂正式成立。鸿雁大讲堂立足公益事业，设时政热点、文化艺术、教育科技、政务公开、经济与生活、卫生与健康等多个专题栏目，选择社会生活中老百姓关注、关心和感兴趣的热点问题，形成鸿雁讲坛、北疆讲坛、青城文化讲坛、敕勒川讲坛等讲坛系列，利用网络链接、多媒体技术、视音频等手段，使讲座内容生动直观、丰富多彩，努力为青城百姓提供更为丰富的精神文化生活。作为“鸿雁悦读”计划的重要阅读推广活动，鸿雁大讲堂有如下主要特色：

1. 送讲座下基层

鸿雁大讲堂启动之后，呼和浩特市图书馆将大讲堂建设作为图书馆的重点工作来抓，确保月月有讲座，邀请专家、学者、社会名人举办各类讲座，同时开展送讲座下基层活动，将各类讲座送到社区、学校、旗县区图书馆。2020 年呼市图书馆邀请 CCTV7 抗美援朝特别节目总撰稿人萨苏做客鸿雁大讲堂，并组织送讲座下基层到玉泉区图书馆，旨在宣传中国人民志愿军的英雄事迹和革命精神，帮助广大市民学好党史、新中国史、改革开放史、社会主义发展史，激励全党全军全国各族人民更加紧密地团结在党中央周围，牢记初心使命，坚定必胜信念，发扬斗争精神，增强斗争本领，为决胜全面建成小康社会、夺取新时代中国特色社会主义伟大胜利、实现中国梦强军梦不懈奋斗，为维护世界和平、推动构建人类命运共同体做出更大贡献。2021 年，呼市图书馆继续开展送讲座下基层活动，将养生类、保健类讲座送进社区，为社区居民提供多方面的信息。

2. 以读者为主体

为了更有利于讲堂的可持续发展，使讲座内容受到听众喜爱，工作人员经常在讲座开始之前和结束之后与听众交流，并每年召开读者座谈会，听取读者的意见和建议，积极采纳读者关于讲座内容、讲座形式、主讲人等方面的建议。根据读者的需求，呼市图书馆在进行认真整理分析、总结再策划，把听众的需求摆在首位，也提升了全馆的讲座服务水平和质量。

图 4-16　鸿雁大讲堂：公共场所安全与危险源辨识

3. 举办特色文化活动

在注重讲堂内容多元化的同时，还着眼于讲堂形式的多样化，举办特色文化活动，凸显“青城”的凝聚力。2021 年呼市图书馆举行了“心怀国之大者 传诵百年荣光”读书演讲诵读活动、持续开展我最喜爱的童书评选活动等少儿活动。举办了“就地过大年 书香送祝福”的春节慰问活动，“营居盛乐——拓跋鲜卑与呼和浩特历史”“‘赓续红色精神 讴歌建党百年’——共忆齐心协力建包钢的峥嵘岁月”“草原母亲与国家的孩子”等讲座。图书馆每年邀请市防火知识宣传中心教官，为全馆职工做消防安全知识讲座，提高职工的消防安全意识；春节期间举办有奖谜语竞猜等活动。为庆祝建党 100 周年，举办“红色文艺轻骑兵——乌兰牧骑纪事”“中国共产党的奋斗历史及启示”“关怀当下，历史才有意义——谈《资治通鉴》的基本精神”等线下、线上讲座；成立“党建引领书香呼和浩特 · 全民阅读共同体”，开展“我为群众办实事”主题活动。这些活动的开展，极大地丰富了读者和职工的业余文化生活，同时，更广泛地宣传图书馆，让读者走进图书馆、使用图书馆、了解图书馆。

图 4-17　北疆讲坛：在改革开放中深化对马克思经济学的认识

4. 邀请名家扩大讲堂影响力

为进一步扩大鸿雁大讲堂的影响力，呼市图书馆多次邀请文化名人、学者、专家开办讲座，包括明史专家毛佩琦，著名军史专家萨苏，著名相声演员姜昆，担任央视《东方时空》《焦点访谈》等名牌栏目主持人的敬一丹，中国科学院文献情报中心期刊出版运营总监兼《图书情报工作》杂志社社长、主编初景利等来馆开办讲座，不同领域的专家学者为鸿雁大讲堂增添了别样的精彩。

图 4-18　青城文化讲坛邓九刚：呼和浩特在万里茶道上的位置

为深入推进党史学习教育和庆祝建党 100 周年，2021 年 6 月 7 日，呼市图书馆邀请中国作家协会会员，中国电影家协会理事、会员萨仁托娅老师，为广大读者讲述了《草原母亲与国家的孩子》。讲座以作者亲身经历为基础，围绕“三千孤儿入内蒙”这一历史事件讲述了诸多鲜为人知的感人故事。通过本期讲座，读者朋友们深切了解了什么是“国家的孩子”，对这一段历史有了进一步的深切体会。

2021 年 5 月 24 日，呼市图书馆邀请高级政工师、包钢退休干部何岳峰老师，为大家讲述了包钢 60 年来在党中央的领导下和全国各地的支持下，克服困难、不断前进，始终与国家事业发展同频共振，在推进社会主义建设、振兴民族工业、维护国家战略安全、带动民族地区发展的历史进程中留下的光辉印记。作为中国共产党历史的一部分，只有从百年党史的政治角度来认识“齐心协力建包钢”，才能不就故事而讲故事、听故事，才能透过“历史佳话”，读懂故事，赓续红色精神，真正做到读史“明理”“增信”“崇德”“力行”。

邀请名家做客鸿雁大讲堂，一方面扩大了鸿雁大讲堂和图书馆的影响力、凝聚力，一方面为推广全民阅读贡献力量。

图 4-19 敕勒川讲坛：营居盛乐——拓跋鲜卑与呼和浩特历史

5. 营造宣传氛围，打造讲座品牌

为了使鸿雁大讲堂形成一定的社会影响，覆盖面更广泛，图书馆从多渠道开展讲堂活动宣传报道，拓展品牌影响力。一是与新闻媒体进行合作，通过媒体对讲堂开展的讲座活动做专题宣传和报道，使不能到现场听讲座的人们也能详细了解讲座主题内容，吸引更多青城市民来到鸿雁大讲堂，扩大了宣传效果。二是利用网站宣传讲堂活动，呼市图书馆在官方网站上对每场讲座信息进行发布，包括主讲人、讲座主题、讲座内容等进行介绍，方便读者获得讲座信息。三是利用微信公众平台及时发布和预告讲堂信息，让更多的人了解图书馆讲堂，走进图书馆讲座。四是通过制作讲堂海报做好宣传和预报，每期讲座都制作大幅的海报进行宣传，一方面拓展鸿雁大讲堂的认知度，一方面宣传图书馆并提升呼市图书馆形象。

鸿雁大讲堂以“书香呼和浩特”为依托，以知识增强人们的力量，以智慧展现城市的魅力，推广全民阅读，提高全民文化素质，建设文化首府、和谐首府为目标，搭建了一个领导、专家、学者与市民广泛交流的文化平台。它的出现，是首府人民文化生活中的一件大喜事，它将促使图书馆成为人人共享的“城市教室”和“市民课堂”。

三、鸿雁传书：读思写传一体化阅读推广活动

“云中谁寄锦书来，雁字回时，月满西楼。”古人以鸿雁为传递书信的使者，鸿雁传书，作为我国传统文化中的一个独特意象，寄托了国人的无尽情思。分离两地的人们，手书一封，便是见字如面，凭着鸿雁往来传递思想、交流情感，也让中华文明得以源远流长。即便在当前网络信息技术高度发达的现代社会，手书信件依然有着无可比拟的存在价值，凝聚着中华文化的神韵与魅力。写信人精心挑选每一张信笺，亲笔书写一句句话语，然后钤印封缄寄出。收信人打开折叠着的信纸，所感受到的从手书的一笔一划中流露的细微情感和独特个性，更是任何键盘文字也无法传递的。

为促进全民阅读，传承弘扬“手书”传统文化，推动和谐社会建设，培育中华民族共同体意识，呼和浩特市图书馆举办“鸿雁传书”有奖比赛活动，作为“鸿雁悦读”计划的一部分，面向社会公众征集和阅读有关的“手书”，并从中评选出优秀“手书”举办专题展览。第一届“鸿雁传书”活动于 2018 年 5 月 29 日在敕勒川绿地小学正式启动，截至 2021 年已举办 3 届，收到稿件 500 余份，30 余人获奖。

图 4-20　第一届鸿雁手书信函大赛启动仪式

鸿雁传书活动由呼和浩特市图书馆联合呼和浩特共青团、呼和浩特妇女联合会、中小学以及相关企业共同完成。活动面向社会全体成员开放，分为少年组（15 岁及以下，具体分为小学 1—3 年级组、小学 4—6 年级组、初中组）、成年组（16 岁及以上）和蒙语组。

参赛者以传统书信邮寄作品的方式参加活动，可以从图书馆提供的参考书目中选择一本图书阅读，或自选图书阅读，以手书书信的方式与他人分享读后感或书评；也可以交流对阅读本身的理解、感悟和体会。参赛主题由图书馆规定，参赛者根据主题自行创作，不得抄袭、剽窃。最后，将书信邮寄给呼和浩特市图书馆进行投稿。

为使比赛公平公正，呼和浩特市图书馆制定了参赛规则，并对优秀稿件予以一定的物质奖励和精神奖励，激励广大市民和青少年踊跃参加。

以 2018 年 8 月 15 日举办的鸿雁传书活动为例：

本次活动由呼和浩特市图书馆联合共青团呼和浩特市委员会、呼和浩特市妇女联合会、呼和浩特新闻网、北京雷速科技有限公司、赛罕区敕勒川绿地小学、呼和浩特日报社、呼和浩特市第十四中学、呼和浩特市艺术学校共同举办，由同方知网（北京）技术有限公司为冠名单位，另有多家企业提供宣传、视频制作、奖品赞助等支持。

活动主题：鸿雁传书，悦读有你

参赛要求：

①书信内容必须符合国家相关法律法规要求，原创，无剽窃行为。

②书信内容应情感真挚、健康积极向上，表词达意准确顺畅，且必须是和阅读有关，包括但不限于读后感、书评。

③书信必须是书信格式书写，信件原件，纸质信函，包括信封与信纸，并通过邮政寄收，信封上应盖有邮戳。

④书信中讨论的图书可以来自本活动指定的参考书目，也可以自选图书进行阅读交流。

⑤因展出需求，所有参赛书信恕不退还，参赛者如有需求请自留复印件。

⑥所有参赛信件，组织机构拥有使用权，包括但不限于用于展览、出版、媒体报道、网络推广等，不另付稿酬。凡提交参赛信件者，均视为认同且接受本次比赛规则。

⑦参赛者投稿需在信件中另附作者自我简介，需含有年龄、身份证号等个人信息。

⑧书信提交截止时间：2018 年 8 月 15 日。

⑨书信邮寄地址：呼和浩特市公园东路 14 号，呼和浩特市图书馆，鸿雁传书组委会（少年组 / 成人组），邮编 010020。

奖项设置：本次活动各组分别设置一等奖1名（奖品为价值3000元的电子产品），二等奖2名（奖品为价值2000元的电子产品），三等奖5名（奖品为价值1000元的电子产品），优秀奖20名。获得以上奖项均可获得奖品及获奖证书，且获奖者所提交的书信将在鸿雁传书专题展中展出。

推广方式：

①报纸：新闻报道；

②微信公众号：各合作单位微信平台；

②电视新闻和广播：视频制作和栏目选择；

③海报pop：平面设计。

少年组推荐书目：

序号	书名	序号	书名
1	《百年百部中国儿童文学经典书系》	11	《太空日记：景海鹏、陈冬太空全纪实》
2	《苏菲的世界》	12	《给孩子讲量子力学》
3	《中华上下五千年》	13	《去野外：探索大自然之旅》
4	《昆虫记》	14	《盘中餐》
5	《不老泉文库（套装共10册）》	15	《少年趣味生理学》
6	《三重门》	16	《我的野生动物朋友》
7	《哈利·波特》	17	《未来世界的100种变化》
8	《秘密花园》	18	《万物简史》
9	《万物简史》	19	《我不是完美小孩》
10	《山居岁月》		

成年组推荐书目：

序号	书名	序号	书名
1	《三体》	5	《平凡的世界》
2	《摆渡人》	6	《解忧杂货铺》
3	《围城》	7	《世界是平的》
4	《一个人的好天气》	8	《天空的另一半：普利策新闻奖得主讲述女性的绝望与希望》

续表

序号	书名	序号	书名
9	《文雅的疯狂：藏书家、书痴以及对书的永恒之爱》	20	《习近平的七年知青岁月》
10	《人类简史：从动物到上帝》	21	《治国理政镜鉴》
11	《哲学起步》	22	《草木缘情：中国古典文学中的植物世界》
12	《良训传家：中国文化的根基与传承》	23	《走到人生边上——自问自答》
13	《学以为己：传统中国的教育》	24	《玻璃的世界》
14	《中国文化的根本精神》	25	《阅读的历史》
15	《德国天才》	26	《往年纪事》
16	《造房子》	27	《秩序的沦陷：抗战初期的江南五城》
17	《古乐之美》	28	《长安与罗马》
18	《大国大城：当代中国的统一、发展与平衡》	29	《丧钟为谁而鸣远东国际军事法庭审判纪实》
19	《习近平谈治国理政》	30	《万古江河》

此次活动共收到稿件300份，评出一等奖1名，二等奖2名，三等奖5名，优秀奖20名。

四、“阅趣小嘎鲁”：创新少儿阅读推广品牌活动

“阅趣小嘎鲁”（“小嘎鲁”为蒙古语，意为“小鸿雁”）是呼和浩特市图书馆贯彻落实习近平总书记关于“要抓住青少年价值观形成和确定的关键时期，引导青少年扣好人生第一粒扣子”指示精神，坚定少年儿童理想信念，铸牢中华民族共同体意识，依托“鸿雁悦读”计划，打造的一档少儿阅读品牌系列活动。活动注重选题策划、阅读引导、手书心得等环节，着力改变少儿阅读普遍存在的随意性、浅层次、忘得快和持续性弱的缺点，让孩子们在潜移默化中将社会主义核心价值观根植于心，培养孩子们对中华民族传统文化的自豪感以及养成“多读书、爱思考、勤动手”的良好习惯。“阅趣小嘎鲁”主题涵盖中华传统节日文化、非遗文化、美育、心理健康等主题以及当下热议的环保、科技、考古等时事话题，自2018年11月启动以来，深受广大读者，特别是少年儿童的喜爱。

（1）从实际出发，统筹导读策划。呼和浩特市图书馆发挥公共文化服务机构平台优势，聚合社会力量，与幼儿园、学校、企事业单位、社区等机构和阅读推广专家、教育家、心理咨询师和家长等进行合作，开展阅读主题和读本调查，将调查结果与专家意见、合作单位进行综合，共同谋划推进未成年人阅读。通过学校调查、家庭调查以及咨询相关专家意见，创新未成年人阅读推广模式，推出了包含主题策划、内容导读、手书心得、小嘎鲁传书四个环节、全链条服务的少儿阅读品牌活动“阅趣小嘎鲁”。

（2）兼顾思想性和趣味性。少儿阅读一般止步于阅读环节，通常很少有手书心得等读后环节，加上对选题策划和导读环节重视不够，少儿阅读普遍存在着随意性、浅层次、忘得快和持续性弱的缺点。“主题策划”环节是由市图书馆汇总各方意见，精选不同阅读主题，遴选相关读本作为相应的阅读推广篇目，精心策划实施方法及步骤；“内容导读”环节引导少儿读者深入理解读本的思想内涵与艺术特点，有效克服了少儿阅读的浅层次；读后的“手书心得”环节引导少儿接受传统文化的熏陶，将思考后的心得体会手写成书信，既巩固了少儿记忆，还培养了书面表达能力；“小嘎鲁传书”环节是市图书馆一方面为少儿读者创造现场与他人交流读后感的条件，一方面倡导将少儿书信作品邮寄到市图书馆，由市图书馆挑选优秀手书作品进行展陈，既有利于扩大阅读分享范围，也能引导家长持续支持少儿阅读，激发少儿向身边小读者学习、赶超的心理，增强少儿阅读的主动性、持续性。

图 4-21　第 49 期“阅趣小嘎鲁”活动现场之一

图 4-22 第 49 期“阅趣小嘎鲁”活动现场之一

（3）发挥空间优势，优化阅读环境。古有孟母三迁，择邻而居的故事，说明环境对于少儿成长的重要性。“阅趣小嘎鲁”充分发挥公共图书馆的空间优势、藏书优势、技术优势和人文优势，2018 年投资 100 多万元，对 200 平方米的亲子阅览室进行空间再造，更新了投影机、电视机和计算机设备，优化了功能分区、色彩搭配、采光、资源结构，使得亲子阅览室环境更加舒适、优雅、富有童趣和人文气息。良好的阅读环境，发挥了自身的文化熏陶作用，吸引了很多家长和少儿，使得“阅趣小嘎鲁”系列阅读活动有了很好的人气基础。

（4）发挥馆藏优势，遴选优秀读本。优秀读本是开展少儿阅读活动的资源基础。巧妇难为无米之炊，没有优秀的读本就无法开展少儿阅读活动。“阅趣小嘎鲁”非常重视读本的遴选，将其作为主题策划的一个环节。在主题调查的同时开展读本调查，每个主题下面有若干种读本可供家长和少儿在调查时选择，这些读本是图书馆与合作单位、相关专家共同研究提供的，根据调查结果再综合专家意见，确定两本相互补充的优秀读本作为每次“阅趣小嘎鲁”的推荐读本。呼和浩特市图书馆十分重视少儿馆藏资源建设，现有少儿图书 3 万余册，少儿绘本 1 万余册，建有少儿连环画数据库和少儿国学数据库、少儿 4D 百科全书等数字资源库。这些少儿馆藏资源品种丰富，思想健康，内容高雅，富有趣味，很受少儿读者欢迎。优秀的馆藏资源，对“阅趣小嘎鲁”形成了基础性支撑，保障了阅读活动的顺利开展。

（5）发挥技术优势，培育数字素养。21 世纪是数字时代，数字素养是新时代人们必不可少的基本素养。“阅趣小嘎鲁”利用呼和浩特市图书馆的技术优势，通过图书馆手机客户端面向少年儿童提供借书、阅读、“你荐书，我买单”等服务，同时还推出适合于少年儿童的连环画、动漫、中华传统故事、小游戏和计算机使用培训等视听服务，逐步培养少儿的数字素养和数字技能，为未来发展打下基础。

（6）发挥体系优势，消除阅读障碍。依托“鸿雁悦读”所建立的中心馆—总分馆四级服务体系，“阅趣小嘎鲁”的服务触角也得以延伸到呼和浩特广大成乡的角角落落，农村、牧区和市区的少儿读者一样平等享受“阅趣小嘎鲁”提供的各项服务，他们既可以到市图书馆参加活动，也可以就近到附近的分馆参加活动，既可以参加线下各种服务，也可以参加线上各种服务，还可以与市区的少儿读者通过小嘎鲁传书建立起联系，互相分享读书的心得体会，彼此鼓励，比学赶超，共同进步。“阅趣小嘎鲁”体系化的阅读服务，有效地化解和避免了城乡少儿阅读鸿沟的出现，为城乡均衡化发展奠定了文化基础。

2018 年 11 月以来，呼和浩特市图书馆已经开展过“雪花积木——我爱祖国”“浓情腊八 温暖你我他”、《二十四气节旅行绘本・春夏》、环保绘本故事《疯狂的垃圾》等“阅趣小嘎鲁”活动 55 余期，每期 20 组家庭，约 2800 多人参加，收到近百封小嘎鲁传书。“阅趣小嘎鲁”少儿家庭参与的回头率高，只要参加过一次活动，80% 以上的孩子和家长还会参加第二次、第三次甚至更多次的活动，形成了较好的品牌效应。

2021 年 1 月，“阅趣小嘎鲁”品牌活动被评为“2020 年度全区宣传思想文化工作创新案例”，同时呼和浩特市图书馆还被自治区妇女联合会选定为“自治区家庭亲子阅读体验基地”。

图 4-23 “阅趣小嘎鲁”荣誉证书

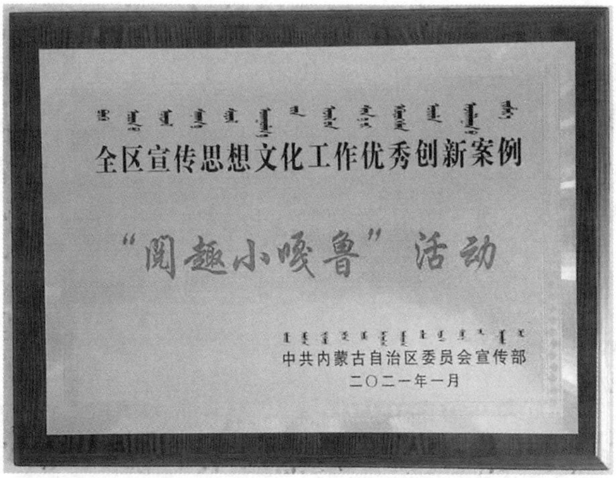

图 4-24 “阅趣小嘎鲁”获奖牌匾

五、敕勒川阅读季：传统与现代交融的全民阅读推广活动

为提升文化和旅游消费质量水平，增强居民消费意愿，以高质量文化和旅游供给增强人民群众的获得感、幸福感，2019 年 8 月，国务院办公厅发布《关于进一步激发文化和旅游消费潜力的意见》(以下简称《意见》)，提出“深化文化和旅游领域供给侧结构性改革，从供需两端发力，不断激发文化和旅游消费潜力。努力使我国文化和旅游消费设施更加完善，消费结构更加合理，消费环境更加优化，文化和旅游产品、服务供给更加丰富”的发展目标①。为全面贯彻落实《意见》精神，2020 年，呼和浩特市文化旅游广电局决定培育新型业态和消费模式，推进文化和旅游产业融合发展，打造敕勒川系列品牌，进一步推动资源互通、品牌互促、活动互融，借助国家级各类会展、赛事平台宣传推广呼和浩特②。

公共文化服务是文旅融合发展的重要组成部分，打造敕勒川系列品牌离不开对敕勒川文化的宣传和推广，将更接地气、更易被群众接受的优秀传统文

① 国务院办公厅. 国务院办公厅关于进一步激发文化和旅游消费潜力的意见[EB/OL].[2021-09-04]. http://www.gov.cn/zhengce/content/2019-08/23/content_5423809.htm.

② 张聿修. 2020年呼和浩特市将打造“敕勒川系列”文化旅游品牌[EB/OL].[2021-09-04]. http://nm.people.com.cn/n2/2020/0324/c196689-33900773.html.

化纳入到公共文化服务当中，有利于激发群众参与公共文化的热情，进而推动传统文化的传播和传承。2021年，在第26个“4·23世界读书日”来临之际，呼和浩特市图书馆整合各类资源，依托“鸿雁悦读”平台，发起“敕勒川阅读季”活动，通过线上和线下渠道，推出经典阅读、数字阅读、阅读分享等主题的系列阅读推广活动，引导全社会形成爱读书、读好书、善读书的时代风尚。

1. 线下活动版块

（1）“心怀国之大者，传诵百年荣光”读书演讲诵读暨“敕勒川图书阅读季”活动：由呼和浩特市委宣传部、呼和浩特市文化旅游广电局、呼和浩特市教育局、呼和浩特共青团市委主办，呼和浩特市图书馆、内蒙古大学图书馆承办。活动对象为呼和浩特市大中小学在校学生及社会各界人士，共分幼儿组、小学组、中学组、大学组、社会组5个组别。参赛者围绕活动主题自选书目阅读，参加演讲、诵读、少儿故事讲述短视频作品征集，将作品上传至线上活动平台参加展示与入围评选，入围作品参加现场总决赛。

作品征集时间是2021年4月15日至6月10日，入围评选时间为2021年6月11日至18日，总决赛时间在6月19日至30日期间。演讲作品参与组别为大学组、社会组，须围绕活动主题，根据推荐书单或自选党史读物、红色经典文学著作，演讲全文须使用国家通用语言（普通话），采取单人演讲的形式，视频总时长不超过5分钟。诵读作品参与组别为小学组、中学组、社会组，须围绕活动主题，根据推荐书单或自选党史读物、红色经典文学著作选段或红色诗歌等作品，诵读全文须使用国家通用语言（普通话），表现形式可以为单人诵读（推荐）、亲子诵读、集体诵读等。少儿故事讲述作品参与组别为幼儿组、小学组，作品须为中国经典红色故事，如《小萝卜头》《草原英雄小姐妹》《王小二的故事》《鸡毛信》等；也可取材于人民英雄，如雷锋、董存瑞、刘胡兰、江姐等；或讲述当代党的故事。表现形式可以为单人讲述（推荐）或亲子讲述，故事全文须使用国家通用语言（普通话），作品时长不超过5分钟。

（2）鸿雁传书“学习先烈精神·书写时代担当”经典红色诗词硬笔手书作品征集活动：红色诗词是展现革命精神，抒发红色情感的重要文学形式。为迎接建党百年，传承红色基因，呼和浩特市图书馆举办“学习先烈精神·书写时代担当”经典红色诗词硬笔手书作品征集活动。旨在通过本次活动，使广大师生在笔墨间感受经典红色诗词刚健壮阔的力量之美，更好地学习革命先烈的红色精神，争做新时代的重要担当。读者围绕主题，以硬笔书法的方式书写经典红色诗词，将手书作品上传至活动平台进行分享与展示。

（3）在各小学校园举行“铸牢中华民族共同体意识 扣好人生第一粒扣子”党史进校园系列活动。2021 年 4 月 9 日，呼和浩特市图书馆党支部联合呼和浩特市乌兰夫纪念馆、呼和浩特市妇联，走进呼和浩特市中山西路回族小学，开展“铸牢中华民族共同体意识 扣好人生第一粒扣子”主题党日活动。呼和浩特市乌兰夫纪念馆的优秀讲解员史静老师，为全校师生讲述了乌兰夫同志拥护党中央以及“三千孤儿进草原”的人间大爱传奇故事，分享了草原母亲都贵玛年仅 19 岁凭借坚强的毅力和全身心的投入，勇敢地承担起照顾 28 名孤儿的任务，最终温暖了每一个幼小心灵的民族团结一家亲、民族大爱故事。在活动现场，为倡导全民阅读，共建书香校园，重视加强学校思想政治教育，市图书馆采用流动服务车进校园形式，为学校的孩子们办理借书证 120 余张，现场借阅绘本、文学、科普知识等各类童书 360 余册。通过此次活动，一方面带领大家重温中国共产党波澜壮阔的革命史，艰苦卓绝的奋斗史，可歌可泣的英雄史，把爱我中华的种子埋入每个青少年的心灵深处；另一方面宣传民族团结的重要性和必要性，希望通过活动，同学们能像爱护自己的眼睛一样爱护民族团结，像珍视自己的生命一样珍视民族团结，像石榴籽那样紧紧抱在一起，不忘初心，守望相助，共同谱写中华民族伟大复兴的中国梦。

（4）以传统艺术为主的“阅趣小嘎鲁”系列手工活动：2021 年 4 月 10 日下午，呼和浩特市图书馆体育场鸿雁书屋举办“阅趣小嘎鲁”少儿阅读活动。活动以三星堆遗址出土的青铜面具为主题，采用浮雕仿铜画的传统艺术形式，邀请家长、小朋友们共同感受优秀传统文化的魅力。活动现场 30 组家庭，跟随授课老师一起利用超轻黏土，在纸板上用手捏制面具造型，形成浮雕效果，再刷上丙烯颜料，巧妙地再现了古老复杂的铜板雕刻艺术。孩子们在亲手制作的过程中，不仅锻炼了手眼协调能力，还了解了关于文物考古方面的知识。通过这样全新的阅读模式，让孩子在寓教于乐中学到知识，激发起他们对传统文化的好奇心，更深刻地体会了优秀传统文化的精妙。

（5）红色经典诵读活动：2021 年 4 月 22 日，由内蒙古自治区图书馆、新城区文体旅游广电局主办，新城区图书馆承办的“诵读红色经典 传承红色基因”4·23世界读书日颂歌献给党朗诵音乐会在新城区文体旅游广电局塞外小剧场举办。活动分为“百年历程，红色记忆”“党旗飘扬，祖国昌盛”“不忘初心，红色传承”三大篇章，节目构成多种多样，气势恢宏，编排精妙，令人交口称赞。音乐会以大型诗歌联唱《长征组诗》正式拉开帷幕。情景剧《谁是最可爱的人》表演生动而饱满，饱蘸着血泪和激情的历史仿佛将观众带回到了战火纷飞的岁月。《读中国》《女性之光》《祝福祖国》《献给党的颂歌》则从各个侧面歌颂了伟大的中国共产党，从贫穷落后到繁荣富强，一唱雄鸡天下白，唤来春天照人间。情景剧《都贵玛》重现了家喻户晓的草原额吉都贵玛的故事，深深地触动了在场的观众。活动在全体演职人员合唱的《没有共产党就没有新中国》歌声中落下帷幕。

2. 线上活动版块

（1）“好好吃饭好好睡觉心里的垃圾定期倒一倒”，撰写微书评赢好礼活动：活动时间为2021年4月15日至2021年4月30日，读者自行选择参赛图书扫码阅读后撰写微书评或者参与话题讨论，在呼和浩特市图书馆微信平台活动页面提交即可参加。图书馆通过点赞排行榜筛选出留言点赞前5名，每人赠送一本《我是猫》纸质书，活动期间不定期精选读者留言进行展示。

图4-25 “红色经典阅读，点亮爱党红心”全区联动阅读活动页面

（2）“红色经典阅读，点亮爱党红心”全区联动阅读活动：由呼和浩特市图书馆联合内蒙古自治区图书馆和神州共享（北京）文化传媒有限公司联合举办。活动时间为2021年4月23日至2021年5月31日，读者通过扫描二维码访问《红色故事绘——连环画里的中国共产党100年》进入活动页面，活动包括阅读、答题、点亮爱党红心三项内容，讲述纸短情长的革命往事，感受草原儿女的革命情怀，最后与全区读者一起，同心接力、点亮爱党红心共抒爱党情怀，赢取精美礼品。活动结束后，根据全区活动参与人数进行排名，活动参与人数排名前5的组织单位，获得优秀组织奖，分别获得红色经

典连环画纸质书 100 册；参与活动、答题全部正确并点亮爱党红心的读者在活动结束后即可参与抽奖，全区随机抽选 500 名获奖读者，获奖者分别可获得经典连环画套书 1 套。活动结束后，通过图书馆微信公众号发布获奖名单并发放奖品。

（3）“4·23 乐读魔法节”活动，通过打卡看动画了解世界名著：活动面向 6—12 岁儿童，在家长监护下通过扫码参加。活动共分为两个部分，一是魔法阅读乐打卡，以每日打卡的形式，让孩子们每天都能了解一本世界名著，更能观看动画视频。活动期间，除每日一次乐读打卡拆盒外，参与活动的小读者们每天还有 3 次答题闯关拆盒机会，共有四次机会抽取幸运大奖；奖品随机出现，机会均等。二是乐读大 PK 在线阅读挑战赛，设置 6 个关卡，考验小朋友们的阅读积累量。7 天活动，按照闯关成绩进行排名。读者可多次参与活动，留取最高分作为最终成绩。依照“得分 + 抽奖分数”累计总分排名，分数相同的情况下按照时间排名，时间越短排名越靠前。

图 4-26　“4·23 乐读魔法节”活动电子海报

图 4-27　“阅读一分钟，编织一个梦”线上阅读打卡活动页面

（4）“阅读一分钟，编织一个梦”线上阅读打卡活动：呼和浩特市图书馆联合“掌阅精选”科学分解阅读行为，将阅读拆分为“每天一分钟”的小目标并送上奖品。读者通过“掌阅精选”完成 14 天打卡，并且每天阅读 1 分钟以上即可参与评奖，完成打卡后以阅读时长为标准，评选出获得抽奖资格者。阅读时长 30 个小时以上参与一等奖抽奖，获者人数为 1 人；20 小时以上者参与二等奖抽奖，获奖人数 15 人；14 小时以上者参与三

图 4-28 “书有灵犀 · 畅想悦读”全民猜书名活动电子海报

等奖抽奖，获奖人数20人。另设“坚持不懈奖”，连续 14 天不间断打卡者获 10 元赠送币（活动结束后直接充到读者账号中，赠送币有效期 7 天）。

（5）“书有灵犀 · 畅想悦读”全民猜书名活动：由呼和浩特市图书馆联合星火文化共同举办。活动提供一个题库，题库共计 100 题，系统每次随机抽取 10 道题供参与者作答。题目为选择题，有 A、B、C 三个选项，每题 10 分，满分为 100 分，每道题答题时间为 30 秒。达到 80 分即参与抽奖，每人每日有 3 次抽奖机会，每人只能中奖 1 次；每人每天不限次数进行答题，题目每次随机生成；组队参加可以获得更多抽奖机会，参与者可转发邀请好友一起玩。读者参与活动并抽中奖品后，进入“查看奖品详情”页，按步骤提示兑奖即可，数量有限，兑完即止。

（6）“敕勒川讲坛”线上活动——《历史文化名城呼和浩特》有声阅读：为了更好地保护和利用呼和浩特市优秀的文化遗产，呼和浩特市文化旅游广电局组织 16 位文史专家历时半年编撰了地方史志类图书《历史文化名城呼和浩特》一书。全书共计约 10 万字，分为史前文化、青铜时代、战国秦汉时期、魏晋南北朝时期、隋唐时期、辽金元时期、明清时期、近现代旧址等 8 个篇目 21 个章节，以呼和浩特文物古迹为主线，以不同时期的代表性文物为支撑，结合历年考古调查、发掘成果，上限至呼和浩特“大窑文化”旧石器时代文化遗存，下限至明清时期归绥之地及大青山抗日斗争的胜利。以三级重点文物保护单位为主，力求客观真实，科学严谨，全方位展示呼和浩特历史文化风貌。该书是目前阐释呼和浩特地区历史文化变迁最完善、最权威、最翔实的蓝本，对于准确了解呼和浩特地区历史将起到重要作用，对于深入挖掘和反映呼和浩特历史文化信息，把握城市发展脉络及特征，了解地方文化特质及各民族人民团结奋进，共同开发和建设呼和浩特地区的历史进程，规范各地区、各部门准确了解呼和浩特历史，规范导游员准确讲解呼和浩特历史，更好宣传“美丽青城·草原都市”的历史文化具有重要意义[①]。

图 4-29《历史文化名城呼和浩特》

此外，还有线上固定栏目：“00 荐读”线上优秀图书推荐，“云图有声”线上有声图书推荐豌豆荐书，“青城故事”线上数字资源，“名师讲坛”线上公开课，青城记忆等。希望能有更多的阅读爱好者加入“敕勒川阅读季”活动队伍，一起推广全民阅读，共建“书香青城”。

利用“4·23 世界读书日”，以敕勒川文化为主题，将阅读推广活动进行整合后线上线下集中开展，是呼和浩特市图书馆在疫情防控依然严峻的情况下，依托“鸿雁悦读”计划优势，探索地方特色，有效推进全民阅读的又一新举措。

六、经典朗读大赛：品读经典 滋养心灵

经典诵读大赛是“鸿雁悦读”又一重要的阅读推广活动。大赛通过诵读经典美文的形式，面向全体市民，以主题多样，活动形式灵活、不定期开展为特点，在全社会掀起“好读书、读好书、善读书”的良好风气。

为了广泛开展经典阅读和优秀传统文化教育，鼓励少年儿童在阅读中享受

① 呼和浩特市文化旅游广电局. 市文旅广电局编纂完成《历史文化名城——呼和浩特》一书［EB/OL］.［2021-09-05］. http://www.huhhot.gov.cn/hhht_mobile/zwdt/bmdt/202103/t20210322_855235.html.

幸福生活、传承优秀文化、提升公民素质，2017 年 1 月 18 日在呼和浩特市图书馆举办“最美童声——呼和浩特市少年儿童诗歌朗诵大赛”，以诗歌朗诵比赛为契机，更新知识，发展智力，培养对诗歌学习的兴趣，让他们在活动中沐浴中华诗歌的恩泽，接受传统的洗礼，享受阅读的快乐。

图 4-30 “最美童声——呼和浩特市少年儿童诗歌朗诵大赛”
颁奖仪式暨优秀作品展演

2017 年 7 月 15 日，为庆祝自治区成立 70 周年，呼和浩特市图书馆举行“我向党说”经典朗诵演讲活动。此次活动由市图书馆、呼和浩特晚报社主办，呼和浩特恒大城、泽信 · 青城协办，每一家行为发展教育教学研究工作室承办。活动紧紧围绕“爱国、爱党、爱我家 我说、我做、我践行 ”这一主题，通过朗诵、演讲、歌唱的方式表达对中国共产党的热爱！对伟大祖国的热爱！

图 4-31“我向党说”主题朗诵演讲活动

2018 年 9 月 20 日，呼和浩特市图书馆举办“寻找青城最美读书声”全民朗诵大赛活动，市民提交作品报名分享朋友圈后邀请好友来收听并集赞，最终在图书馆进行决赛。

2019 年 4 月，呼和浩特市图书馆携手悠贝亲子图书馆，在全市招募鸿雁领读者。鸿雁领读者将为图书馆、幼儿园、学校、社区提供公益服务，同时以故事为桥梁，引领孩子感受故事的魔力，让孩子爱上阅读，培养孩子主动阅读的兴趣。

新冠疫情期间，为了鼓舞抗疫斗志，坚持抗疫信心，营造万众一心、众志成城的舆论氛围，2020 年 2 月起，呼和浩特市图书馆开展了面向市民的“用声音传递力量，为抗疫助力加油”的线上主题朗读活动，鼓励市民用充满真挚情感的声音作品，致敬战斗在一线的各行业工作者、志愿者、参与者，为抗击疫情做出努力。想要参加活动的市民只需在微信上搜索“书舒爱读”小程序，即可进行自由朗读，录音保存后作为参赛作品上传。

图 4-32 首届“鸿雁杯”青少年公益朗诵大赛

2020 年 7—9 月，在全市开展爱上敕勒川·昭君文化节系列活动——“书香呼和浩特 阅读引领未来”首届“鸿雁杯”青少儿公益经典诵读比赛。比赛以“我和我的祖国”为主题，旨在提高呼和浩特市青少年儿童的阅读能力、语言表达与演讲能力，让孩子们通过有声语言、镜头语言、文字语言等形式，充分展现爱党、爱国、爱家乡的情怀。同时通过活动发现并培养一批“具备传统美德、热爱语言艺术”的优秀小小演说家、小小主持人、小小记者等。经过初赛，共有 32 名选手入围决赛角逐一、二、三等奖以及 10 名优秀选手的名额。

其中，设一等奖1名，二等奖2名，三等奖3名，优秀奖10名。参赛对象为全市幼儿园、小学及青少年儿童朗诵爱好者，年龄4—14周岁。比赛秉承公平、公正、公开的原则，聘请语言类专家、电视台、电台知名主持人担任赛事评委，按照评选标准综合评议，现场打分等方式评选出各奖项。同时，比赛当天采取网络直播的方式，向全社会展现比赛现场。

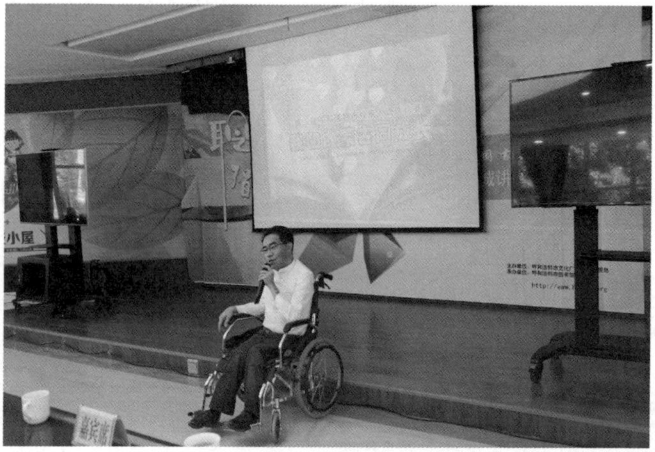

图 4-33　残疾人诵读比赛

残疾人作为一个特殊的阅读群体，是呼和浩特市图书馆近年来阅读推广活动的重点对象。2017年5月15日，在全国助残日及内蒙古自治区成立70周年来临之际，呼和浩特市图书馆与呼和浩特市残联、901生活广播共同举办了主题为“我和内蒙古同成长”的呼和浩特市第二届残疾人阅读比赛。比赛在呼和浩特市图书馆多功能厅举行，邀请了新城区落凤街小学培智班的学生们参加。通过这次有针对性的阅读比赛，在图书馆的努力下，残疾人读者更多地了解了图书馆，在读书中寻找到快乐，增长了见识，滋养了自己的心灵。2016年至2019年，每年一届的残疾人阅读比赛已举办了四届。

七、“公交服务”模式：公共阅读服务可及性新突破

为覆盖不同区域的读者群体，为全市读者打通借阅的“最后一公里”，从2019年4月起，呼和浩特市图书馆流动服务车开启“公交服务”模式，定时定点开进指定服务网点，方便市民就近阅读。图书流动服务车功能齐全，设施

先进，可装载各类新书2000余册，车内还装备有自助借还机、自动化遮阳棚、电视及书架、座席等，可现场为读者办理借书证和借阅手续，是一座流动的图书馆。作为“鸿雁悦读”计划的补充，“公交服务”模式很好地延伸了图书馆、分馆及鸿雁书房的服务职能，为不方便前往图书馆的读者就近提供服务，真正做到了为群众办实事的目的。

图4-34 居民利用流动车的便携式桌椅看书

图4-35 读者在流动书车内借阅图书

图 4-36　在流动书车内看书的小学生

“公交服务”模式采取每隔一周停靠一个站点，每个站点固定停靠时间为上午 9:30—11:00 的服务方式，并通过报纸、电视、网站、微信等方式公告各站点停靠日期，方便群众就近选择服务。截止到 2021 年 4 月，“公交服务”模式已经先后停靠 8 个站点，累计办理读者证 500 余张，借还书 800 余册次，切实满足了站点覆盖区域读者的借阅需求。2021 年，在保留前期部分站点基础上，呼和浩特市图书馆结合实际情况和读者需求，又增设了 2 个乡村站点和 2 个学校站点。2021 年 6 月 16 日，仅在贝尔路小学北校区为师生开展的流动服务就办理了借书证 100 余张，现场借阅绘本、文学、科普知识等各类书籍 320 余册。

表 4-1　“鸿雁悦读”计划“公交服务”模式 2021 年站点

序号	站点	日期
1	乌兰夫纪念馆	6 月 30 日、11 月 3 日
2	玉泉区前桃花村	3 月 10 日、7 月 14 日
3	新城区水泉村	7 月 28 日
4	兴康社区	4 月 7 日、8 月 11 日、11 月 17 日
5	内蒙古煤炭地质勘查（集团）测绘院有限公司	4 月 21 日、8 月 25 日、12 月 11 日
6	“呼和浩特市文化客厅”项目工地	5 月 5 日、9 月 8 日
7	“大青山革命历史纪念馆”项目工地	5 月 19 日、9 月 22 日
8	石东路小学南校区	5 月 31 日、10 月 8 日
9	贝尔路小学北校区	6 月 16 日、10 月 20 日

八、文化扶贫：激发自信助推乡村振兴

为认真贯彻落实习近平总书记“一个希望、三个着力”的重要讲话精神，按照呼和浩特市委市政府关于精准扶贫的部署和要求，切实瞄准扶贫对象，做到真扶贫、扶真贫，加快贫困群众脱贫致富步伐，呼和浩特市图书馆精心组织和实施精准扶贫工作。2017 年，按照呼和浩特市民政局分配的帮扶名单，图书馆党员干部结对帮扶的对象是土左旗塔布赛乡塔布赛村的 12 户村民。2017 年春节前夕，图书馆副馆长刘晓燕带领党员干部，赴当地开展扶贫慰问工作，为帮扶对象提前送上新春祝福，详细了解他们的生活困难情况，每到一户都为他们送去慰问金以及党和政府的温暖关怀。

“鸿雁悦读”计划启动后，文化扶贫作为打通公共文化服务最后一公里的有效手段，被纳入整个计划体系，依托丰富的资源优势，呼和浩特市图书馆不断整合包括软硬件在内的各类优质助农文化资源，深入贫困地区，以书香助力脱贫攻坚。

为贯彻落实“乡村振兴”战略和自治区党委政府关于脱贫攻坚工作的决策部署，切实增强公共文化服务供给效能，全区公共文化服务信息化建设助力脱贫攻坚现场推进会于 2018 年 7 月 10—11 日在牙克石市召开，呼和浩特市图书馆携“鸿雁悦读”计划进驻推进会，同各盟市交流“鸿雁悦读”计划实施经验，进一步促进公共文化在全区的交流和传播，以文化传播助力精准扶贫。

2018 年 8 月，呼和浩特市图书馆在内蒙古自治区兴安盟科右中旗宣传和推广“鸿雁悦读”计划，方便群众借阅图书，提高自身的信息素养，掌握更多的技能，以此助力脱贫攻坚，促进全旗精神文明建设，丰富群众的精神文化生活，增强群众的获得感和幸福感。

为充分发挥公共图书馆在精准脱贫攻坚战的重要作用，按照“政府主导、统筹规划、分级管理、资源共享”原则，2018 年，呼和浩特市图书馆坚持“特色化、常态化、可持续”总分馆制发展思路，根据《呼和浩特市图书馆总分馆制实施方案》，加大力气构建呼和浩特地区图书馆城乡联动体系，即以呼和浩特市图书馆为总馆，9 个旗县区图书馆为分馆，草原书屋和乡镇文化站为基层服务点的市县图书资源建设、流通、服务网络，实现通借通还。着力形成全覆盖、均等便捷、实用高效的公共图书馆城乡联动体系，以此进一步助力文化脱贫攻坚，加快乡村脱贫步伐。呼和浩特市图书馆馆长张浩如、副馆长卜险峰多

次到土左旗大岱乡十二犋牛村开展扶贫帮扶工作。为了打赢脱贫攻坚战，实现脱贫目标，动员两委干部、农村党员和广大农民群众，依靠政策扶持和政府引导，积极转变农业产业结构，建立健全帮扶工作台账，强力推进脱贫攻坚工作，实现贫困户增收目标。

2018 年 11 月 12 日，根据呼和浩特市委市政府和市文新广局有关脱贫攻坚的文件精神，呼和浩特市图书馆派一名党员干部进驻清水河老牛湾镇营盘峁村，任驻村第一书记，开展精准扶贫帮扶工作。

2019 年，为了深入推进青城驿站鸿雁书屋建设和城乡联动计划，呼和浩特市图书馆组织专业技术人员到基层图书馆和草原书屋开展调研。针对基层图书馆在开展“鸿雁悦读”计划，部署城乡联动方面存在的问题形成调研报告，并提出建设性解决意见和建议，为下一步推动城乡联动计划拓展思路。

2020 年是全面建成小康社会和决战决胜脱贫攻坚之年，呼和浩特市图书馆在市文旅广局的支持下，以习近平总书记关于脱贫攻坚重要指示批示精神为指导，认真落实市委和局党组的脱贫攻坚工作部署，依托“鸿雁悦读”计划，通过文化扶贫助力脱贫攻坚工作。到 2020 年底，全市各乡镇（街道）综合文化站开展图书借阅、展览展示、讲座、培训等主要服务项目平均达 6 项，村基层综合性文化服务中心均在 4 项以上，切实提高了场所的使用率，使基层群众真正体会到获得感、幸福感。广泛开展优秀脱贫题材艺术作品展演展示活动，充分利用流动图书车、流动舞台车等，为基层群众提供多种惠民服务，已开展图书流动服务下基层近 60 次，乡村流动演出及展览达 80 余场次。同时邀请专家赴贫困村开展专题讲座，赠送养殖、种植类图书，推进了精准帮扶工作。此外，呼和浩特市图书馆还从两个方面发力，助推脱贫攻坚工作：

一是全力支持协助第一书记驻村扶贫工作。图书馆驻村干部庆格乐图在清水河县老牛湾镇营盘峁村认真开展脱贫攻坚工作，想方设法为脱贫攻坚贡献力量。为了协助驻村扶贫干部更好地开展工作，图书馆党支部在积极配合开展相关扶贫工作的同时，还为驻村干部购买人身意外险、定期安排体检，通过谈心谈话及时了解驻村干部的工作生活情况，为驻村干部排忧解难。图书馆领导班子成员还多次以个人名义慰问驻村干部，为他送去肉蛋奶等生活物资。

二是开展贫困地区的阅读推广工作。自“鸿雁悦读”助力文化扶贫开展以来，呼和浩特市图书馆为清水河县老牛湾镇营盘卯村先后送去近 2000 册各类图书、2TB 数字资源、2 台大型自助设备以及 2 场农业讲座，图书流动车先后开展

4次流动服务，文化服务惠及众多农村群众，充分利用丰富的文化资源，以书香助力贫困农村文化脱贫。2020年4月15日，世界读书日前夕，呼和浩特市图书馆馆长张浩如一行走进清水河县老牛湾镇营盘峁村，开展“扶贫先扶志 文化助脱贫”呼和浩特市图书馆助力脱贫攻坚活动。通过此次活动，图书馆为营盘峁村送去少儿图书500册，社科类图书500册，养殖种植类图书100册，还有期刊和数字资源。其中，社科类图书、期刊、数字资源及部分少儿图书放置到营盘峁村呼市图书馆图书流动站内，供村民借阅。一部分少儿图书送到贫困学生手中，满足他们的阅读需求，丰富他们的学习内容。通过阅读引导他们继承和发扬崇文重教、诗书传家的优良传统，帮助他们树立起战胜贫困、直面困难的信心和勇气，在贫困地区营造多读好书的良好风尚，从根源上助推脱贫攻坚工作。

图4-37 2020年4月15日助力文化扶贫走进清水河县老牛湾镇营盘茆村

图4-38 2020年4月15日馆长张浩如向村民介绍新书

2020年6月10日呼和浩特市图书馆依托“鸿雁悦读”计划青城文化讲坛送讲座下基层活动，应清水河县老牛湾镇营盘卯村村委会以及图书馆驻村第一书记的要求，邀请内蒙古农业大学金曙光教授为当地村民开展杜泊羊养殖专题讲座。讲座现场吸引了100多名村民。金教授从杜泊羊品种优势，养殖方法等方面为村民们进行培训，语言通俗浅白，道理深入浅出。村民们听得津津有味。讲座结束后图书馆领导还邀请金教授到村民羊圈里进行现场指导教学。农户们纷纷表示非常欢迎这种把图书馆搬到了自己家门口，把专家请到自己家炕桌旁的方式，为呼和浩特市图书馆点穴式扶贫，扶智式扶贫，切实发挥文化扶贫在助力脱贫攻坚中的重要作用点赞。

图4-39　2020年6月10日杜泊羊养殖专题讲座在清水河县老牛湾镇营盘卯村开讲

图4-40　2020年6月10日杜泊羊养殖专题讲座专家现场指导

九、“青城记忆”：述往思来培育文化自信

将优秀传统文化品牌建设纳入到公共文化服务建设中，有利于激发群众的参与热情，进而推动传统文化的传播和传承。为丰富“鸿雁悦读”计划的传统文化资源，呼和浩特市图书馆启动了历史文化遗产长期保存数字工程青城记忆。该工程以呼和浩特市历史、文化、教育、民俗、语言、非物质文化遗产以及各行业有影响的人物口述影像资料为基础，以数字技术对呼和浩特市近百年有重要价值的人物、事件进行深度挖掘保存。

青城记忆提供两个版本的产品，一是视频版，一是丛书版。丛书版是在视频版基础上进行的二次创作，通过对视频版文字内容进行重构、补充和完善，以图文并茂的形式深入全面反映呼和浩特市的历史文化。

青城记忆采用与社会力量合作共建的开发模式，委托北京碧虚文化有限公司负责平台开发工作，视频内容制作以及丛书编纂由呼和浩特市图书馆和北京碧虚文化有限公司共同完成。青城记忆系统平台是在碧虚文化管理系统 V2.0 基础上开发的，系统由生产管理系统和读者系统两个部分组成。生产管理系统包括分类管理子系统、采编子系统、图片管理子系统、专题管理子系统。生产系统根据需要对资源按照多个维度进行组织，通过人工对相关对象数据进行编辑、标引，并进行本地存档。经过编辑存档的内容通过生产系统的索引子系统建立全文索引文件就可以发布使用。读者系统包括检索子系统、用户管理子系统、流量管理子系统等。读者系统为读者提供一个特色库的友好的应用环境，包括特色库以及各个子库的个性化页面、非 IP 读者登录入口、检索入口、浏览界面等。为保证青城记忆的成功，在呼和浩特市文化新闻出版广电局领导下，建立顾问、制片、导演、摄影、字幕、常务等领导、生产组织体系，制定青城记忆人物遴选标准，经过推荐、自荐、举荐、资料初审、座谈等多种形式的工作，遴选出青城记忆第一期入选人物。为保证质量，制定包括前期沟通、拟订提纲、录制、视频剪辑、导出音频、字幕第一版、字幕初校、视频加字幕、视频对校、被采访者校对、终审、最终修改等 12 个环节在内的生产工艺流程，有力地保证青城记忆的质量。

2018 年 12 月 18 日，呼和浩特市文化新闻出版广电局下发通知，开始在全市范围内展开青城记忆项目第一期人物遴选活动。首期遴选 10 位对呼和浩特历史、文化、社会、语言、民俗、非物质文化遗产及其他领域有深入研究、有重要影响的人物，通过对这些人物的采访摄录，完成 48 集总时长 913 分钟的

高清口述视频成片。具体采访内容包括被采访者的个人经历、职业经历、所研究或从事的领域发展变迁等内容，以口述方式讲述相关情况，重点反映改革开放以来呼和浩特市各领域发展变化和所取得的成就。青城记忆视频版推出以后受到读者的热烈欢迎和积极肯定，成为呼和浩特市图书馆打造的又一公共文化服务知名品牌。

表 5-2　青城记忆第一期采访人物列表

专家姓名	专家职务	访谈主题	标题	主持人	主持人职务	剪辑时长（分钟）	集数
姚一平	原呼和浩特市大型物资运输公司总经理	我为内蒙古喝彩——我是建设者	塞上春风万里行	刘锦山	北京碧虚文化有限公司董事长	95	5
段建珺	国家级非物质文化遗产代表性传承人	剪纸的灵魂	匠心独运剪万象	郑小涛	呼和浩特市图书馆馆员	60	3
董昌	原呼和浩特市农机局政工科科长	呼和浩特过大年	春色满园年味浓	王宇	呼和浩特市图书馆馆员	191	9
王志强	内蒙古烧麦行业协会副会长	呼和浩特的饮食文化	青城佳肴十里香	张浩如	呼和浩特市图书馆馆长	73	4
郝福忠	原呼和浩特市二轻职工中等专业学校校长	归绥八景	归绥八景数家珍	刘晓燕	呼和浩特市图书馆副馆长	85	4
赵继性	原呼和浩特市政协机关党委专职副书记	呼和浩特的召庙	召城漫步感遗风	郑小涛	呼和浩特市图书馆馆员	75	4
张献瑞	呼和浩特市电影公司原经理	青城电影史	青城影业写传奇	董海	呼和浩特市图书馆馆员	106	6
张景植	呼和浩特广播电视台节目主持人	老故事的去伪存真	老城故事辨真伪	卜险峰	呼和浩特市图书馆副馆长	52	3
贾勋	呼和浩特市文联副原主席	文学生涯 60 年	六十苦功著精彩	俞伟明	呼和浩特市图书馆馆员	67	4
刘蒙林	原内蒙古社会科学院历史研究所副所长	康熙皇帝出巡归化城和鄂尔多斯部	一代圣主草原情	刘锦山	北京碧虚文化有限公司董事长	101	5
—	—	—	青城记忆宣传片	—	—	8	1
合计						913	48

注：时长不含片头片尾。

图 4-41 青城记忆摄制组拍摄前与被采访者交流

图 4-42 青城记忆被采访专家、国家级非物质文化遗产代表性传承人段建珺

图 4-43 青城记忆被采访专家、呼和浩特市电影公司原经理张献瑞

图 4-44　青城记忆被采访专家、呼和浩特市文联原副主席贾勋

通过青城记忆项目，呼和浩特市近百年来的历史变迁首次以口述资料形式保存下来，有利于深度挖掘区域历史、保存区域文化，推动区域文化传承。通过青城记忆，呼和浩特市图书馆更加深入地参与到区域文化建设中，加强与政府管理部门、社会各界精英与名流的互动，完成公共图书馆从文化保存与传播向文化深度开发利用的升级转型，提升图书馆在区域历史和公共文化服务体系建设中主力军的社会形象。通过青城记忆，与国家图书馆公开课以及国家图书馆“中国记忆”口述历史大型文化项目对接，借助国家图书馆平台传播呼和浩特市文化形象，加强了国内外对呼和浩特市的认知，扩大了呼和浩特市的社会影响，成为“鸿雁悦读”计划创新服务方式、拓展服务外延的重要手段。

第五章 城市阅读品牌的发展趋势

一、政府主导社会化发展的多元建设格局

从管理、组织和建设主体的角度来看，政府主导、社会力量参与的多元建设格局是我国城市阅读品牌建设未来的发展方向。

首先，从近10多年来我国公共文化服务体系建设的宏观政策导向来看，政府主导、社会力量参与是我国公共文化服务体系建设的基本原则之一。作为公共文化服务体系建设的重要内容，全民阅读推广尤其是阅读推广品牌的建设和发展同样要以政府主导和社会力量参与为其基本原则。

2006年，《国家“十一五”时期文化发展规划纲要》在公共文化服务部分就提出“积极推进政府职能转变，实行政企分开、政事分开、政资分开和管办分离，切实把政府的职能由主要办文化转到社会管理和公共服务上来”。2013年，党的十八届三中全会审议通过《中共中央关于全面深化改革若干重大问题的决定》，提出引入竞争机制，推动公共文化服务社会化发展。鼓励社会力量、社会资本参与公共文化服务体系建设，培育文化非营利组织。2015年1月，中共中央办公厅、国务院办公厅印发《关于加快构建现代公共文化服务体系的意见》，将坚持政府主导、坚持社会参与作为构建现代公共文化服务体系的基本原则之一，对推动政府主导下的公共文化服务社会化发展做出了一系列具体部署。2015年5月，国务院办公厅转发文化部等部门《关于做好政府向社会力量购买公共文化服务工作意见》的通知，对积极有序推进政府向社会力量购买公共文化服务工作和目标进了具体部署，同时，发布的《政府向社会力量购买公共文化服务指导性目录》中就包括了“全民阅读活动的组织与承办”。2017年3月1日起施行的《中华人民共和国公共文化服务保障法》第二条规定：“本法所称公共文化服务，是指由政府主导、社会力量参与，以满足公民基本文化需求为主要目的而提供的公共文化设施、文化产品、文化活动以及其他相关服务。”2021年6月，文化和旅游部印发的《“十四五”公共文化服务体系建设规划》中，将政府主导、社会力量广泛参与的公共文化服务供给机制更加

成熟，政府、市场、社会共同参与公共文化服务体系建设的格局更加健全作为“十四五”期间公共文化服务体系发展的目标之一。

其次，政府主导、社会力量参与是我国加快构建公共文化服务体系的重要举措和经济社会发展的客观要求，对于发展公益性文化事业、满足人民群众日益增长的文化需求具有重要意义。政府主导、社会力量参与的公共文化社会化发展已成为中国特色社会主义公共文化服务体系建设的基本特征之一，是公共文化服务体系高质量发展的基本原则和建设方向。其中，政府主导是原则、是条件、是根本，社会化发展则是基础、是方式、是路径①。所谓政府主导，包括以下几个层面的含义。首先，政府是政策的制定者。政府需不断完善公共文化服务相关法律、法规体系，其中包括激励社会力量参与公共文化服务体系建设的配套措施。其次，政府还要保证资金供应，这其中包括政府直接的资金投入以及通过政策引导进行社会资金的筹集或社会机构以场地、人员、资源等其他形式对公共文化服务的支持。政府管理的公共文化资金、项目、服务向社会组织开放，培养社会力量，使其能够真正参与到公共文化服务体系中来。总之，政府需要在公共文化服务的规划、建设、管理、运营等各个环节发挥主导作用，通过研究人民群众的精神文化需求，做到因地制宜，科学规划，分类指导。发挥政府的主导作用并不意味着政府包办，而是将政府职能从“办文化”向“管文化”转变，处理好主导与引导的关系，积极吸纳社会力量参与公共文化服务体系建设。

吸纳社会力量参与公共文化服务，能够激发各类社会主体参与公共文化服务的积极性，促进形成公共文化服务建设主体多元化的格局，从而提升服务总量和服务成效，使公共文化服务产品更加丰富，多层次满足群众的文化需求；社会力量以投资或捐助设施设备、兴办实体、资助项目、赞助活动、提供产品和服务等多种方式参与公共文化建设，增加了公共文化服务的投入来源，优化了公共文化投入结构；社会力量的参与能有效促进政府职能转变，使政府由办文化向管文化方向发展，腾出精力更好地对公共文化服务体系建设进行谋划和监督；广泛吸呐社会力量参与公共文化服务，引入竞争机制，有利于推动各类具备资质、符合条件的文化企业和社会机构开展公平竞争，通过竞争促进创新，从而带动公共文化服务水平的不断提高。

---

① 陈慰，巫志南.公共文化社会化发展中政府主导实现方式分析——以上海、宁波、株洲为例[J].图书馆杂志，2020，39(4)：62-68.

再次，由政府进行宏观指导和资金投入，吸纳社会力量参与的建设模式在国外的阅读品牌建设中也并不鲜见，已有非常成熟的品牌项目。如英国的“阅读起跑线”项目是英国图书信托基金会的子项目，由英国艺术委员会举办，除了从英国艺术委员会获得拨款外，该项目还获得来自英国教育部，英国文化、媒体与体育部以及儿童、学校、家庭部的拨款，而英国图书信托基金会本身就是由英国艺术委员会资助的独立慈善组织。此外，“阅读起跑线”项目大部分的资金还来源于图书信托基金向社会各界取得的募捐，包括出版机构、服装企业、玩具商、影视公司等[①]。也就是说，“阅读起跑线”项目所体现出来的正是所谓“一臂之距”的公共文化服务建设模式：即政府设立一级中介机构，这类机构受政府委托，决定对被资助的文化项目的财政拨款，并对拨款使用效果进行监督评估；而政府文化主管部门只对文化建设进行宏观政策指导和财政拨款，与具体的文化事务之间保持一定距离。由于这类中介机构由文化领域的专家组成，而非政府官员，也决定了公共文化建设必然有各种社会力量参与其中[②]。美国的国家级阅读品牌“一书一城”已推广至全美，以芝加歌为例，活动命名为“一书，一芝加哥”，由芝加哥公共图书馆和市长办公室共同举办。活动得到政府、图书馆、企业和其他社会团体的支持，除政府提供活动资金外，众多企业还通过芝加哥公共图书馆基金会提供赞助[③]。

复次，包括“鸿雁悦读”计划在内的我国影响较大、发展较好的城市阅读品牌建设的实践也充分证明了政府主导、社会力量参与对品牌的持续发展和创新有着重要作用。2021 年 4 月，为全面了解各地全民阅读品牌的传播影响力，全民阅读与融媒体智库发布了《2020 年度“书香中国”全民阅读品牌传播影响力大数据研究报告》，报告对 41 个地区的“书香中国”全民阅读品牌进行了大数据分析，研制出综合传播影响力榜单，发现“党委和政府倡导培育、社会各界参与”是上榜阅读品牌的共同特征之一[④]。不同的城市，由于历史、文化、经济发展、民风民俗等的不同，城市阅读品牌的建设方式也会有所差异，

---

① 黄巾 . 英国婴幼儿“阅读起跑线”项目研究［D］. 重庆：西南大学，2018：1-44.

② 孔进 . 公共文化服务供给：政府的作用［D］. 济南：山东大学，2010：51-53.

③ 王小平 . 中美两国“一书一城”阅读推广活动比较研究——以哈尔滨市和美国芝加哥市为例［J］. 图书馆工作与研究，2020（5）：38-44.

④ 全民阅读与融媒体智库课题组 . 2020 年度“书香中国”全民阅读品牌传播影响力大数据研究报告［DB/OL］.［2021-11-04］. http://www.chinalibs.net/ArticleInfo.aspx?id=504840.

但成功的阅读品牌建设几乎都是政府主导、社会力量参与建设的结果。如前所述，“鸿雁悦读”计划的发展就很好地证明了这一点。“鸿雁悦读”计划通过出台公共文化政策、政府专项经费保障、政府有效的组织与引导以及与社会力量长效合作机制的建立，保障了品牌的健康有序发展，实现了政府、社会力量、图书馆、公众等的多方共赢。一些其他城市的较大规模的阅读品牌如“深圳读书月”“株洲读书月”“福州读书月”“东莞读书节”“苏州读书节”等，以及中小规模的阅读品牌项目如天津市和平区“文化阅读之旅”项目、合肥市图书馆“保罗的口袋”项目等，这些阅读品牌成功的主要因素是均采用了政府主导、社会力量参与的建设模式。

在政府主导方面，党委和政府的大力倡导扶持以及相关法规的出台是城市阅读品牌得以持续发展的关键因素。“鸿雁悦读”计划除了内蒙古自治区制定的基本公共文化法律法规、公共文化服务体系示范区相关规划和制度外，内蒙古自治区党委、呼和浩特市委还印发了专门针对“鸿雁悦读”计划的三年行动规划和实施意见，不仅为“鸿雁悦读”计划的初期发展创造了条件，还以政策文件的形式将其经验推广到整个自治区，使“鸿雁悦读”计划能够持续发展；“深圳读书月”通过深圳政府制定的全国首部全民阅读地方性法规《深圳经济特区全民阅读促进条例》，明确规定了“每年 11 月为深圳读书月”，同时历届深圳市委市政府都从城市文化发展战略的高度对其进行规划、统筹与部署；“东莞读书节”是依托图书馆总分馆体系而设立，因而在《东莞市公共图书馆管理办法》中对这一阅读活动的举办进行了明文规定，资金支持则是通过东莞市委、市政府两办下发读书节工作方案通知的形式要求各级政府落实。“福州读书月”通过《福州市文明行为促进条例》的颁布，将其纳入“书香榕城”的大框架下而写入该条例，同时研究制定《关于持续深化“书香榕城”建设的意见》对全民阅读进行规划指导。由于这些阅读品牌均被写入地方性法规，有了合理合法的“身份”，政府的资金支持也就有了充分的保障。而天津市和平区“文化阅读之旅”项目则是通过政府购买的方式鼓励和引导社会力量参与，旨在带领全区人民通过读书会、阅读推广活动等多种方式“讲好和平故事，领读美好生活”的阅读品牌[①]；合肥市图书馆“保罗的口袋”项目是在合肥市政府主导下

① 杨奕.社会力量参与公共图书馆全民阅读推广的实践与思考——以天津市和平区“文化阅读之旅”项目为例[J].图书馆工作与研究,2019(S1):142-146.

打造“悦书房”城市阅读空间品牌过程中创建的与名为“保罗的口袋”的书店合作而建成的品牌项目[①]。

在与社会力量合作方面，“鸿雁悦读”计划的合作机构涵盖了居民日常生活的方方面面，除新华书店外，还包括机关、部队、学校、医院、社区、银行、商场、加油站、市民服务中心、公交公司等企事业单位；“深圳读书月”动员了从政府各部门到各区，从企业到社区，从学校到工厂，从宣传文化界到社会各界的全方位参与；第十二届“株洲读书月”全年开展的540多场活动中，由社会组织开展的活动就达到181场（次），超过当年活动总数的30%[②]。“福州读书月”从第十届开始，由福州市文明办牵头成立福州阅读联盟，整合了福州市实体书店、出版发行机构、新闻媒体、书院、图书馆、阅读组织等各方资源，为市民开展名师讲座、好书分享会、悦读慢火车等阅读活动；“苏州读书节”主题活动和重点活动大都为阅读节组委会与书店、电台、报社、出版社、慈善组织、学校、志愿组织等合作举办。正是在政府的鼓励、引导、推动和撮合下，社会力量的广泛参与，为这些阅读品牌注入了活力，让群众更方便地获得丰富多彩的文化服务，满足群众多元化需求。

最后，从品牌本身的建设和宣传来看，政府主导下的广泛的社会力量参与，除了可以丰富品牌内容之外，还有助于品牌的传播和社会影响力的扩大。文化已经渗透到社会生活的各个领域，公共文化建设与各领域、各行业的联系十分密切，通过整合资源，凝聚各方面力量共同推进品牌发展，一方面有助于营造品牌形象，另一方面可以扩大阅读品牌的覆盖范围，使群众对品牌更加了解，提升品牌认知度。例如，一些品牌通过大量招募和培训志愿服务人员协助或参与服务开展，这些人员来自各行各业，对阅读推广抱有极大热情，他们或作为领读者，或作为活动组织者、主持人、讲座主讲人，甚至只是活动的秩序维持者，对阅读品牌的高度认可是他们作为志愿者的动力，对品牌活动的亲身体验使他们能够感同身受地将品牌宣传出去。同样，以机构名义参与阅读推广，对机构内部成员也能起到直接的宣传效果。

---

① 严贝妮，程诗谣. 公共图书馆与民营实体书店合作共建阅读阵地的案例解析——以合肥市图书馆与“保罗的口袋”合作为例[J]. 图书馆研究与工作，2019（4）：28-34.

② 文樱，谢昱婷，严丹. “书香集市”人气旺！第十二届“株洲读书月”系列活动启动[DB/OL]. [2021-11-04]. http://www.chinalibs.net/ArticleInfo.aspx?id=504843.

二、线上线下融合互动的灵活服务体系

这里有两个概念需要明确：在线阅读推广和数字阅读推广。在线阅读推广不仅包括通过网络向用户推广和提供数字资源、在线资源、数字服务、网络资源、线上活动等，也包括通过网络向用户推广其线下服务；而数字阅读推广指通过网络或线下方式向用户推广和提供数字资源、在线资源、网络资源等可直接阅读的资源。从服务方式来讲，未来城市阅读品牌将会向着线上线下融合互动的灵活服务方式转变，这不仅是用户的需求，也是品牌自身发展的内在需求（这里的线上就指在线阅读推广方式），主要体现在以下几个方面：

首先，建设线上线下融合互动的服务体系是适应公众阅读习惯变化的需求。中国新闻出版研究院发布的《第十八次全国国民阅读调查》结果显示，2020 年我国成年国民报纸、期刊的阅读率分别为 25.5% 和 18.7%，较 2019 年均有下降；数字化阅读方式（网络在线阅读、手机阅读、电子阅读器阅读、Pad 阅读等）的接触率为 79.4%，较上一年有所增长。接触过数字化阅读的人群中，18—49 周岁的中青年群体占 76.8%；50 周岁及以上人群占 23.2%，较上年增长 2.8%。在数字化阅读方式中，76.7% 的成年国民进行过手机阅读，71.5% 的成年国民进行过网络在线阅读。此外，超七成未成年人接触过数字化阅读[①]。第 45 次《中国互联网络发展状况统计报告》显示，截至 2020 年 3 月，我国城镇网民规模为 6.49 亿，网民人均每周上网时间为 30.8 小时。20—49 岁网民群体占比 59.9%，50 岁及以上网民群体占比 16.9%，互联网持续向中高龄人群渗透[②]。这一系列数字表明，数字阅读已成为主流的阅读趋势，网络已成为社会生活的重要组成部分。2021 年 6 月 10 日，文化和旅游部发布的《“十四五”公共文化服务体系建设规划》中提到，要“主动适应公众阅读习惯和媒介传播方式变化，通过新媒体广泛开展在线阅读推广活动，吸引更多群众特别是年轻人参与。”可见，顺应社会公众的数字化阅读趋势和网络化生活方式，开展在线阅读推广已成为未来城市阅读品牌服务方式的发展方向之一。

其次，线上线下融合互动可扩大品牌覆盖范围，弥补地理位置造成的不

① 中国新闻出版研究院全国国民阅读调查课题组.第十八次全国国民阅读调查主要发现[J].新阅读,2021(5):7-9.

② 中国互联网络信息中心.第45次《中国互联网络发展状况统计报告》[EB/OL].[2021-11-14].http://www.cac.gov.cn/2020-04/27/c_1589535470378587.htm.

便。本书中，“鸿雁悦读”计划开展的线上线下结合的“你荐书，我买单”服务、“鸿雁悦读”App 的“鸿雁快借”功能、线上线下联动开展的阅读推广活动、数字阅读的推广等都很好地帮助市民克服了由于距离问题而无法参加阅读活动或借阅图书的困难，真正打通了公共文化服务的最后一公里，也极大地拓展了“鸿雁悦读”的品牌覆盖范围。2020 年新冠疫情肆虐以来，公共图书馆纷纷开展线上服务，涌现出了一批线上阅读推广的优秀案例，更进一步说明在线阅读推广对扩大品牌覆盖范围的强大作用。由于疫情防控的需要，线下的阅读推广活动受到极大限制，湖北省图书馆通过“互联网云平台＋经典共读”开创了“我拆你思”线上阅读推广活动，以直播和短视频等多种方式，通过读者线上多地联动、名家互动等情景式阅读模式，形成了“拆书三人行、外文拆书、名家共拆、双城共读”等活动形式，仅开播两个月访问量就达数万次，品牌覆盖范围由一家图书馆扩展到多家图书馆，“双城共读”更是以武汉为原点，每期选择一个城市进行互动，品牌覆盖范围又拓展到多个城市[①]。“走读广西”是广西图书馆疫情期间创建的线上线下联动开展的阅读品牌活动。该活动以《广西公共文化场馆导览图》为引，在微信公众号上开启在线“走读广西”之旅，带领广大读者“云游”广西美景、“云尝”广西美食、“云听”广西故事，对全区 14 个地市进行了“走读”；在疫情防控形势向好后，联动全区市级公共图书馆开展了了“走读广西·八桂美圕”展览等线下活动。线上线下活动的联动开展，不仅扩大了品牌覆盖范围，还进一步提升了品牌的社会影响力[②]。

其次，传播形式的多样化更利于品牌推广。线上阅读推广可整合多种媒体形式，通过文字、图片、视频、音频等传播形态，以新媒体为主，传统媒体为辅进行品牌传播和服务提供。“鸿雁悦读”计划通过微信公众号、“鸿雁悦读”App 提供服务，同时其宣传推广既有报纸、电视台等传统媒体，也有以互联网为传播平台的新媒体，且以新媒体的报道更为广泛，微信平台，网易号、百度号等自媒体、专业网站、各大新闻门户网站的手机客户端等等为“鸿雁悦读”在自治区乃至全国的传播发挥了重要作用。此外，“鸿雁悦读”参加由内蒙古自治区文化和旅游厅主办，内蒙古自治区旅游协会承办，内蒙古广播电视

① 曹锐，汪敏．疫情时期公共图书馆阅读推广新方式的探索实践——以湖北省图书馆“我拆你思”直播为例［C］// 中国图书馆学会．中国图书馆学会年会论文集（2020 年卷）．北京：国家图书馆出版社，2020：8．

② 秦小燕．后疫情时代 最是书香能致远［N］．新华书目报，2020-12-25（43）．

台协办的首届内蒙古网红打卡地投票评选活动，体育场鸿雁书屋高票入选最终获奖名单，以公众在线参与的方式，实施了一次效果显著的网络传播活动，其快速获得的关注度、持续有效的宣传效果是传统媒体无法比拟的。书香中国·北京阅读季是北京地区的阅读推广品牌。2020年第十届书香中国·北京阅读季与千龙网、搜狐网、凤凰网等22家网站合作策划开展“E-读”系列活动，通过图文、网络直播、短视频等多种形式，开展系列“线上读书节”活动；通过聚合阅读活动信息、打造“晒书”品牌活动、优化阅读内容供给、延展以数字阅读为主的阅读形式等，扩展了品牌影响力①。2021年深圳读书月期间，除人文讲坛、诗文朗诵会等线下活动外，通过新媒体举办的线上活动也是深圳图书馆阅读推广的重要内容之一。深圳图书馆联合全市公共、高校图书馆共同举办的“阅在深秋”公共读书活动，将通过微信、微博、抖音、视频号、B站发布深圳图书馆新媒体IP形象，展示文创产品；读书月期间，深圳图书馆还将开展“我有一个‘搜’主意——现代信息素养提升行动”，活动围绕搜图书、搜文章、搜信息、搜专利、搜音乐等内容，通过微信视频号、抖音、微博、微信公众号等新媒体平台，指导市民多角度利用图书馆，随时随地获取信息与知识②。

俄罗斯的“阅读马拉松”活动是一个典型的多媒体介入的线上线下阅读推广活动。其活动主要流程为，读者经过官网报名，电视广播直播拍摄马拉松接力朗读过程，上传视频至官网和欧洲人数最多的社交平台VK，公众在线跟读和讨论。成功入选的读者可在各地地标建筑内朗读2至3分钟。2015年的活动吸引了全球6000多名读者报名，最终来自俄罗斯及其他国家的30多个城市的1300名读者入选，朗读内容为《战争与和平》。活动结束后，所有参与者的朗读视频被上传至官网和VK公众号，并设计了包括网络版和移动终端版的交互式阅读程序“活着的页面”，读者可参与《战争与和平》的评论、问答游戏并获得专家点评。多媒体介入和线上线下的互动使得该活动在俄罗斯掀起了一场“阅读狂欢”③。

---

① 李忠，姚贞，马萧萧，等．读书之乐 绿茵满窗［N］．中国新闻出版广电报，2021-06-25（8）．

② 聂灿．深圳读书月启幕，深图18项重点活动轮番登场！［DB/OL］．［2021-11-07］．http://www.chinalibs.net/ArticleInfo.aspx?id=505007.

③ 樊伟，李桂华，姜晓，等．全媒体环境下的阅读推广活动典范——俄罗斯“阅读马拉松”活动个案分析［J］．国家图书馆学刊，2017，26（6）：43-49.

最后，线上线下融合互动可使服务更灵活。所谓线上线下融合互动的灵活服务体系，是指既重视线下的公共阅读空间对阅读推广的作用和效能，又能充分利用线上阅读推广的优势，使阅读品牌能尽量满足不同读者的多元化需求，遇到突发公共情况，线上线下还能够灵活转换和互补，特殊时期当线下场馆无法开展活动时，线上活动能够为大多数受众提供服务，做到服务不间断；而在正常服务期间，用户可以自我选择线上或线下服务。“鸿雁悦读”计划在公共文化设施网点快速布局的同时，微信服务号和订阅号、“鸿雁悦读”App同时开展线上服务，疫情期间线下服务网点关闭后，线上服务依然能满足读者需求。当然，每个阅读品牌建设的侧重点不同，一些品牌侧重于线下公共阅读空间建设，一些品牌则侧重于提供在线服务，还有些品牌二者兼而有之。但无论哪种建设方式，线上线下并行将成为阅读推广品牌建设的新常态。尤其是2020年新冠疫情发生以来，阅读推广服务发生了很大变化，加速了线上线下融合的进程。在疫情防控阶段，在线服务以其便捷性、多样性、包容性和互动性成为主要的服务方式；疫情向好后，随着线下活动的逐步恢复，线上阅读推广并没有完全停下来，而是成了很多公共图书馆的常态化推广方式。在全球新冠疫情走向仍然极不确定的情况下，公共图书馆等阅读推广机构需要适应阅读推广的新发展趋势，从思维、专业素养、数字化平台、开发目标受众群体等方面做出改善和调整，以疫情为契机，重新布局和策划阅读品牌建设。

值得一提的是，“融合”应包含两个层面的意思，一是活动内容的融合。线上线下活动并行开展，并不是简单地同时开展活动，只有线上线下相互促进、相互补充甚至相互代替，才能做到真正的融合。在“鸿雁悦读”的案例中，节日期间的阅读推广活动采用线上线下结合的方式，即线上活动与线下活动内容主题一致，形成互补，参加线上活动有助于读者更好地融入线下活动。一些阅读推广机构以线下举办活动、线上提供资源和阅读指导的方式进行线上与线下融合，对于开展线上阅读推广较少的机构来讲，不失为一种品牌提质增效的有效途径。有学者根据0—3岁幼儿阅读特点，构建了线上线下融合的早期亲子阅读推广模式：即线下活动以故事剧演绎、幼儿角色体验、创意手工、家长经验分享等为主；线上进行资源推送，包括成长书单、成长音频故事、阅读方法指导以及拓展资源等。随后将此模式应用于实践，通过微信公众号进行线上资源推送，设置互动模块和线下活动申请，同时设计和编排了线下创意亲子阅读体验活动。参加线下活动的幼儿家庭由于先期在线上接受了阅读指导和收听音频故事，因而线下活动取得了很好效果，受到家长好评[①]。二是用户的融合。要让用户知晓和使用线上线下服务，避免出现“剃头挑子一头热”现象。“鸿雁悦读”计划由于重视对无法到馆的基层群众线上服务的培训和宣传，几年来不仅线下活动参与人数众多，线上活动读者也积极踊跃参加，图书馆各类数字资源的读者利用率居高不下。除了加强宣传，线上活动应避免出现全部为资源推送类，也应尝试设计参与和互动类活动，以吸引更多读者参加。总之，从服务方式上来讲，线上线下活动的真正融合，成为相互促进、补充、替代的灵活服务体系是未来阅读品牌的建设方向。

三、文旅融合将成为创新着力点

文旅融合是新时期公共文化服务建设与发展的新引擎新动力，近几年理论研究和实践探索丰硕，创新不断，文旅融合同时也成为城市阅读推广实践的新方向：如开展研学旅行活动，在景区、景点或旅游服务区设置阅读空间或图书馆分馆，将一些公共阅读空间发展成为“网红打卡地”；图书馆进行的旅游文献资源建设；等等。2019 年 12 月和 2020 年 4 月，文化和旅游部公共服务司分别印发了《关于开展文化和旅游公共服务机构功能融合试点工作的通知》和补充通知，在全国范围遴选确定了 172 家公共文化机构和旅游服务中心作为试点单位，围绕公共文化机构与旅游公共服务设施共建共享，为当地旅游发展提供文化资源支持，增加旅游宣传功能，与旅游服务中心等统筹建设，以及与旅游服务中心合作开展文化旅游志愿服务等方面进行探索。旅游元素的融入，为全民阅读推广活动增添了新的内容、方式和手段，是新时期城市阅读品牌创新的着力点。在已有的城市阅读品牌建设实践中，文化与旅游的融合为这些品牌带来了亮点甚至成为品牌成功的关键因素；而在未来的发展中，我国提出的全域旅游的旅游业发展理念使文旅融合的前景更为广阔，也为城市阅读品牌建设与创新带来更多机遇。

首先，文旅融合在城市阅读品牌创建实践中已经展现出重要作用。在“鸿雁悦读”计划的案例中，青城驿站是呼和浩特市政府为解决市民如厕问题而实

---

① 王春晓，刘浩. 线上线下融合的早期亲子阅读推广模式构建与应用研究[J]. 教育观察，2020，9(20)：3.

施的一项民生工程，其设计与地域文化、街道景观互相融合，选址多围绕主街区和旅游景点周边，是呼和浩特市一道靓丽的风景线。“鸿雁悦读”计划巧妙地将备受市民和游客喜爱的青城驿站打造成鸿雁书房，并将一些重点书房打造成“网红打卡地”，使鸿雁书房声名远播，直接带动了“鸿雁悦读”计划的推广。除此之外，近几年，我国其他一些地区探索通过文旅融合进行的城市阅读品牌建设，将阅读推广置于旅游的背景下为公众提供文化服务，让我们看到了文旅融合在城市阅读品牌创新中发挥的重要作用。

以景区及其配套设施为阅读推广场景。为推动完成《广东省加快推进文化和旅游融合发展三年行动计划（2020—2022年）》中关于公共文化设施引入旅游行业的重点任务，将公共文化服务打造成文旅融合创新探索示范领域，2020年4月，广东省文化和旅游厅下发《关于在旅游行业开展文旅融合“粤书吧”试点工作的通知》(以下简称《试点通知》)，探索通过树立全省统一标识品牌，在旅游景区、酒店、民宿和旅游交通集散地（机场、客运站等）等旅游经营单位，设立当地图书馆分馆或服务点的文旅融合创新形态，拓展新的阅读空间。为规范“粤书吧”建设，广东省文化和旅游厅制定了《广东省“粤书吧”建设指引（试行）》《“粤书吧”必备书目》，对“粤书吧”的建设范围、建设方式、建设标准、建设步骤进行了规定。其中，建设标准规定了“粤书吧”的馆藏建设、借阅方式、配套活动培育、人员培训、绩效评估等。《试点通知》还对项目资金落实、补助标准、资金用途进行了部署。2020年推出首批86家“粤书吧”试点，打造一批先行先试典型样板，在全省范围进行推广。在“粤书吧”的示范引领下，省内各地纷纷结合本地实际建设新型阅读空间，截至2021年10月，广东省各地新型阅读空间建设项目共82个，共建成新型阅读空间2080家①。“粤书吧”成为政府主导、社会力量参与、文旅融合的新型城市阅读品牌，带动了区域公共文化服务的发展。

以交通工具为阅读推广场景。北部湾经济区图书馆服务联盟是2019年广西成立的旨在整合北部湾经济区南宁、北海、钦州、防城港、玉林、崇左六市公共图书馆资源，实现“一卡借遍六个城市”的全国首个跨行政区域的图书馆联盟共同体。2020年6月起，该联盟在南宁、北海、钦州等联盟图书馆所在城

---

① 广东省文化和旅游厅. 广东建成2000多家“粤书吧”类新型阅读空间［DB/OL］.［2021-11-09］. http://www.gd.gov.cn/zwgk/zdlyxxgkzl/whjg/content/post_3578552.html.

市的高铁站候车厅或高铁集散中心试点启动了全国首个高铁读书驿站项目，实现了让旅客“上车借、下车还”的图书借阅模式。旅客自助免押金办理借书证或验证身份证后，便可自由借阅书刊，并可在联盟城市图书馆或读书驿站异地归还。高铁读书驿站不仅成为旅客的现代“歇脚驿站”，也成为促进文化传播的“文化驿站”，创新性地推进了文旅融合发展①。

以旅游文献资源为推广内容。2016 年，宁波市图书馆和原宁波市旅游局合作，在“宁波城市旅游之窗”设置了特色主题阅读分馆——人文地理馆。宁波城市旅游之窗是宁波海丝国际旅游交流中心对外打造的形象品牌，人文地理馆契合宁波城市旅游之窗的整体主题，馆内藏有世界地理、中外文学、风土人情、游记散文等人文地理主题的特色书刊 3000 册，配有自助借还机和计算机，为市民和来南塘景区参观的旅客提供宁波全市公共图书馆的“一卡通”通借通还服务，同时在人文地理馆推出了“读行天下”特色读书沙龙品牌，着力打造人文历史地理类读书沙龙，把讲堂文化和旅游文化融合起来，结合全球人文景观，突出表现世界各地经济、文化和历史的不同特色，成为市民游览世界、学习新知的文旅融合新品牌。沙龙讲座内容通过微信、网站、新媒体客户端、电视等平台广泛传播，赢得了良好的社会口碑②。

其次，全域旅游的发展理念为城市阅读品牌构建和创新带来的更多机遇。旅游元素的融入为城市阅读品牌建设和创新带来了无限可能，上述几个案例所反映的融合方式应该是最直接的公共文化服务与旅游的融合，也就是直接为游客提供阅读服务。随着文化和旅游业的发展，文旅融合的深度和广度还会不断推进，尤其是近几年我国提出的全域旅游的旅游业发展理念，使文旅融合的前景更为广阔，也为城市阅读品牌创新带来了更多的机遇。

所谓全域旅游，就是将一定区域作为完整旅游目的地，以旅游业为优势产业，统一规划布局、优化公共服务、推进产业融合、加强综合管理、实施系统营销，不断提升旅游业现代化、集约化、品质化、国际化水平，更好地满足旅游消费需求。2015 年 9 月，国家旅游局颁布《关于开展“国家全域旅游示范区”创建工作的通知》，启动开展“国家全域旅游示范区”创建工作。2016 年

① 唐颖倩. 这里是广西 | “高铁读书驿站”让“上车借、下车还”成为现实［DB/OL］.［2021-11-09］. https://baijiahao.baidu.com/s?id=1683134526992296219&wfr=spider&for=pc.

② 徐益波，毛婕. 打造公共图书馆文旅融合的“宁波样本”——宁波市图书馆文旅融合服务实践探析［J］. 图书馆研究与工作，2019（9）：10-12.

2月，国家旅游局公布了首批国家全域旅游示范区创建名录，共计262个；同年11月，国家旅游局公布了第二批国家全域旅游示范区创建名录，共计238个。2019年和2020年，文化和旅游部分别公示了第一批和第二批国家全域旅游示范区名单。为指导各地促进全域旅游发展，2018年3月，国务院办公厅发布了《关于促进全域旅游发展的指导意见》，提出要从封闭的旅游自循环向开放的“旅游+”转变，从企业单打独享向社会共建共享转变，从景区内部管理向全面依法治理转变，从部门行为向政府统筹推进转变，从单一景点景区建设向综合目的地服务转变，并部署了全域旅游发展的主要目标，即旅游发展全域化、旅游供给品质化、旅游治理规范化和旅游效益最大化。国家全域旅游示范区的创建以及国家对全域旅游发展的规划为文旅融合的公共文化服务和城市阅读品牌构建提供了创新契机。主要表现在以下几个方面：

一是旅游发展全域化带来的机遇。全域旅游就是要做好“全”字文章，突破区域、行业、部门的局限，对城市来讲，就是要把整个城市当作一个大景区进行谋划，既要“到处是风景，到处有服务”，更要通过“旅游+”的方式带动整个城市的发展，这就要求旅游公共服务逐渐形成包括旅游基础设施、公共服务设施和公共服务制度的完整体系。而目前，我国公共文化服务设施已基本实现全覆盖，城市公共文化服务体系越来越完善，城市公共文化正在向着“全域服务”的方向发展，因而文化与旅游融合和碰撞的点也会越来越多，对于以全民阅读为目标的城市阅读品牌建设来说，只要善于发现，创新的机会也会越来越多。例如，旅游景区的厕所体验直接影响着游客的整个旅行过程，很多城市通过推动厕所的升级改造带动旅游公共服务品质的提升。“鸿雁悦读”计划抓住这一机遇，将升级改造后的厕所青城驿站再次升级后成为鸿雁书房，推动了品牌传播，也为旅游公共服务注入了文化内涵。

二是旅游供给品质化带来的机遇。提升旅游品质，必须创新旅游产品供给，深入挖掘城市历史文化、地域特色文化、民族民俗文化等，为城市铸魂，提升旅游吸引力。目前，对传统文化的再挖掘已经成为城市打造文旅融合的重点工作。将历史文化挖掘、传承与阅读推广结合，构建具有当地特色的阅读品牌，不仅更易被群众接受，还能为旅游的品质化添分加彩。“鸿雁悦读”计划启动的历史文化遗产长期保存数字工程青城记忆，就是对呼和浩特市历史、文化、民俗等进行挖掘而制作的记忆工程，通过与国家图书馆中国记忆口述历史大型文化项目对接，加强了国内外公众对呼和浩特文化的认知，扩大了呼和浩特市的社会影响，也成为“鸿雁悦读”计划创新服务方式、拓展服务外延的重要手段。“龙江文脉”是黑龙江省图书馆通过挖掘鲜卑文化、渤海文化、金源文化、满族文化等地域特色文献打造的地方文献阅读品牌，一方面为区域旅游名片提供史料支撑；另一方面，设置龙江文史、龙江旅游、龙江学人等主题版块，通过专题讲座、口述史录制、读书会、龙江技艺展示等阅读形式，推广地方文献阅读[①]。

三是实施旅游品牌战略带来的机遇。实施品牌战略，打造主题突出、传播广泛、社会认可度高的旅游目的地品牌，建立多层次、全产业链的品牌体系，提升区域内各类旅游品牌影响力是发展全域旅游的重要内容。如果在旅游品牌中能够统筹考虑融合相关公共文化服务作为品牌内容，使旅游品牌内涵更丰富，服务更全面。不同的旅游品牌能够融合的公共文化服务内容也会不同，这就要求公共文化服务机构能够审时度势，宜融则融，能融尽融，将适合的服务嵌入到旅游品牌中，构建与旅游品牌相关联的阅读品牌，互相依托，共同发展。泰山九女峰乡村度假区将民宿“故乡的云”打造为国内顶尖的精品民宿，也是网红打卡地，坐落在此的九女峰书房是整个民宿的神来之笔[②]，其云朵的造型与泰山云海的波澜壮阔相呼应，为九女峰景地增加了浓浓的文化韵味。“三月三”是广西壮族的传统节日，自 2014 年起，广西将每年的“三月三”定为法定传统假日。而“壮族三月三・八桂嘉年华”文化旅游消费品牌活动也逐渐走向全国，各地游客积极前往广西旅游，体验壮族民俗文化风情。广西图书馆抓住这一契机，每年“壮族三月三”节日期间，都会推出系列民族文化活动，如民俗及手工制作体验、童心巧手‘三月三’——少儿民族手工作品线上征集活动”、山歌沙龙演唱、现场织壮锦绣香包等活动，为游客和市民奉上民族特色盛宴。

总之，文旅融合的时代下，全域旅游的发展，从旅游公共设施建设到旅游公共服务制度的建设，再到旅游公共服务体系制度的推进、把控、监管，公共文化服务和旅游公共服务有很多东西可以互相融合发展，城市阅读品牌的构建和创新也面临巨大发展机遇。

① 王文娟. 文旅融合视域下地方文献阅读品牌建设研究——以“龙江文脉”品牌为例[J]. 图书馆研究与工作，2019（12）：57-60.

② 王燕，张琦，董慧. 公共图书馆传统文化阅读推广实践探析——以山东省公共图书馆为例[J]. 人文天下，2021（7）：49-55.

四、未来将面临的挑战与发展困境

随着互联网和智能终端设备的迅速普及，信息传播和获取的途径在不断变化，这些变化会直接影响品牌的传播效果和范围。未来城市阅读品牌的构建和传播能否及时调整策略，在专业、人员、服务等方面适应这些变化或将面临巨大挑战。

以短视频为例。2015 年后，短视频 App 呈现出爆发性增长态势，成为移动互联网领域炙手可热的手机应用程序之一。短视频内容短小精悍、制作简单、传播快捷，适合各类用户利用零散和碎片化时间观看，因而很快受到人们追捧。第 45 次《中国互联网络发展状况统计报告》显示，2020 年，我国手机网民经常使用的各类 App 中，短视频应用的使用时长占比为 11%，同比增加 2.8 个百分点，增长明显；截至 2020 年 3 月，短视频用户已达 7.73 亿，占网民整体数量的85.6%[①]。由于短视频融入了动作语言和声音语言，把人带入了高级版的传达信息、接收信息和处理信息的状态，借助互联网的传播，视频语言渐有成为霸主地位的趋势[②]；目前短视频的发展越来越规范，其内容质量、深度、知识的系统性也在不断完善。此外，与短视频同样火爆的还有网络直播。网络直播以其内容丰富、交互性强，不受地域限制，推广效果好，且现场直播完成后，还可以随时为读者继续提供直播回放、点播，能有效延长直播的时间和空间，因而备受青睐。截至 2020 年 3 月，我国网络直播用户规模达 5.60 亿，较 2018 年底增长 1.63 亿。“短视频发布 + 直播”实现了平台与用户、用户与用户之间的高度互动。这种用户关系模式已被实践证明具有巨大的市场价值，被商业互联网领域广泛采纳[③]。不仅仅是个人和企业涌向短视频和网络直接平台，一些官方平台也纷纷将短视频视为新的宣传阵地。以抖音 App 为例，截至 2020 年 10 月，已有超 4 万家政务机构入驻抖音，累计发布超 200 万条短视频[④]。

---

① 中国互联网络信息中心.第45次《中国互联网络发展状况统计报告》[EB/OL].[2021-11-14].http://www.cac.gov.cn/2020-04/27/c_1589535470378587.htm.

② 佘江涛.公号的三种语言及发展[J].新阅读,2021(10):50.

③ 于春萍,张新宇.图书馆阅读推广面临的挑战——基于国民冰水沙河人阅读需求的分析[J].图书馆研究,2019,49(6):84-89.

④ 亚伟.政府机构入驻短视频平台,引领新风貌[EB/OL].[2021-11-14].https://www.sohu.com/a/429678369_190700.

而对于阅读推广机构来说，短视频的利用还相对较弱。一项对公共图书馆短视频应用的网络调查显示，截至 2021 年 3 月 21 日，开通抖音账号的公共图书馆仅有 234 家，其中发布短视频作品的图书馆有 201 个，作品数量最少的 2 个，最多的 596 个；粉丝数量最多的江西省图书馆为 49 万人，粉丝数最少的仅为 2 人，粉丝数过万的图书馆仅有 9 个；抖音号内容多为馆舍宣传、图书推荐、阅读活动、馆藏推介、设备使用指南等；一些图书馆抖音视频更新慢或长时间不更新；还有些图书馆的视频缺乏创新，拍摄质量欠佳，数量虽多，点赞和粉丝数却寥寥①。截至2019年，我国有县市级公共图书馆3212家，也就是说开通抖音账号的公共图书馆还不到 10%，且多数运营不佳，鲜有通过短视频进行阅读品牌的推广。

2020 年新冠肺炎疫情发生后，由于线下活动受阻，许多公共图书馆开通了网络直播。如广东深圳市坪山图书馆直播间，邀请优秀读书笔记作者与坪山图书馆馆长连线分享读书心得，引来 3 万多名网友在线观看；湖北省图书馆“相约乡读·‘暑’于我们的约定”演诵会直播，邀请湖北五峰等地的留守儿童、大学生志愿者、朗诵艺术家等云端联欢，吸引246万人次观看②；首都图书馆的统计显示，2020 年 4 月 19 日该馆以直播形式举办的 2020 年“阅读北京”暨世界读书日活动启动仪式，在阅读北京、快手、首图文化云等9个平台同时展开，共收获在线观看人次 222.5 万。但记者调查显示，通过直播开展读者活动对观众来说是新鲜事，许多观众抱着极大热情进入了直播间，但却没给 5 星评价；还有些收看回放的读者，直接选择倍速播放，希望压缩直播中的冗长环节③。一项对全国 34 个省级图书馆 2020 年 1 月至 2021 年 5 月间的网络直播调查数据显示，大部分图书馆的直播连续性较差，有的只有 2 期或 3 期，存在着营销不足、缺少较为成熟的品牌运营模式、文案及海报过于单薄、直播反馈机制不完善等问题④。

---

① 王鑫. 公共图书馆抖音账号运营及优化策略[D]. 保定：河北大学，2021：15-25.

② 赵若姝. 图书馆直播带点什么“货”[EB/OL].[2021-11-14]. http://www.ce.cn/culture/gd/202010/09/t20201009_35865760.shtml.

③ 李洋. 图书馆搞直播，热度能否持续？[DB/OL].[2021-11-16]. http://www.chinalibs.net/ArticleInfo.aspx?id=505549.

④ 阴娜. 基于网络直播的公共图书馆阅读推广服务优化策略研究——以济南市图书馆为例[J]. 图书馆工作与研究，2021（S1）：119-124.

另一项对全国39家开展直播服务的公共图书馆的调查显示，虽然阅读推广活动是图书馆开展直播的重要服务项目，但直播内容多为大型阅读活动的启动仪式，如全民阅读月启动仪式、4·23世界读书日相关活动启动仪式等。讲座因其直播难度较低，且为图书馆线下开展较多的服务类型，因而成为大多数图书馆直播内容首选。此外，调查发现图书馆直播的“跟风”现象较多，缺乏整体的长期规划与目标。疫情期间因线下活动无法开展而推出网络直播的图书馆，疫情好转后，网络直播频次明显降低或干脆停止[①]。

北京大学国家现代公共文化研究中心主任李国新教授指出，未来的公共文化服务与互联网、智能化的结合程度会越来越高。因此，公共文化服务必须作出与新的发展趋势相适应的变革。在服务方式上，需要进一步完善阵地服务和远程服务的相互补充；在服务内容上，需要进一步打通线上服务和线下服务的有机融合；在发展动力上，需要进一步推动公共文化服务的社会化发展；在人才保障上，需要吸引一批适应网络直播、线上服务的专门人才投身公共文化服务。

适应新媒体，紧跟技术发展带来的信息传播和获取途径的变化，未来城市阅读品牌的建设和传播将面临理念、技术、人才队伍等多方面的持续变革。

① 孙雨，张婕.后疫情时代公共图书馆直播服务现状及发展策略［J］.图书馆学刊，2021，43（9）：106-112.

附　录

附录一　“鸿雁悦读”计划入选中共中央组织部《贯彻落实习近平新时代中国特色社会主义思想、在改革发展稳定中攻坚克难案例》

互通互融 共建共享 提升公共文化服务效能
——内蒙古呼和浩特市实施“鸿雁悦读”计划推进全民阅读的探索实践

【引言】 2018 年 8 月，习近平总书记在全国宣传思想工作会议上进一步强调，要推动公共文化服务标准化、均等化，坚持政府主导、社会参与、重心下移、共建共享，完善公共文化服务体系，提高基本公共文化服务的覆盖面和适用性。

【摘要】 当前，公共文化产品和服务的适用性、便捷性是影响基层公共文化服务效能的主要因素。图书馆在为基层群众提供阅读服务的过程中，也面临同样的问题。

呼和浩特市创新实施“鸿雁悦读”计划，以图书馆总分馆体系为纽带，打通图书馆、新华书店和农家书屋的阅读资源，探索文化事业与文化企业深度对接的途径，着力推动全民阅读。一方面，盘活现有资源，构建便捷的阅读网络。以图书馆总分馆制为依托，图书馆与新华书店基层网点、社区综合性文化服务中心合作，在全市设立 64 个分馆；将农家书屋体系的“草原书屋”纳入图书馆总分馆体系中；建成全国首家无人值守书店及在线服务平台，读者可凭借“鸿雁”读书卡通借通还，实现资源融通，有效弥补了公共文化设施的时空限制。另一方面，创新供给方式，将部分采购权交到读者手中，读者可以在新华书店各网点根据自己的喜好购买和借阅图书，将原来由政府采购图书的“配菜”模式变为“群众点单、政府买单、新华书店送单”的“上菜”模式，深受群众欢迎。

“鸿雁悦读”计划的有力实施，进一步推进了基本公共文化服务均等化，调动社会力量参与公共文化服务体系建设，充分发挥倍增效应，走出了一条创新发展之路。

【关键词】公共文化服务“鸿雁悦读”计划 全民阅读 供给侧结构性改革

一、背景情况

提升公共文化服务效能是现代公共文化服务体系建设的一场攻坚战。衡量公共文化服务的效能，一方面要看公共文化服务设施设备是否得到充分有效利用，另一方面要看提供的产品与服务是否满足人民群众的需求。当前，我国公共文化产品和服务质量不高的问题仍然存在。影响公共文化服务效能的主要因素有三个。一是公共文化服务方式无法满足群众日益增长的精神文化需求，供给主体单一，缺乏社会力量和市场主体的参与。公共文化服务机构提供产品和服务的主要方式是“政府端菜”，有时费尽心思端上来的“菜”群众并不满意。二是公共文化服务供给的不均衡。由于城乡之间、县域之间的经济发展水平不平衡，导致文化发展不平衡，文化差距依旧明显。三是公共文化服务供给的不充分。政府提供的基本公共文化产品和服务，不能满足人民群众多元化的文化需求。群众获取基本公共文化产品和服务所需要的时间成本和经济成本成为制约基层公共文化服务效能的主要矛盾。

公共图书馆在面向群众提供服务的过程中，同样会遇到上述问题。如何向公众提供精准、便捷、优质的阅读服务，培育全民阅读氛围，建设智慧、开放、绿色、共享的文化生态，是摆在政府职能部门面前的一道难题。为破解这道难题，经过前期调研、精心策划，2017 年 4 月，呼和浩特市原文化新闻出版广电局筹备实施推动全民阅读的文化惠民工程。随后多次召开工作会议和专家论证会，于 2017 年 11 月 23 日正式启动了“鸿雁悦读”计划。

“鸿雁悦读”计划是借鉴内蒙古自治区图书馆“彩云服务”的经验，从供给侧结构性改革入手，促进要素自主配置和产业融合，构建覆盖全域、全时空的图书馆总分馆体系，降低群众享受公共文化服务获取成本，解决群众阅读“最后一公里”问题而推出的全民阅读品牌工程。该计划在自治区党委宣传部的领导下，由呼和浩特市文化旅游广电局具体指导，委托相关企业作为智库支撑和系统开发，呼和浩特市图书馆与新华书店具体实施。

二、主要做法

“鸿雁悦读”计划立足于破解公共文化服务面临的矛盾和问题：打通社会资源，进行跨部门跨行业合作，提升图书馆的服务效能，让群众在家门口就能享受到优质借阅服务；吸引社会力量加入图书馆总分馆体系，提升合作机构的经济效益、文化内涵和社会影响力；同时，通过与基层书屋的合作，盘活文化存量资源，扩大公共文化服务的覆盖面。

（一）馆店融合，着力创新公共文化服务供给方式

建立“公共图书馆 + 书店”的合作模式，优势互补、深度合作，共同提升服务价值。以往，图书馆新采购的图书资源要按照专业流程和国有资产管理的相关规定进行业务加工和管理，新书上架时间较长，程序复杂，读者无法第一时间借阅新书，而书店从出版社采购回来的新书扫一下书号条码即可上架出售。如今，图书馆和书店合作，将二者的业务系统关联起来，群众可以在最短的时间、以最便捷的方式在书店直接借阅新书，由图书馆和书店进行结算，群众看完书之后可以在附近的图书馆或书店网点还书。图书馆收到群众还书后再对这些书进行分类、贴书标、上架等专业化加工。馆店合作将借书环节前置，将采购加工环节后置，既满足了群众及时看到新书的需求，又保证了对国有资产的规范管理。

自“鸿雁悦读”计划启动以来，呼和浩特市政府投入 975 万元用于图书馆纸质文献采购。图书馆通过招标遴选新华书店作为图书馆图书资源主要供应商，新华书店提供数据加工服务，有效保障了图书馆采购图书的质量和书目数据的准确性。新华书店充分发挥网点优势，将旗下的城市书房和其他网点建设成为图书馆分馆，读者不仅可以买书，还能办理读书卡、借还图书、阅读学习等。在运营方面，图书馆与新华书店通过引进相关文化业态，尝试建立阅读、休闲、娱乐相融合的文化消费综合体运营模式；共同致力于将阅读环境与前沿风尚相结合，为读者提供小型发布会、讲座沙龙、亲子教育等特色服务，改变了传统书店格式化布局和图书馆的单一服务模式，创造富有人文艺术气息的阅读氛围。

为满足当今读者日趋个性化、多元化、随机化的需求，图书馆通过多种渠道解决馆藏选择，把以读者导向为中心的图书选购方式贯穿其中。将专业的图书馆采购与读者荐购相结合，把群众“点菜”与图书馆“上菜”相结合。图书馆成立选书委员会，该委员会由人大代表、政协委员、专家学者、读者和图书馆理事会成员等专家组成，定期决策并及时调整图书馆图书采购计划，完善图书馆藏书体系。通过“鸿雁悦读”线下、线上图书荐购将读者选择的图书直接纳入馆藏，并通过大数据积累分析读者阅读喜好，定期调整图书馆馆藏采购计

划，从而使社会各界都参与到图书馆馆藏建设中，促进公共图书馆藏书体系健康有序发展。

（二）多方合作，社会力量参与公共文化服务的机制创新

推出“图书馆 +”模式，探索社会力量参与全民阅读。呼和浩特市在调研中发现，仅由政府部门提供的公共文化产品和服务难免同质化，难以满足群众多样化的文化需求，还需要充分调动社会力量参与公共文化服务体系建设的积极性，完善多元互动供给格局。

“鸿雁悦读”计划注重发挥社会力量参与公共文化服务的积极性和主动性，努力构建“政府主导、社会参与、共建共享”的良好格局。在与社会力量的合作中，图书馆向合作单位提供一定数量的图书，负责图书流通、读者管理、信息发布以及阅读推广活动的开展。合作单位负责提供场地、日常维护和信息反馈。由于实现了通借通还，方便读者就近阅读，就近借还图书，打破传统图书馆建筑之“墙”，让图书服务融合于社会公众的日常生活。除与新华书店合作外，图书馆还与机关、部队、学校、医院、社区、银行、商场、加油站、市民服务中心等企事业单位和社会力量合作，加快体系网点快速布局，实现市区公共图书馆、城市书房、社会机构等 64 个网点全面联通。对于合作单位，图书馆以读者借阅量作为主要指标进行年度考评，服务效能发挥好的单位和个人可以参加“全民阅读示范基地”“十佳鸿雁书屋”“最美图书管理员”的评选。

“鸿雁悦读”计划使群众方便快捷地享受到了阅读服务，为各类社会合作机构吸引了大量读者和消费者，带动了零售业务的发展，促进了文化消费，提升了文化品位。政府通过指导要素自主配置促进了公共文化服务效能的提升。这种机制创新，构建由点及面、多点互动、开放、共享的阅读新生态，实现了群众、图书馆、书店、其他社会力量和政府多赢的局面。

（三）打通资源，快速推进公共文化服务网络建设

“鸿雁悦读”计划推行多点覆盖，创新借阅方式，推动服务体系建设。全市公共文化设施已基本实现了四级公共文化设施网络“全覆盖”，但结构性矛盾依然存在，特别是在贫困地区、城乡接合部设施网络建设上还存在薄弱环节和难点。为了尽可能提高“鸿雁悦读”计划的覆盖面，图书馆推出了自动借售一体机、流动图书车作为有益补充，打通阅读“最后一公里”。

在服务网络方面，“鸿雁悦读”计划依托图书馆总分馆体系，构建了以呼和浩特市图书馆为中心馆，旗县区图书馆为总馆，乡镇综合文化站为分馆，村

（社区）综合性文化服务中心为基层服务点的四级服务体系网络。读者持身份证在各网点均可办理读书卡，实行“统一办卡、统一管理；一处办卡、多处可用；免费服务，资源共享”。全市所有网点实行图书资源统一采购、统一编目、统一调配、统一标准、统一服务，形成覆盖全市的公共图书馆服务体系。

“鸿雁悦读”计划还将农家书屋体系中的草原书屋纳入图书馆总分馆体系中，打造基层公共文化服务终端。经过多年建设，截至 2018 年底，内蒙古自治区有草原书屋 1 万多个，呼和浩特市有草原书屋 966 个，每个草原书屋都配有一定数量的书刊和电子音像出版物，成为农村、牧区基层公共文化服务的终端。为进一步发挥草原书屋的作用，优化公共文化资源存量，2018 年 11 月，呼和浩特市图书馆将全市部分草原书屋纳入总分馆管理体系，将草原书屋的服务项目和内容与公共图书馆融合，将草原书屋的书刊音像资源与公共图书馆的资源整合在一起，统一编目，统一检索，并为纳入总分馆体系的草原书屋配置了电脑和百余种图书，实现了图书通借通还。加挂鸿雁书屋牌子，推动公共图书馆体系、农家书屋体系实现资源融通，有效解决农村特别是贫困乡村基本公共文化服务能力不足的问题，实现基本公共文化服务的均等化。

在呼和浩特市主城区，“鸿雁悦读”计划依托青城驿站打造鸿雁书屋。自 2017 年 2 月起呼和浩特市政府相关部门在城区主次干道、人流量大、人员密集的繁华路段修建了 1200 多座集便民服务、休闲、文化于一体的城市休闲驿站。为了提升青城驿站的服务功能，在面积较大、周围居民集中、有专人管理维护且具备宽带接入条件的青城驿站中建设城市书房；在面积较大但无专人管理的青城驿站中建设微型图书馆；在面积较小且无人管理的青城驿站中投放数字阅读平台和自动借售一体机，首批建设 70 个，为市民提供公共文化服务。这既是政府主导的一项民生工程，也是公共服务领域整合社会资源的创新典范。

充分发挥流动图书车的作用，开启公交服务模式。流动图书车是一座流动的图书馆，车内装载各类新书 2000 余册，装备自助借还机、自动化遮阳篷、电视、书架、座席等。流动图书车采用开架阅览的方式，还可为读者现场办理读书卡，提供图书借还、信息咨询等与中心馆相同的服务，以满足不同读者的阅读需求。流动图书车由专人负责，实行公交化管理，每月定时定点开进旗县、乡村和城市广场、街道、公园等服务网点，让市民畅享文化惠民工程带来的成果。

建成全国首家无人值守书店——“益友书屋”，读者只需将选择好的图书放在自助结算机上，自动扫描图书信息，形成付款二维码，手机扫码后选择微信或支付宝等支付方式，支付成功后完成结算，整个过程只需一分钟。付款后，门禁系统自动识别，自动打开。无人值守书店使阅读变得更加智能、方便、快捷。在这里读者同样可以享受“鸿雁悦读”的借阅服务。

（四）科技支撑，不断拓展公共文化服务时空边界

打造“鸿雁悦读”互联网支撑与资源整合体系，构建全民阅读“云服务”平台。实现读者、图书馆和新华书店三方共享数据、共享需求、共享渠道，建立了以读者需求为导向，由资源整合管理、书店管理、图书馆管理、读者管理、大数据分析、专家推荐、读者借阅、总分馆八个子系统组成的“鸿雁悦读”平台。通过资源整合管理子系统，将图书馆以及合作单位的书报刊印本资源、数据库资源等各类资源整合在一起，面向用户提供检索、阅读、下载等“7×24”小时的数字服务。通过大数据分析系统，可以将来自全国各地图书馆、实体和网络书店汇聚在一起并进行分析，分析结果可供书店进书、图书馆购书、读者读书参考借鉴。通过一站式在线服务，提高了公共文化服务的精准性和便利性。

发挥“互联网+”的倍增效应，弥补公共文化设施时空局限，丰富读者阅读方式，优化阅读体验。读者可以通过“鸿雁悦读”App、微信、网站等手段，搭建读者荐购模块，与图书馆开放公共目录查询系统相连，提供荐购目录、自定义荐购功能，实现读者线上查询荐书、借书服务。读者需求填写提交后，由图书馆采购人员从后台进行处理。图书馆还与线上书店合作开展线上图书快借服务。读者通过微信查询馆藏后，在网上书城下单“买”书，由快递员将书送到读者手中，读者在规定时限内完成阅读后将书还到图书馆或指定还书点，全程由图书馆买单，读者免费阅读。“鸿雁悦读”App移动端实现多种资源融合，提供书、报、刊一体的数字阅读资源，并实现视频对接。通过App将线下“鸿雁悦读”借阅功能提升，实现卖场扫码借阅，逐步实现图书馆馆藏与数字阅读资源无缝衔接。

（五）立足培育，打造“鸿雁悦读”品牌系列活动

“鸿雁悦读”计划通过多种途径，开展各类主题活动，助力全民阅读。呼和浩特市图书馆开展了“青城文化讲坛”“鸿雁讲堂”等系列讲座涉及时政热点、文化艺术、教育科技、政务公开、经济与生活、卫生与健康等多个方

面。举办的“推进一带一路建设走向世界舞台中央”“和在青城 民族团结一家亲”“书写童年阅读人生”等多场主题讲座座无虚席，好评如潮。为了给群众搭建读书交流互动平台，呼和浩特市在全市图书馆、文化站（室）、村（社区）居委会、书店、咖啡屋等文化场所投放“阅读共享书箱”，读者可以通过扫描图书附带的二维码加入共享阅读群，与其他读者分享读书体会。

“阅趣小嘎鲁（小鸿雁）”系列少儿阅读活动是“鸿雁悦读”的品牌延伸，它以图书馆各类服务资源为载体，针对不同阶段少年儿童的发育特点，策划了一系列阅读、教育、科普、娱乐活动，得到了少年儿童和家长们的关注和好评。

“鸿雁悦读”计划使图书借还更加便捷、图书购置更加科学、图书选择更加多样、阅读体验更加丰富。新华书店作为营利性文化企业，在扩大社会影响力、实现经营销售良好增长的基础上，也极大地提升了公共文化服务能力，彰显了新华书店的服务优势、经营优势和创新优势。图书馆作为公益性文化机构，提高了读者到馆率和图书流通率，大幅提高了读者满意度。图书馆和新华书店通过产品、业务、活动的紧密协作，实现了双方的优势互补，共同提升了自身的服务价值。“鸿雁悦读”计划实施以来，截至 2019 年 5 月 1 日，呼和浩特市图书馆累计到馆人数 180 万人次，新增读者 12324 人，借书 13 万余册次；新华书店自助办证机办理借阅卡 2.5 万余张；共举办各类讲座、活动 180 余场，参加人数 5000 余人，开展流动服务 80 余次，服务人数 7000 余人。

三、经验启示

作为一次文化产业与文化事业融合创新机制的生动实践，“鸿雁悦读”计划的特色亮点在于：政府有效调动全社会力量参与公共文化服务；公共文化机构与经营性文化企业深度融合；借助社会力量，公共文化设施网点快速布局、快速推进；互联网 + 全民阅读，有效带动了互联互通的网络平台建设；以典型项目带动和推进总分馆制建设，公共文化设施从孤岛化走向体系化；变革了公共图书馆传统的采购方式和业务流程，创新基层公共图书馆资源采购方式；探索了公共文化促进文化消费的实现方式。

1. 公共文化服务要坚持共建共享的理念。政府部门在实际工作中要坚定文化自信，以社会主义先进文化为引领，建立协同机制，明确各方责任，优化配置资源，采取有效措施打通行业壁垒，将分散在不同行业不同部门的公共文化服务资源和项目有效整合、统筹利用，实现公共文化服务资源的共建共享，提高整体服务能力。同时还应立足群众需求、财政能力和文化特色，把公共文化建设与城镇化、精准脱贫、乡村振兴有机结合，带动公共文化产品和服务的供给力度不断加大，更好地保障人民群众的基本文化权益。

2. 公共文化服务要坚持政府主导的原则。政府要“放”“管”“服”三管齐下，在减政放权的基础上，注重监管创新和优化服务，将着力点放在宏观调控、市场监管上。“鸿雁悦读”计划中，呼和浩特市政府充分发挥主导作用，各相关部门协同推进，突破部门界限，充分调动每个部门的积极性，形成优势互补的态势。

在公共文化服务建设过程中，要坚持政府主导作用，激发广大群众参与公共文化服务建设的自主性和积极性。首先，政府要加强政策引导、法治保障。要坚持以人为本，多考虑公众的适用性和便利性。制定相关优惠政策，充分调动社会力量参与公共文化服务体系建设的积极性。同时，制定政策的过程中还应向基层和弱势群体倾斜，为不同的群众提供个性化的服务。其次，政府应当根据公共文化服务的事权和支出责任，将公共文化服务经费纳入本级预算，提供资金保障。最后，政府应当加强对公共文化服务工作的监督检查，建立反映公众文化需求的征询反馈制度和有公众参与的公共文化服务考核评价制度，并将考核评价结果作为确定补贴或者奖励的依据。

3. 公共文化服务要调动社会力量积极参与。文化具有很强的关联性，有助于提高相关产业的附加值，放大相关产业优势和市场优势。“鸿雁悦读”计划中踊跃加入的社会力量作为公共文化服务主要参与者，提供了多样化的产品和服务，增强了自身发展活力，提升了社会效益和经济效益。同时，调动社会力量广泛建立合作，充分利用合作方的体系、场所、人员等资源优势，有利于实现公共文化设施网点布局和体系化建设的快速推进。有条件的地区也可探索社会资本与公益性机构深度合作，引导企业、社会组织和个人等社会力量多方式多领域参与公共文化服务体系建设，有利于满足人民群众的多元化的文化需求，提升服务效能。要尊重市场规律，发挥市场的杠杆作用，推动各类文化服务资源的整合，使“文化 +”真正促进产品和服务创新、催生新兴业态、带动就业、满足多样化需求、提升群众的获得感和幸福感。

4. 公共文化服务要坚持创新赋能。公共文化服务既要在“保基本”上下功夫，还要在“好不好、精不精”上做文章，推动公共文化服务更高质量、更有效率、更加公平、更可持续发展。从供给侧结构性改革的角度，要对公共文化服务供给内容、供给对象、供给结构、供给方式进行全面创新。在供给内容方面，促进供需对接，将群众“点菜”与政府“上菜”结合起来，为群众提供思想健康、志趣高雅、喜闻乐见的文化产品。在供给对象方面，细分服务对象，不断提高供给的有效性和精准性，积极主动听取群众的意见和需求反馈，接受群众监督和评估，不断提升公共文化服务水平。在供给结构方面，激活资源存量，优化要素配置，改变要素组合方式，提升供给水平和效率。在供给方式方面，利用互联网、大数据等技术手段，开展文化专用装备、软件、系统的研发应用。

5. 公共文化服务建设要充分借助“互联网 +”的巨大力量。要推进公共文化服务数字化发展，打破单一性行业边界，加强资源整合统筹规划，搭建起互联互通的公共数字化服务平台，建设统一的公共文化服务数字网络，顺应移动化传播趋势，形成线上线下有机结合的服务模式，切实增强基本公共文化服务供给的精准度和有效性。

附录二 关于印发《内蒙古自治区“鸿雁图书悦读”三年行动计划（2018—2020 年）》的通知

关于印发《内蒙古自治区“鸿雁图书悦读”三年行动计划（2018—2020 年）》通知

内党宣字〔2018〕32 号

各盟市委及满洲里、二连浩特市委宣传部、文新广局，自治区有关单位：

现将《内蒙古自治区“鸿雁悦读”三年行动计划（2018—2020 年）》印发给你们，请结合实际，认真落实。

中共内蒙古自治区委员会宣传部 内蒙古自治区文化和旅游厅

内蒙古自治区广播电视局

2018 年 12 月 17 日

内蒙古自治区“鸿雁图书悦读”三年行动计划（2018—2020 年）

为深入贯彻落实内蒙古自治区人民政府办公厅《关于印发自治区全民阅读中长期规划（2016—2025 年的通知）》要求，结合自治区实际，制定本计划。

一、指导思想

全面贯彻党的十九大和十九届二中、三中全会精神，以习近平新时代中国特色社会主义思想为指导，以建设“书香内蒙古”为目标，以图书馆总分馆服务体系为枢纽，以“鸿雁图书悦读”计划为抓手，坚持公共文化服务供给侧结构性改革，优化全区公共文化服务供给方式，提升公共文化服务效能，营造“读书好、好读书、读好书”的浓厚文化氛围，形成完善便捷的图书借阅服务网络，促进优质图书资源向基层倾斜，提高全民文化素养。

二、总体目标

到 2020 年，建成全区网络体系健全、服务网点满足需求的覆盖全域的公共图书馆中心馆—总分馆四级服务体系，使公共文化服务的触角和终端延伸到幅员辽阔的广大社区、农村和牧区，不断提高公共文化服务整体水平和服务效能，形成布局合理的现代公共文化服务体系格局。

三、基本原则

（一）坚持供给创新。深化供给侧结构性改革，对公共文化服务供给内容、供给对象、供给结构、供给方式进行全面创新。供给内容方面，促进供需对接，将群众“点单”与专家推荐、政府“上菜”结合起来，为群众提供思想健康、志趣高雅、喜闻乐见的文化产品；供给对象方面，要积极主动听取群众的意见和需求反馈，接受群众监督和评估，借此不断提升公共文化服务水平；供给结构方面，激活资源存量，加强异质要素融合，优化要素配置，改变要素组合方式，提升供给水平和效率；供给方式方面，将传统供给方式与互联网等新型供给方式结合起来，细分对象，不断提高供给的有效性。

（二）构建服务体系。坚持发挥“图书馆 +”的倍增效应，开放思路，与社会各界建立广泛合作，构建由固定文化设施与流动文化服务设施相结合、实体网络与数字网络相结合的覆盖全域的图书馆中心馆—总分馆服务体系，将公共文化服务的触角和终端延伸到幅员辽阔的广大社区、农村和牧区特别是革命老区、贫困地区和边境地区，打造高效便捷的公共文化产品与服务配送体系，降低群众享受公共文化产品和服务获取成本，为公共文化服务工作奠定坚实基础。

（三）打造品牌体系。坚持以“鸿雁图书悦读”为核心品牌打造公共文化服务事业品牌体系，不断提升“鸿雁图书悦读”品牌的知名度与信誉度。坚持通过活动建构和品牌培育，使品牌的文化意蕴在历次活动中不断丰富，活动的影响通过品牌不断放大，形成一套文化活动与文化品牌相互建构、相互生成的做法。

（四）提升服务效能。坚持不断提升公共文化服务事业的服务效能，促进公共文化服务事业的可持续发展。在提升服务效能的同时，要兼顾公平和效率，既要坚持在人群聚集密度高的地区开展服务，还要坚持在人群聚集密度不高但幅员辽阔的地区开展服务，充分发挥基本公共文化服务兜底线、补短板的基础性保障功能，让党的文化惠民政策惠及每一位群众。

四、主要任务

（一）坚定新时代中国特色社会主义文化自信

1. 全区共读一本书。每年遴选反映新时代中国特色社会主义先进文化、优秀传统文化、积极向上的流行文化的一本图书，组织全区群众共读该书，进行读后感交流。

2. 经典诵读大赛。各盟市组织开展经典文学作品诵读大赛，大赛分为幼儿组、小学组、初中组、高中组、大学组和社会组，根据得分情况评选出团体奖、个人奖和优秀指导奖若干名。

3. “鸿雁”传书。“鸿雁传书，悦读有你”。参赛者从参考书目中选择一本图书阅读，或自选图书阅读，以手书方式写下读后感或书评，并将读后感或书评通过邮政寄给另一人，对方收到信后回信，在通信中互相交流阅读感悟和观点。最后，将双方的往来书信提交给相关图书馆。图书馆组织对手书进行评选，评出思想水平高、文笔手书俱佳的获奖作品进行展览。

4. “鸿雁”大讲堂。从“鸿雁”传书中评选出若干获奖者参加“鸿雁”大讲堂演讲比赛，交流各自的读书心得体会，比赛分为汉语和蒙古语两个组，通过初赛和决赛分别遴选出一、二、三等奖及优秀奖，为获奖者颁发获奖证书和奖金。

5. 百县万村图书漂流。通过“鸿雁图书悦读”计划服务体系，在图书馆的各分馆和服务网点设立图书漂流站，在全区开展百县万村图书漂流活动，营造好读书、读好书的全民阅读氛围，遴选优秀漂友座谈分享读书经验和心得体会。

（二）创新政府公共文化服务与产品购买方式

1. 开展“你荐书，我买单”活动。指导公共图书馆与新华书店自主协商建立合作关系，将新华书店网点建设成为图书馆的分馆，改变新华书店只能买书的历史，将书店卖书与图书馆看书的功能合二为一，为群众提供方便；群众凭借城乡通用的“鸿雁”读书卡，在新华书店各网点享受“你荐书，我买单”服务，将图书馆印本资源采购的专业性与群众参与自主性结合起来。

2. 鼓励群众积极参与。积极主动听取群众的意见和需求反馈，接受群众监督和评估；鼓励群众积极参与公共文化服务工作，有针对性地提供产品和服务，形成人人参与、人人创造、人人共享的中国特色社会主义公共文化服务体系。

3. 鼓励社会力量参与。不断创新，促进交通系统、旅游系统、教育系统、医疗系统以及其他企事业机构与公共图书馆合作，促进异质要素融合，优化要素配置，改变要素组合方式，提升供给水平和效率。

4. 创新产品供给方式。将书刊报纸、广播电视、文体活动等传统供给方式与互联网、移动设备、即时通信软件等新型方式结合起来，细分对象，进行有针对性的供给，不断提高供给的有效性。

（三）加强“鸿雁图书悦读”服务体系建设

1. 图书馆系统。加强对盟市图书馆、旗县区图书馆、街道乡镇苏木图书馆（文化站）、社区嘎查村文化站（草原书屋）等业务单元建设，为“鸿雁图书悦读”计划的实施奠定坚实的业务基础。

2. 书店系统。鼓励有条件的公共图书馆与新华书店等馆配商自主协商建立战略合作关系，将书店网点建设成为图书馆分馆，并提供“你荐书，我买单”的服务。

3. 社区系统。鼓励有条件的图书馆与居委会、业主委员会、开发商、物业公司合作，在社区建立图书馆分馆或者服务网点。

4. 零售系统。鼓励有条件的图书馆与人流密集的大型商场合作，在商场设立分馆或者服务网点。

5. 餐饮系统。鼓励有条件的图书馆与咖啡厅、酒吧、餐馆合作，在上述机构设立分馆或者服务网点。

6. 交通系统。鼓励有条件的图书馆与民航系统、铁路客运系统、公路长途客运系统、公共交通系统建立合作，根据具体情况在候机楼、候车站、客运站、公交站设立分馆或者鸿雁书屋，在飞机、火车、长途汽车、公交车上设立鸿雁书架。

7. 旅游系统。鼓励有条件的图书馆与旅游系统合作，根据具体情况在客流量大的旅游线路大巴、宾馆内部、景区游客中心、景区内部、景区大巴设立分馆、鸿雁书屋或者鸿雁书架。

8. 教育系统。鼓励有条件的图书馆与高等学校、中等专业学校、中小学、幼儿园合作，依托上述机构的图书馆，建立分馆、鸿雁书屋或者鸿雁书架。

9. 医院系统。鼓励有条件的图书馆与医院系统合作，根据情况在医院挂号大厅、住院部等区域设立鸿雁书屋或者鸿雁书架。

10. 草原书屋。将草原书屋融合到“鸿雁图书悦读”计划服务体系之中，由各级有条件的旗县图书馆提供管理、业务、技术指导，逐步解决草原书屋的日常管理与运营维护中存在的问题，优化草原书屋存量资源，进一步激发草原书屋活力，发挥草原书屋网点布局全面的优势，有效解决农村、牧区基层公共文化服务体系覆盖面问题。

11. 流动服务。支持图书馆通过自动借书机、流动图书车、图书漂流等服务方式向偏远地区提供流动服务，构建固定网点与流动服务相结合的公共图书馆中心馆—总分馆服务体系。

（四）推进“鸿雁图书悦读”体系平台建设

实施广播电视＋“鸿雁图书悦读”工程。在广播电视传输网络电视服务平台增设“鸿雁图书悦读”点播服务，通过广电网络传输系统将图书送到千家万户；在机关网络平台开办“鸿雁悦读”微信公众号，凝聚形成不同层次的“鸿雁悦读”微信群体，深化“鸿雁悦读”成果。坚持一月一地区或一行业、一集群，开展丰富多彩的“鸿雁悦读”分享活动。

（五）积极开发文创产品

围绕“鸿雁图书悦读”计划，积极开发文创产品，培育和推动全区文化创意产业发展。

1. 开发传统工艺文创产品。各地要积极挖掘地方传统工艺，赋予时代文化内涵，开发剪纸、皮画、手工等具有时代特点、民族特色的地方传统工艺文创产品。

2. 开发知识产权文创产品。各级有条件的公共图书馆要积极挖掘馆藏文献资源，根据情况开发平面设计、出版、影音、信息服务、数据库等具有自主知识产品的文创产品。

3. 开发地方特色数据库产品。各级有条件的公共图书馆充分利用馆藏地方文献，根据情况开发地方特色数据库产品。

4. 开发城市记忆音影产品。各盟市有条件的图书馆根据情况开发城市记忆历史文化遗产长期保存口述历史数字工程，以各地各领域有影响人物口述影像资料为基础，以数字技术对各盟市近百年来有重要价值的人物、事件进行深度挖掘保存，为区域文化保存和传承做出积极贡献。

5. 面向政府开展智库服务。有条件的盟市图书馆面向政府开展智库服务，为地方经济、社会、技术、文化发展提供信息咨询、定题服务、对策研究、规划编制、项目研究等智库服务。

（六）总结提炼，讲好内蒙古故事

1. 制度研究。研究制订“鸿雁图书悦读”计划实施机制、相关标准、品牌规划、绩效考核办法，为“鸿雁图书悦读”计划持续发展提供政策与制度保障。

2. 成果固化。委托第三方对“鸿雁图书悦读”计划进行深化挖掘研究，将“鸿雁图书悦读”置于坚定新时代中国特色社会主义文化自信、全国公共文化服务事业创新发展大背景下进行比较研究，从理论范式、实践案例、横向比较等方面对“鸿雁图书悦读”计划进行系统总结和提炼，通过研究报告、学术文章、专著、工作纪实、宣传片及其他文创产品等形式固化“鸿雁图书悦读”创新成果和经验，以实现持久传承。

3. 宣传推广。充分利用报纸、期刊、广播、电视、网络、微信、博客等传统和新型媒体，宣传介绍“鸿雁图书悦读”计划，讲好内蒙古故事，向全国宣传展示内蒙古公共文化服务领域的创新模式和创新经验。

五、保障措施

（一）创新管理体制。全区“鸿雁图书悦读”推广行动，由自治区党委宣传部、自治区广播电视局统筹推进，推进组办公室设在自治区党委宣传部，负责日常协调工作和督查计划进度。各盟市、旗县比照自治区成立相应组织机构，负责本地区“鸿雁图书悦读”计划的推广实施。各地要把“鸿雁图书悦读”计划作为重要任务列入议事日程，加强指导，统筹规划，加强协作，形成合力，把部署落到实处。

（二）加大资金投入。各地要按照《公共文化服务保障法》《公共图书馆法》、文化部《第六次全国县级以上公共图书馆评估指标体系》的要求将“鸿雁图书悦读”计划纳入公共财政预算，加大对各级公共图书馆、基层文化室的资金投入，确保“鸿雁图书悦读”计划的顺利实施。各图书馆要严格执行免费开放，经费不用于图书购置规定，应逐步将不超过20%的财政专项购书经费用于推动实施“鸿雁图书悦读”计划，鼓励社会力量和市场力量以合适的形式进行投入。

（三）加强队伍建设。制订系统的人才培养计划，积极开展培训班、实地交流、网络培训、微课堂等形式多样的专业培训，着力提升各级公共图书馆、基层文化室工作人员工作能力和服务水平，表彰一批优秀业务人才，努力建设一支稳定高效的基层工作者队伍。

（四）建立考评机制。按照《“鸿雁图书悦读”计划实施标准（2018—2020年）》要求，作为一项重要任务接受上级部门和社会各界的监督和考评。

附件 1

“鸿雁图书悦读”计划实施标准
（2018—2020 年）

为全面贯彻党的十九大精神和习近平新时代中国特色社会主义思想，推动“鸿雁图书悦读”计划在全区范围内全面推开，加快建成覆盖全域、高标准的公共图书馆中心馆—总分馆四级服务体系，使公共文化服务的触角和终端延伸到幅员辽阔的广大社区、农村和牧区，不断提高公共文化服务整体水平和服务效能。按照《内蒙古自治区“鸿雁图书悦读”三年行动计划（2018—2020 年）》要求，特制定“鸿雁图书悦读”计划实施标准（2018—2020 年）如下。

一、基本条件

1. 盟市图书馆参照文化部第六次全国县级以上公共图书馆评估定级之《地市级图书馆等级必备条件和评估标准》西部地区二级馆标准执行；同时，图书馆业务管理系统支持荐购借阅功能，具有实施“鸿雁图书悦读”计划的必要硬件设施。

2. 旗县区图书馆参照文化部第六次全国县级以上公共图书馆评估定级之《县级图书馆等级必备条件和评估标准》西部地区三级馆标准执行；同时，图书馆业务管理系统支持荐购借阅功能，具有实施“鸿雁图书悦读”计划的必要硬件设施。

3. 街道乡镇苏木图书馆（文化站）参照文化部第三批国家公共文化服务体系示范区（项目）创建标准之示范区创建标准西部地区有关条款执行；同时具有实施“鸿雁图书悦读”计划的必要硬件设施。

4. 社区嘎查村文化室（草原书屋）参照文化部第三批国家公共文化服务体系示范区（项目）创建标准之示范区创建标准西部地区有关条款执行；同时具有开展图书借阅服务的必要硬件设施。

5. 合作书店满足如下条件：

（1）守法经营，信用良好，图书质量有保证。

（2）关心文化公益事宜，以适当方式支持“鸿雁图书悦读”计划的实施。

（3）营业网点设为图书馆的分馆。

6. 上述单位将“鸿雁图书悦读”计划列入年度工作计划和中长期发展规划，建立工作机制，成立“鸿雁图书悦读”计划领导小组，馆长、店长担任组长。

二、服务体系

1. 盟市图书馆须满足如下条件：

（1）发挥中心图书馆作用，指导本地区旗县图书馆建立总分馆服务体系，形成中心馆—总馆—分馆服务点四级服务体系；建立直属分馆和服务点，形成中心馆（总馆）—分馆—服务点直属三级服务体系。

（2）配备流动服务车至少一台，定期开展流动服务。

（3）总分馆服务体系布局合理，与流动服务车配合，对社区嘎查村实现全覆盖。

（4）指导所属总分馆体系开展“鸿雁图书悦读”计划联动工作，共享创意、策划、展览、讲座、活动、培训资源。

2. 旗县区图书馆须满足如下条件：

（1）发挥总馆承上启下的作用，在中心图书馆指导下，设立分馆和服务点，形成中心馆—总馆—分馆—服务点四级服务体系。

（2）配备流动服务车至少一台，定期开展流动服务。

（3）总分馆服务体系布局合理，与流动服务车配合，对社区嘎查村实现全覆盖。

（4）在中心图书馆指导下，领导所属总分馆体系开展“鸿雁图书悦读”计划联动工作，共享创意、策划、展览、讲座、活动、培训资源。

3. 街道乡镇苏木图书馆（文化站）须满足如下条件：

（1）发挥分馆承上启下的作用，在中心图书馆和总馆指导下，将所属社区嘎查村文化室（草原书屋）纳入到中心馆—总馆—分馆—服务点四级服务体系。

（2）配备流动服务车的图书馆（文化站），定期开展流动服务。

（3）总分馆服务体系布局合理，与流动服务车配合，对社区嘎查村实现全覆盖。

（4）在中心图书馆和总馆指导下，领导所属总分馆体系开展“鸿雁图书悦读”计划联动工作，共享创意、策划、展览、讲座、活动、培训资源。

4. 社区嘎查村文化室（草原书屋）在中心馆、总馆、分馆指导和帮助下，做好各项工作，成为四级服务体系中扎实的服务终端。

三、服务效能

1. 盟市图书馆须满足如下条件：

（1）每年为读者办理“鸿雁图书悦读”卡不低于 5000 张。

（2）每年通过“鸿雁图书悦读”卡借书不低于 20000 册次。

（3）指导旗县区图书馆完成所在旗县区草原书屋图书编目加工工作，实现统一编目、统一管理。

（4）每年参加或举办“共读一本书”活动不低于一次。

（5）每年举办经典诵读大赛活动不低于一次。

（6）每年举办“鸿雁传书”和“鸿雁大讲堂”活动不低于一次。

（7）每年举办或参加百县万村图书漂流活动。

（8）开发城市记忆，或出版馆史，或建设特色数据库等文创产品，或为政府提供智库服务。

（9）做好业务数据统计工作。

（10）每年媒体报道不低于 5 次。

2. 旗县区图书馆须满足如下条件：

（1）每年为读者办理“鸿雁图书悦读”卡不低于 1500 张。

（2）每年通过“鸿雁图书悦读”卡借书不低于 5000 册次。

（3）完成所在旗县区草原书屋图书编目加工工作，实现统一编目、统一管理。

（4）每年参加或举办“共读一本书”活动不低于一次。

（5）每年举办经典诵读大赛活动不低于一次。

（6）每年举办“鸿雁传书”和“鸿雁大讲堂”活动不低于一次。

（7）每年举办或参加百县万村图书漂流活动。

（8）有条件的图书馆或开发城市记忆，或出版馆史，或建设特色数据库等文创产品，或者为政府提供智库服务。

（9）做好业务数据统计工作。

（10）每年媒体报道不低于 3 次。

3. 街道乡镇苏木图书馆（文化站）须满足如下条件：

（1）每年为读者办理“鸿雁图书悦读”卡不低于 200 张。

（2）每年通过“鸿雁图书悦读”卡借书不低于 500 册次。

（3）在中心图书馆和总馆指导下，每年参加“鸿雁图书悦读”计划有关活动不少于二次。

（4）做好业务数据统计工作。

（5）每年媒体报道不低于 3 次。

4. 社区嘎查村文化室（草原书屋）须满足如下条件：

（1）每年为读者办理“鸿雁图书悦读”卡不低于 50 张。

（2）每年通过“鸿雁图书悦读”卡借书不低于 200 册次。

（3）在中心馆、总馆和分馆指导下，每年参加“鸿雁图书悦读”计划有关活动不少于四次。

（4）做好业务数据统计工作。

四、财政保障

1. 由盟市及以下各级政府通过现有资金渠道，结合地方实际统筹安排。

2. 旗县区图书馆须满足如下条件：

（1）盟市、旗县区财政每年向所属旗县区图书馆提供“鸿雁图书悦读”计划专项资金支持，上述资金用于与“鸿雁图书悦读”计划有关的资源采购、草原书屋图书编目加工、购置设备、开展活动、日常运营等。

（2）旗县区财政为没有流动书车的图书馆配备流动书车，并解决车辆日常运营维护所需要的保险费、车船税、燃油费、保养维修费、司机工资等费用。

3. 街道乡镇苏木图书馆（文化站）须满足如下条件：

盟市、旗县区、街道乡镇苏木等各级财政每年向所属旗县区街道乡镇苏木图书馆（文化站）提供“鸿雁图书悦读”计划专项资金支持，上述资金用于与“鸿雁图书悦读”计划有关的资源采购、草原书屋图书编目加工、购置设备、开展活动、日常运营等。

4. 社区嘎查村文化室（草原书屋）须满足如下条件：

（1）盟市、旗县区、街道乡镇苏木等各级财政向所属旗县区社区嘎查村文化室（草原书屋）提供“鸿雁图书悦读”计划专项资金支持，用于支付文化室管理人员的工资。

（2）街道乡镇苏木财政为文化室（草原书屋）解决场地、设施、水电、取暖、制冷以及业务活动费用。

附件 2

内蒙古新华发行集团“鸿雁图书悦读”三年行动计划任务分工表

时间	序号	工作任务	责任单位	配合单位	进度安排
一、安排部署阶段					
2018 年	（一）	就全区推开“鸿雁图书悦读”工作做出部署	自治区党委宣传部、自治区广播电视局	内蒙古新华发行集团	10 月，安排部署全区推开“鸿雁图书悦读”计划，下发三年行动计划
二、分步推进阶段					
2018 年 10 月—2020 年 6 月	（一）	进一步完善呼和浩特市“鸿雁图书悦读”覆盖范围	呼和浩特市委宣传部、文化新闻出版广电局、内蒙古新华发行集团	内蒙古新华发行集团呼和浩特市子公司	2018 年底前完成呼和浩特市地区“鸿雁图书悦读”推广工作
	（二）	推进包头市、乌海市、赤峰市、通辽市“鸿雁图书悦读”计划	包头、乌海、赤峰、通辽市委宣传部、文化新闻出版广电局、内蒙古新华发行集团	内蒙古新华发行集团包头、乌海、赤峰、通辽子公司	2018 年 10 月，包头市、乌海市、赤峰市、通辽市启动“鸿雁图书悦读”计划，争取在 2019 年 6 月底前完成推广工作
	（三）	推进鄂尔多斯市、呼伦贝尔市、乌兰察布市“鸿雁图书悦读”计划	鄂尔多斯、呼伦贝尔、乌兰察布市委宣传部、文化新闻出版广电局、内蒙古新华发行集团	内蒙古新华发行集团鄂尔多斯、呼伦贝尔、乌兰察布市子公司	2019 年 1 月，鄂尔多斯市、呼伦贝尔市、乌兰察布市启动“鸿雁图书悦读”计划，争取在 2019 年底前完成推广工作
	（四）	推进巴彦淖尔市、兴安盟、阿拉善盟、锡林郭勒盟“鸿雁图书悦读”计划	兴安、阿拉善、锡林郭勒盟、巴彦淖尔市委宣传部、文化新闻出版广电局、内蒙古新华发行集团	内蒙古新华发行集团巴彦淖尔市、兴安盟、阿拉善盟、锡林郭勒盟子公司	2019 年 4 月，巴彦淖尔市、兴安盟、阿拉善盟、锡林郭勒盟启动“鸿雁图书悦读”计划，争取在 2020 年 6 月底前完成推广工作

附录三　关于印发《关于进一步扎实推进“鸿雁悦读”计划的实施意见》的通知

关于印发《关于进一步扎实推进“鸿雁悦读”计划的实施意见》的通知

（呼文旅广党发〔2020〕18 号）

各旗、县、区人民政府，市各相关委、办、局，各相关企业、事业单位：

为进一步推进我市现代公共文化服务体系的建设，深化公共文化事业供给侧结构性改革，促进文旅融合发展，切实将“鸿雁悦读”计划打造成为具有全国影响力的公共文化服务品牌，现将《关于进一步扎实推进“鸿雁悦读”计划的实施意见》印发给你们，请遵照执行。

中共呼和浩特市委组织部　中共呼和浩特市委宣传部

中共呼和浩特市文化旅游广电局党组

2020 年 4 月 3 日

关于进一步扎实推进“鸿雁悦读”计划的实施意见

为建设书香呼和浩特，着力解决群众阅读“最后一公里”问题，2017 年我市策划推出呼和浩特市“鸿雁悦读”计划。该计划实施两年来，已取得了一系列可喜成果，2019 年 5 月中组部将“鸿雁悦读”计划编入《贯彻落实习近平新时代中国特色社会主义思想、在改革发展稳定中攻坚克难案例》，“鸿雁悦读”已成为全国公共文化服务知名品牌。为进一步扎实推进我市现代公共文化服务体系与全民阅读长效机制建设，积极响应自治区党委宣传部提出的深化“草原书屋”和“鸿雁全民阅读”一体化改革方案，加快构建覆盖全域、全时空的公共图书馆总分馆服务体系，不断提升公共文化服务效能，继续深入宣传推广“鸿雁悦读”计划实施成果，特制定本实施意见。

一、指导思想

认真宣传贯彻落实党的十九大以及习近平总书记系列讲话的重要精神，结合中办、国办《关于加快构建现代公共文化服务体系的意见》和《内蒙古自治区全民阅读中长期规划（2016—2025年）》文件精神，全面落实中共呼和浩特市第十二届委员会第十次全体会议暨全市经济工作会议提出的“要坚持人民城市为人民，建设生态首府、品质首府、幸福首府、文化首府”的要求。以改革创新为动力，以基层为重点，加快构建符合时代发展趋势、符合文化发展规律的现代公共文化服务体系，促进基本公共文化服务标准化、均等化，切实保障人民群众基本文化权益，提高公共文化服务效能，推动呼和浩特市文化大发展大繁荣。

二、基本原则

（一）坚持高质量发展

坚持高质量发展思想，以图书馆总分馆服务体系为纽带，进一步强化体系建设，补齐短板，充实要素，丰富内涵，努力提高公共文化服务体系全要素的生产效率，开展体系化、系统性创新，提升乡镇（街道）村（社区）公共文化服务供给效能，加强优秀民族民间文化的保护传承，开展区域记忆工程，坚持理论与实践相结合，认真研究、探索和总结公共文化服务领域高质量发展的经验和理论，为“鸿雁悦读”计划的高质量发展提供理论支撑。

（二）坚持供给侧创新

深化供给侧结构性改革，对公共文化服务供给内容、供给对象、供给结构、供给方式进行全面创新。供给内容方面，促进供需对接，将群众“点单”与专家推荐、政府“上菜”结合起来，为群众提供思想健康、志趣高雅、喜闻乐见的文化产品；供给对象方面，要积极主动听取群众的意见和需求反馈，接受群众监督和评估，借此不断提升公共文化服务水平；供给结构方面，激活资源存量，加强异质要素融合，优化要素配置，改变要素组合方式，提升供给水平和效率；供给方式方面，将传统供给方式与互联网等新型供给方式结合起来，细分对象，不断提高供给的有效性。

（三）坚持文旅融合发展

坚持文旅融合的发展思路，支持图书馆等公共文化服务机构与旅游系统合作，根据公共图书馆服务体系建设需求，在旅游区（景点）设立鸿雁书屋或者鸿雁书架，也可在图书馆总分馆体系中设立“旅游咨询宣传”区或者划分出旅游书籍专区，促进文旅融合发展，充实区域文化内涵，为区域旅游赋能，通过旅游扩大“鸿雁悦读”计划的品牌影响，使文旅宣传推广工作相得益彰。

（四）坚定文化自信

坚持以习近平新时代中国特色社会主义思想为指针，不断坚定社会主义文化自信，发展先进文化，创新传统文化，扶持通俗文化，引导流行文化，改造落后文化，抵制有害文化，铸牢中华民族共同体意识，充分发挥公共文化服务在提升文化软实力中的重要作用。

三、总体目标

（一）服务体系显著完善

建成由固定文化设施与流动文化服务设施相结合、实体网络与数字网络相结合、服务网点最多的覆盖全域、全时空的公共图书馆四级服务体系，即呼和浩特市图书馆为中心馆（一级体系），各旗县区图书馆为总馆（二级体系），在相关委办局、部队、商场、银行、街道社区、新华书店、青城驿站、加油站等区域内设立分馆（三级体系），同时将草原书屋和农村书屋纳入体系建设（四级体系）。积极落实国家“乡村振兴”、“脱贫攻坚”战略，将公共文化服务的触角和终端延伸到广大农村（社区），特别是革命老区、贫困地区，打造高效便捷的公共文化产品与服务配送体系，降低群众享受公共文化产品和服务获取成本，不断提高公共文化服务整体水平和服务效能，逐步形成布局合理的现代公共文化服务体系格局。

（二）服务效能显著提升

坚持不断提升公共文化服务事业的服务效能，促进公共文化服务事业的可持续发展。在提升服务效能的同时，要兼顾公平和效率，既要坚持在人群聚集密度高的地区开展服务，还要坚持在人群聚集密度不高但幅员辽阔的地区开展服务，充分发挥基本公共文化服务兜底线、补短板的基础性保障功能，让党的文化惠民政策惠及每一位群众。

（三）品牌影响显著扩大

坚持以“鸿雁悦读”为核心品牌打造公共文化服务事业品牌体系，不断提升“鸿雁悦读”品牌的能见度与美誉度。坚持通过活动建构和培育品牌，通过品牌来规范活动，使活动成为品牌的物质载体，使品牌成为活动的思想灵魂。由此，使品牌的文化意蕴在历次活动中不断丰富，活动的影响通过品牌不断放大，形成一套文化活动与文化品牌相互建构、相互生成的做法。

四、工作任务

（一）坚定新时代中国特色社会主义文化自信

通过全市共读一本书、经典诵读大赛、“鸿雁”传书手书大赛、“鸿雁”大讲堂、图书漂流等丰富多彩的活动，在全市群众中形成践行社会主义核心价值观的风尚，不断坚定新时代中国特色社会主义文化自信，铸牢中华民族共同体意识。

（二）创新政府公共文化服务与产品供给方式

积极开展“你荐书，我买单”活动，鼓励群众和社会力量积极参与公共文化服务产品的生产和供给，促进异质要素融合，优化要素配置，改变要素组合方式，提高公共文化服务产品供给效率和供给水平，细分对象，进行有针对性的供给，不断提高供给的有效性，形成人人参与、人人创造、人人共享的中国特色社会主义公共文化服务体系。

（三）加强公共图书馆总分馆四级服务体系建设

通过实施“图书馆 +”跨界合作战略，进一步深化和拓展与书店系统、社区系统、零售系统、餐饮系统、交通系统、旅游系统、教育系统、医院系统、宾馆系统、草原书屋、青城驿站等合作，并结合流动服务和互联网服务构建覆盖全域、全时空的公共图书馆总分馆四级服务体系建设。

（四）推进“鸿雁悦读”体系平台建设

完善“鸿雁悦读”体系平台建设，将图书馆以及合作单位的书报刊印本资源、数据库资源等各类资源整合在一起，打造全民阅读云，通过网站、客户端和微信公众号等方式面向用户提供检索、阅读、下载等 7×24 小时的数字服务。

（五）加强“鸿雁悦读”各级业务单元建设

强化市级和旗县区图书馆在中心馆—总分馆服务体系中的中心地位和总分馆地位，加强市、旗县区两级图书馆对服务体系及体系内下属业务单元的统筹、规划、指导能力的建设，加强各级图书馆尤其是街道乡镇苏木社区嘎查村图书馆（草原书屋）馆舍、设施设备和资源建设工作，加强对各级业务单元的建设和人员培训工作，各级政府加大对各级图书馆实施“鸿雁悦读”计划相关资金投入。

旗县区政府、图书馆等相关单位要结合实际情况，科学合理规划分馆或服务网点的数量、位置，统筹专项资金，明确推进工作总任务、总目标，建立推进工作时间表，限定完成时间，倒推每项工作时间节点。上级部门根据推进工作时间表督导各项工作完成情况，从基层着手加快推进服务体系建设。

（六）积极开发文创产品

围绕“鸿雁悦读”计划，开发传统工艺文创产品、知识产权文创产品、地方特色数据库产品、城市记忆影音产品，面向政府开展智库服务，将地方历史文化资源、自然资源转化为包括平面设计、出版、数据库、信息服务、雕塑、剪纸、皮画、影音等在内的文创产品，促进文化创意产业的发展。

（七）总结提炼，讲好呼和浩特故事

研究制定“鸿雁悦读”计划实施机制、相关标准、品牌规划、绩效考核办法，为“鸿雁悦读”计划持续发展提供政策与制度保障。委托第三方对“鸿雁悦读”计划进行深化挖掘研究，从理论范式、实践案例、横向比较等方面对“鸿雁悦读”计划进行系统总结和提炼，通过研究报告、学术文章、专著、工作纪实、宣传片及其他文创产品等形式固化“鸿雁悦读”创新成果和经验，以实现持久传承。

（八）鼓励社会力量和市场力量以合适形式参与建设

“鸿雁悦读”计划着力探索公益性文化机构与营利性文化企业深度融合提供公共文化服务的创新机制，努力推进现代公共文化服务体系与全民阅读长效机制建设，积极满足人民群众日益增长的精神文化需求。鼓励社会力量和市场力量以合适形式进行投入。

以上述研究成果为基础，充分利用报纸、期刊、广播、电视、网络、微信、博客等传统和新型媒体，宣传介绍“鸿雁悦读”计划，讲好呼和浩特故事，向全国宣传展示呼和浩特公共文化服务高质量发展的创新模式和创新经验。

五、实施阶段

（一）工作部署阶段（2020 年 1—2 月）

成立推进工作领导小组，召开全市推进会，要求市相关委办局、企事业单位、各旗县区相关单位出台推进工作实施方案，报推进工作领导小组办公室，签订推进工作责任状，明确推进任务，全面启动推进工作。

（二）全面推进阶段（2020 年 3—6 月）

对照推进方案，认真履行推进职责，深化总分馆服务体系建设，实现服务网点（分管）布局基本完善、服务能力明显增强、服务水平明显提高，各项推进任务全面完成。

（三）考核整改阶段（2020年7—11月）

对照推进方案，组织自查自评，查漏补缺、固强补弱，对考核出的问题进行梳理总结。重点考核图书馆、新华书店等分馆，以及鸿雁书屋或鸿雁书架的设立情况、书籍的供给情况、借阅和归还是否便利、线上和线下服务是否构成良性循环、物流配送是否及时等。形成考核报告，并对检查出的问题和短板逐一整改。

（四）总结表彰阶段（2020年12月）

2020年12月，对全市“鸿雁悦读”计划实施情况进行总结，表彰优秀单位及个人。“鸿雁悦读”理论研究完成全部成果。

六、保障措施

（一）建立统筹协调机制

成立呼和浩特市“鸿雁悦读”计划推进工作领导小组，建立长效的推进协调机制，完善党委领导、政府管理、部门协同、权责明确、统筹推进的管理制度。要把“鸿雁悦读”计划列入重要议事日程，列入学习型党组织主题教育活动，加强指导，加强协作，形成合力，把部署落到实处。

（二）完善经费保障机制

进一步加大政府对推进“鸿雁悦读”计划的资金投入，健全政府投入保障机制，合理划分各级政府基本推进工作的支出责任，加强政府各部门协调配合，为公共图书馆总分馆、基层综合性服务网点的财政投入提供政策保障，确保“鸿雁悦读”计划的顺利推进。优先安排建设涉及广大人民群众切身利益的分馆、服务网点，重点保障服务一线的总分馆、服务网点的正常运转所需经费。

（三）加强考核评估机制

建立推进“鸿雁悦读”计划工作督查考核机制和实施办法，实行目标责任考核制度。研究制定公众满意指标，建立群众评价和反馈机制，探索引进第三方评价机制。

附件：

呼和浩特市“鸿雁悦读”计划推广工作领导小组名单

为深入贯彻落实《内蒙古自治区全民阅读中长期规划（2016—2025 年）》文件要求，为进一步扎实推进“鸿雁悦读”计划工作，特成立呼和浩特市“鸿雁悦读”计划推广工作领导小组：

一、领导小组（略）

领导小组办公室设在呼和浩特市文化旅游广电局。

二、相关要求

（一）强化管理体制

各旗县区要成立“鸿雁悦读”推广工作领导小组，领导小组下设办公室，办公室主任由各旗县区宣传部长担任，具体负责本地区“鸿雁悦读”计划的推广实施。

各地区要把“鸿雁悦读”计划列入重要议事日程，列入学习型党组织主题教育活动，加强指导，统筹规划，加强协作，形成合力，把部署落到实处。

在推广“鸿雁悦读”计划过程中，各成员单位要积极推动、指导公共图书馆和合作方创新合作，通过公益性文化机构与营利性企业充分协商沟通，达成具有可持续发展的合作机制。

（二）加大资金投入

各地区要按照《公共文化服务保障法》《公共图书馆法》要求，加大对各级公共图书馆、基层综合性文化服务中心的资金投入，确保“鸿雁悦读”计划的顺利实施。鼓励和支持社会力量参与推广“鸿雁悦读”计划工作。

（三）加强队伍建设

各地区进一步完善选人用人机制，着力培养一批具有现代意识、创新意识的公共文化服务人才队伍。积极开展文化人才培养计划，着力提升基层文化人员业务水平。

（四）建立考评机制

将“鸿雁悦读”计划纳入“三城同创”考核体系，列入文明城市创建核心考核内容，纳入全市领导干部考核体系，接受上级部门和社会的监督和考评，确保“鸿雁悦读”计划扎实推进。

附录四 “鸿雁悦读”体系建设与服务规范

“鸿雁悦读”服务规范

1 总则

本规范规定了“鸿雁悦读”计划实施过程中，呼和浩特市公共图书馆中心馆与总馆所承担的职责与义务，以及中心馆——总分馆建设过程中的相关建设标准、服务规范等内容。

本标准适用于参与“鸿雁悦读”计划的呼市地区公共图书馆、街道乡镇苏木综合文化站、社区嘎查村基层综合性文化服务中心（草原书屋）、合作书店的建设与服务。

中心馆、总馆、分馆及流通点应选择在人口集中、公交便利、环境良好、相对安静的地区，满足服务半径要求。

2 术语和定义

2.1 中心馆

在市域范围内具有文献信息资源、技术及管理优势，在中心馆—总分馆建设过程中起核心作用的市级公共图书馆。

2.2 总馆

依托旗县区级公共图书馆建设，在旗县区范围内具有文献信息资源、技术及管理优势，在总分馆建设过程中起主导作用的公共图书馆。

2.3 分馆

主要依托街道乡镇苏木综合文化站、社区嘎查村基层综合性文化服务中心（草原书屋）等进行建设，为基层群众提供教育、信息和文化休闲服务的小型图书馆。具备条件的学校、科研机构、企业的图书馆（室）、职工书屋等根据自身职能特点，在自愿原则下成为中心馆、县级公共图书馆（总馆）的分馆。

2.4 流通点

公共图书馆利用自身的文献信息资源优势，在馆外设立的读者服务点，主要提供图书和报刊的流通阅览服务。

2.5 鸿雁书房（书屋）

在城市街区和人流密集的农村社区设置的具备 24 小时开放条件的图书馆，

采用自助借阅，实现一体化服务。

2.6 流动图书馆

中心馆、总馆配备流动车，定线、定点、定时开展公交式图书流动服务。

2.7 区域服务人口

各级公共图书馆所在行政区域的常住人口基数计数。

2.8 “鸿雁悦读” 品牌

在我国传统文化中，鸿雁常被用作书信、信使的代称，“鸿雁传书”的历史故事人们耳熟能详。草原是鸿雁主要的栖息地之一。每年，鸿雁飞越数千公里，冬天从北方的内蒙古飞到南方过冬，夏天再从南方飞回草原。以“鸿雁悦读”为名，能激发人们对阅读的向往和期待，又寓意不管距离多远，图书馆都会像鸿雁一样把服务及时送到读者身边，让读者尽享阅读快乐。

3 建设原则

3.1 政府主导 社会参与

发挥各级人民政府在中心馆——总分馆建设规划、组织和推进等方面的统筹作用，优化公共图书馆资源配置，完善配套措施，鼓励和引导社会力量参与，确保有序推进。

3.2 强化基层 促进均等

以需求为导向，促进文献资源向基层特别是农村倾斜，增加基层公共文化资源总量，保障城乡群众普遍均等地享有基本公共文化服务。

3.3 改革创新 提升效能

围绕建、管、用等关键环节，创新管理体制和运行机制，实现服务资源联动共享，做到物尽其用、人尽其才，发挥整体优势，提升综合效益。

3.4 品牌培育 树立典型

从公共文化服务品牌项目打造入手，提高“鸿雁悦读”品牌的知名度和美誉度，积极发挥品牌的引领、带动和示范作用。

4 职责与义务

4.1 中心馆

4.1.1 制定中心馆—总分馆建设、发展规划；

4.1.2 制定中心馆—总分馆业务标准和服务规范；

4.1.3 统筹中心馆—总分馆文献资源建设，实现资源共享、通借通还；

4.1.4 搭建本地区公共图书馆资源共建共享及业务支撑平台，并提供技术支持和维护；

4.1.5 统筹中心馆—总分馆的人员培训、技术升级、政策提供等；

4.1.6 推进示范分馆建设，并以示范分馆建设引领各旗县区图书馆总分馆建设；

4.1.7 实施中心馆—总分馆效能的考核、监督和评价；

4.1.8 组织策划本地区各类阅读推广活动。

4.2 总馆

4.2.1 制订总分馆发展规划、工作计划，并组织实施；

4.2.2 参与搭建地区公共图书馆资源共建共享平台；

4.2.3 统筹总分馆文献资源建设和服务提供，实现资源共享、通借通还；

4.2.4 按照中心馆“示范分馆”建设本地区分馆；

4.2.5 负责总分馆业务人员的岗位培训和素质提升；

4.2.6 遵照执行中心馆制定各项工作标准；

4.2.7 参加中心馆组织的业务培训及辅导；

4.2.8 参与组织策划本地区各类阅读推广活动；

4.2.9 定期接受中心馆的工作考核与评估；

4.2.10 考核分馆、流通点管理与服务绩效；

4.3 分馆

4.3.1 负责提供服务场地、配备工作人员；

4.3.2 按照统一要求提供基本服务；

4.3.3 负责本区域群众阅读需求反馈及评价工作；

4.3.4 配合开展其他相关工作。

4.4 流通点

4.4.1 负责提供服务场地、配备工作人员；

4.4.2 按照统一要求提供基本服务；

4.4.3 负责本区域群众阅读需求反馈及评价工作；

4.4.4 配合开展其他相关工作。

5 设施建设

5.1 总体要求

5.1.1 按照城乡一体、全面覆盖、便捷实用的原则，采用新建、改建、租赁、整合等多种方式，形成公共图书馆设施网络。

5.1.2 中心馆、总分馆应使用统一的服务标识。

5.2 中心馆

5.2.1 中心馆应达到部颁三级以上标准；建筑面积不小于8000平方米；设立应符合《公共图书馆建设标准》（建标108—2008）的要求。

5.2.2 中心馆的设计、建设、安全要求应分别符合《图书馆建筑设计规范》（JGJ38—2015）、公共图书馆建设标准（建标108—2008）和《公共图书馆建筑防火安全技术标准》（WH0502—1996）的要求。

5.2.3 设施配置应符合《公共图书馆服务规范》（GB/T28220—2011）的要求，并配备实施“鸿雁悦读”计划的必要硬件设施以及能提供数字资源服务和远程服务的软件规范设施。

5.3 总馆

5.3.1 总馆应达到部颁三级以上标准，总馆建筑面积不小于2000平方米；设立应符合《公共图书馆建设标准》（建标108—2008）的要求。

5.3.2 总馆的设计、建设、安全要求应分别符合《图书馆建筑设计规范》（JGJ38—2015）、公共图书馆建设标准（建标108—2008）和《公共图书馆建筑防火安全技术标准》（WH0502—1996）的要求。

5.3.3 设施配置应符合《公共图书馆服务规范》（GB/T28220—2011）的要求，并配备实施“鸿雁悦读”计划的必要硬件设施以及能提供数字资源服务和远程服务的软件规范设施。

5.4 分馆

5.4.1 街道乡镇苏木综合文化站应符合《乡镇综合综合文化站建设标准》（建标160—2012）的要求。配备实施“鸿雁图书悦读”计划的必要硬件设施和数字化管理、服务设备。

5.4.2 社区嘎查村基层综合性文化服务中心（草原书屋）配备开展图书借阅服务的必要硬件设施。

5.4.3 社会力量举办的分馆及鸿雁书房建筑面积不低于50平方米。

6 资源建设

6.1 图书文献资源

6.1.1 馆藏文献资源建设应遵循以下原则：与日益增长的读者需求和本地区经济、文化与社会事业发展相适应；与国家知识产权保护等法律法规的要求相一致；与本馆文献资源建设规划、采集方针及服务功能相匹配；有利于形成资源体系和特色；有利于促进区域文献资源共建共享；有利于积淀与丰富历史文献。纳入“你荐书，我买单”服务的图书也遵循此原则。

6.1.2 中心馆、总馆应制定馆藏发展规划、明确相关标准规范。

6.1.3 中心馆人均藏书量不少于 0.6（册），年人均新增文献入藏量 0.04（册）。

6.1.4 总馆人均藏书量和年人均新增文献入藏量达到《公共文化服务体系示范区》标准。

6.1.5 街道乡镇苏木综合文化站图书入藏总量不少于 3000 册，配备适量报刊。总馆对分馆每年配送更新不少于 4 次。

6.1.6 社区嘎查村基层综合性文化服务中心（草原书屋）图书、报刊入藏总量不少于 1500 册。

6.2 电子文献

6.2.1 馆藏电子文献包括电子图书、电子报刊、视听资料以及各种新媒体数字服务平台等，资源建设方式以自主建设和购买服务等方式。

6.2.2 中心馆电子文献总量不少于 15TB，可远程访问数字资源占比达到 80%。

6.2.3 总馆电子文献总量不少于 4TB。

6.2.4 分馆和基层流通点提供数字终端，共享总分馆体系内的网上数字资源。

6.3 文献资源共建共享

6.3.1 中心馆建立市域范围内的“鸿雁悦读”平台，提供包括基本图书馆业务服务及各项扩展业务服务和数字化移动服务并提供相应的运行保障、平台搭建。

6.3.2 总馆牵头建立服务范围内的“鸿雁悦读”平台，分馆和基层流通点共同参与。

7 人力资源

7.1 人员素质

公共图书馆工作人员应当具备相应的专业知识与技能、具备良好的职业道德；挂牌上岗、仪表端庄、使用文明用语、热忱服务、平等对待所有公众，尊重和维护读者隐私。工作人员应为读者提供准确全面的信息服务。

7.2 人员数量

7.2.1 中心馆、总馆工作人员配备和数量应符合《公共图书馆服务规范》（GB/T28220—2011）的要求，每服务人口 10000 人—25000 人应配备 1 名工作人员，所需人员数量的配备，还应兼顾服务时间、馆舍规模、馆藏资源数量、年度读者服务量等因素。

7.2.2 街道乡镇苏木综合文化站应配备不少于 2 名工作人员，具备大专以上文化程度、接受专业培训后能胜任图书馆日常工作；社区嘎查村基层综合性文化服务中心（草原书屋）应配备不少于 1 名工作人员进行管理。

7.3 教育培训

7.3.1 中心馆、总馆应对总分馆体系内的工作人员组织实施教育培训。

7.3.2 中心馆、总馆人员参加脱产培训时间每年不少于 15 天。

7.3.3 街道乡镇苏木综合文化站、社区嘎查村基层综合性文化服务中心（草原书屋）人员参加集中培训时间每年不少于 5 天。

7.3.4 基层流通点工作人员每年参加培训不少于 1 天。

7.4 政府购买服务

7.4.1 中心馆及总馆积极争取当地政府，对所属分馆及流通点的正常运营给予政策、经费等支持。

7.4.2 对存在人员缺乏等困难的分馆及流通点鼓励通过服务外包、财政补贴等方式，引入社会力量参与管理与运营。

7.5 志愿者队伍

7.5.1 中心馆—总分馆应积极构建本级志愿服务体系，建立志愿者登记、服务记录、管理评价和激励机制，吸引公众加入志愿者队伍，提供志愿者服务。

7.5.2 中心馆—总分馆应对本级志愿者进行上岗前培训，培训内容包括现代图书馆理念、图书馆工作规程、制度、规范等。

7.5.3 中心馆—总分馆应分配志愿者力所能及的任务，不应分配未经培训的工作。

8 服务体系

8.1 中心馆、总馆和分馆和合作单位应将“鸿雁悦读”计划列入年度工作计划和中长期发展规划，建立工作机制，成立“鸿雁图书悦读”计划领导小组，馆长、店长担任组长。

8.2 中心馆

8.2.1 发挥中心图书馆作用，指导本地区旗县图书馆建立总分馆服务体系，形成中心馆—总馆—分馆—服务点四级服务体系；建立直属分馆和服务点，形成中心馆（总馆）—分馆—服务点直属三级服务体系。

8.2.2 配备流动服务车至少一台，定期开展流动服务。

8.2.3 总分馆服务体系布局合理，与流动服务车配合，对社区嘎查村实现全覆盖。

8.2.4 指导所属总分馆体系开展“鸿雁悦读”计划联动工作，共享创意、策划、展览、讲座、活动、培训资源。

8.3 旗县区图书馆

8.3.1 发挥总馆承上启下的作用，在中心图书馆指导下，设立分馆和服务点，形成中心馆—总馆—分馆—服务点四级服务体系。

8.3.2 配备流动服务车至少一台，定期开展流动服务。

8.3.3 总分馆服务体系布局合理，与流动服务车配合，对社区嘎查村实现全覆盖。

8.3.4 在中心图书馆指导下，领导所属总分馆体系开展“鸿雁悦读”计划联动工作，共享创意、策划、展览、讲座、活动、培训资源。

8.4 街道乡镇苏木综合文化站

8.4.1 发挥分馆承上启下的作用，在中心图书馆和总馆指导下，将所属社区嘎查村基层综合性文化服务中心（草原书屋）纳入到中心馆—总馆—分馆—服务点四级服务体系。

8.4.2 总分馆服务体系布局合理，与流动服务车配合，对社区嘎查村实现全覆盖。

8.4.3 在中心图书馆和总馆指导下，开展“鸿雁悦读”计划联动工作，共享创意、策划、展览、讲座、活动、培训资源。

8.5 社区嘎查村基层综合性文化服务中心（草原书屋）

8.5.1 在中心馆、总馆、分馆指导和帮助下，做好各项工作，成为四级服务体系中扎实的服务终端。

9 服务效能

9.1 中心馆

9.1.1 每年为读者办理“鸿雁悦读”卡不低于 5000 张。

9.1.2 每年通过“鸿雁悦读”卡借书不低于 100000 册次。

9.1.3 指导旗县区图书馆完成所在旗县区分馆及草原书屋图书编目加工工作，实现统一编目、统一管理。

9.1.4 每年参加或举办讲座、培训、展览、阅读推广活动等不低于 25 次。

9.1.5 利用馆藏文献建设特色数据库，根据自身条件推进古籍整理保护、研究利用。

9.1.6 根据自身条件，为国家机关制定法律、法规、政策和开展有关问题研究，提供文献信息和相关咨询服务。

9.1.7 做好业务数据统计工作。

9.1.8 积极响应和开展服务宣传周、全民读书月、世界图书与版权日、媒体宣传等工作。

9.2 总馆

9.2.1 完成所在旗县区分馆及草原书屋图书编目加工工作，实现统一编目、统一管理。

9.2.2 每年参加或举办讲座、培训、展览、阅读推广活动等不低于 15 次。

9.2.3 做好业务数据统计工作。

9.2.4 积极响应和开展服务宣传周、全民读书月、世界图书与版权日、媒体宣传等工作。

9.3 街道乡镇苏木综合文化站

9.3.1 在中心图书馆和总馆指导下，每年参加“鸿雁悦读”计划有关活动不少于 2 次。

9.3.2 做好业务数据统计工作。

9.4 社区嘎查村基层综合性文化服务中心（草原书屋）

9.4.1 在中心馆、总馆和分馆指导下，每年参加“鸿雁悦读”计划有关活动。

9.4.2 做好业务数据统计工作。

10 服务监督与反馈

10.1 监督途径和方法

10.1.1 应在馆舍显著位置设立读者意见箱 (簿), 公开监督电话 , 开设网上投诉通道 , 建立馆长接待日制度 , 组建社会监督员队伍 , 定期召开读者座谈会。

10.1.2 认真对待并正确处理来自读者的意见或投诉 , 在五个工作日内回复并整改落实。

10.2 读者满意度调查

10.2.1 中心馆、总馆和分馆每年应进行一次读者满意度调查，可自行或委托相关机构向馆内读者随机发放读者满意度调查表。

10.2.2 读者满意度调查表中读者对图书馆满意度的选项为“满意”、“基本满意”和“不满意”三项。

10.2.3 调查表发放数量，中心馆、总馆和分馆分别不少于 300 份、100 份、20 份，回收率不低于 80%。

10.2.4 读者满意度以参与问卷调查的读者中选择“基本满意”和“满意”的人数占调查总人数的比例计。

10.2.5 中心馆、总馆和分馆的读者满意度应在 85% (含) 以上。

10.2.6 中心馆、总馆和分馆应对回收的读者满意度调查表进行分析，针对薄弱环节提出整改意见。调查数据应系统整理，建档保存。

11 考核评估机制

建立考核评估机制，中心馆每年聘请第三方机构对直属分馆、鸿雁书房、流通点服务效能进行考核评估，以目标人群覆盖率（办证率）、人均到馆次数、人均外借册数为考核依据，对未达标的直属分馆、鸿雁书房、流通点提出整改意见，连续两年考核评估仍未达标的，中心馆将解除与其的合作协议，合作机制自行终止。

附录五 “鸿雁悦读”项目宣传片脚本

青城飞鸿雁，书香润心田
——“鸿雁悦读”项目

呼和浩特是蒙古语音译，意为“青色的城”，因此又名青城。呼和浩特是中国内蒙古自治区首府，位于华北地区黄河上游敕勒川草原附近，是历史上茶叶之路的重要节点城市。“敕勒川，阴山下，天似穹庐，笼盖四野。天苍苍，野茫茫，风吹草低现牛羊。”这首驰名中外的《敕勒歌》描写的就是呼和浩特一带的美丽风光。

“鸿雁悦读”，让人们尽享阅读快乐

呼和浩特总面积 1.72 万平方公里，常住人口 314 万。为解决地域辽阔，分馆覆盖率低，图书馆服务获取成本高、新书获取时间长的问题，提升用户图书馆服务体验，呼和浩特市文化旅游广电局在内蒙古自治区党委宣传部支持下，指导呼和浩特市图书馆组织全市公共图书馆推出了图书馆营销项目“鸿雁悦读”。

鸿雁是传统文化的典型元素，与阅读有着深刻的联系，中国传统文化有“鸿雁传书”的故事，“鸿雁悦读”之名即源于此。

鸿雁是一种候鸟，每年飞越数千公里，冬天从北方的内蒙古飞到遥远的南方过冬，夏天再从遥远的南方飞回到北方的内蒙古度夏。“鸿雁悦读”寓意为不管人们距离图书馆多远，图书馆都会像鸿雁一样把服务及时送达读者，让读者尽情享受阅读带给自己的快乐。

“图书馆 +”，跨界融合降低图书馆服务获取成本

在农村，通过与村民委员会合作，按照“图书馆 + 草原书屋”模式，依据图书馆业务标准对以前政府投资建立的草原书屋进行业务流程再造，将草原书屋改造成鸿雁书屋使其成为图书馆服务体系的有机组成部分；在城区，通过“图书馆 +”模式，与社区、书店、学校、银行、医院、企业和政府单位等机构广泛合作建立鸿雁书屋，并纳入到图书馆服务体系。通过快速、低成本扩大分

馆数量，完善总分馆服务体系，扩大其有效覆盖范围，缩短用户到达图书馆的物理距离，降低用户获取图书馆服务的时间成本。

呼和浩特市图书馆馆长张浩如：“‘鸿雁悦读’采取‘图书馆+’模式，与社会机构广泛合作，建立了分馆和鸿雁书屋。高效构建了公共图书馆总分馆服务体系，提高了分馆的覆盖率，降低了读者使用图书馆的获取成本，缩短了新书与读者见面的时间，不断地提升了读者使用图书馆的服务体验。”

馆店合作，让新书第一时间与读者见面

“鸿雁悦读”项目引入以读者需求为导向的采购机制，变革图书馆传统采购加工借阅业务流程，并让读者参与其中，将借阅前置于采购加工环节之前，解决新书获取时间长的问题。具体做法是，与书店合作开展“你荐书，我买单”服务，读者自主选择书店最新上市的图书直接借走，网上书店图书由网上书店直接配送给读者，由图书馆向书店统一支付相关费用，读者只需要在阅读之后将书就近还到图书馆或各分馆，图书馆收到读者还回的图书后再进行编目典藏加工，从而有效缩短了新书到达读者的时间。

呼和浩特市图书馆书记卜险峰：“‘鸿雁悦读’项目‘你荐书，我买单’这种服务模式所产生的费用，是由图书馆和书店进行对接结算，这样读者在第一时间可以借阅到自己喜爱的新书，同时也为图书馆增添了馆藏。”

线上线下融合，打造优质服务体验

呼和浩特市图书馆还专门开发了“鸿雁悦读”App和微信公众号，可以在线检索馆藏书目、在线阅读数字源，在线享受“你荐书，我买单”服务，有效弥补了实体图书馆的物理局限和时空局限，为人们提供了7×24小时不间断的服务。

呼和浩特市图书馆实行“统一办卡、统一管理；一处办卡，多处可用；免费服务，资源共享”制度。读者只需办理一张“鸿雁”读书卡即可在全市的图书馆和367个鸿雁书屋享受图书免费借阅、通借通还等服务。同时，图书馆还设计了丰富多彩的活动，线下线上联动，定期举办各种展览、讲座、比赛、青城记忆线上展播等一系列丰富多彩的活动，有效提升了人们的服务体验。

系统支撑，有效提升服务效能

为保证“鸿雁悦读”项目成功落地，呼和浩特市图书馆积极向地方政府

争取资金，从2018年起呼和浩特市政府每年都为“鸿雁悦读”项目划拨专款。2020年市政府拨款683万元作为项目经费，主要用于购买图书、“鸿雁悦读”App升级维护费、草原书屋原有图书编目加工费、鸿雁书屋电脑、扫描枪、自动借书机等设施设备、物流成本和活动费用。为保证项目的顺利实施，呼和浩特市图书馆按照统一的业务标准，从人员分配、材料配备和时间分配几个方面，对鸿雁书屋人员培训、流程再造、活动组织和运营管理进行系统支撑。

经过三年多的发展，“鸿雁悦读”项目取得了良好的效果。2017年，呼和浩特全市公共图书馆共有分馆95个，其中城区分馆71个，农村分馆24个，全市持证读者63148人，服务城乡居民749266人次。2020年，呼和浩特全市公共图书馆共有分馆367个，其中城区分馆208个，农村分馆159个，全市持证读者123125人，服务城乡居民1282181人次。

小读者：“过去我去一趟图书馆需要花费很多时间，尤其是遇上路上堵车需要更久。但现在呼和浩特图书馆在全市建立了很多鸿雁书房，鸿雁书房在我家附近就有一个，它不仅方便了我看书，而且在图书馆借到的书也可以就近还到这里，对我来说非常方便。”

鸿雁飞南北，书香溢神州

经过三年多的发展，“鸿雁悦读”项目的社会影响越来越大。截至2020年底，呼伦贝尔市电视台、《呼和浩特日报》、《内蒙古日报》、内蒙古电视台、《中国文化报》、《人民日报》等数十家媒体对“鸿雁悦读”项目进行了数十次报道。中国国家文化和旅游部、中共中央组织部将“鸿雁悦读”项目列为示范案例在全国推广其成功经验。

中国文化和旅游部国家文化和旅游公共文化服务建设专家委员会首席专家、北京大学信息管理系教授李国新认为，“鸿雁悦读”项目的特色亮点和普遍意义在于借助社会力量快速推进公共图书馆总分馆制建设，其经验值得在全国推广。

北京大学信息管理系教授李国新：“‘鸿雁悦读’项目是这些年我国卓越的公共阅读品牌活动。‘鸿雁悦读’创造了政府主导全社会参与公共阅读服务体系建设模式，打造了一大批高品质的公共阅读空间，创造了一整套与互联网紧密结合、线上线下有机融合的服务方式，创造了公共图书馆和经营性机构融合发展的模式，有效地带动了呼和浩特的文化消费。”

目前，“鸿雁悦读”项目已经由呼和浩特的一个市级项目演变为内蒙古自治区全省的阅读推广项目，并已发展成为全国知名的全民阅读品牌，正在为满足群众对美好文化生活的需求不断做出积极贡献。

职员表

顾　问：兰　毅　娜　敏
制　片：张浩如
导　演：刘锦山
监　制：张　英　燕建平　刘晓燕　卜险峰　满　达
编　辑：张艳玲
脚　本：刘锦秀　刘剑英
摄　影：胡江涛
翻　译：刘　聪　赵启玥
剪　辑：奥　博
场　务：董　海　陈　荣　俞伟明　渠浩鹏
制　作：北京碧虚文化有限公司
指　导：呼和浩特市文化旅游广电局
出　品：呼和浩特市图书馆

2021 年 2 月

附录六 “鸿雁悦读”计划国际图书馆界奖项申报文本

青城飞鸿雁，书香润心田
——“鸿雁悦读”项目

一、项目背景

呼和浩特是蒙古语音译，意为“青色的城”，因此又名青城。呼和浩特是中国内蒙古自治区首府，地处东经 110°46’—112°10’，北纬 40°51’—41°8’，位于中国华北地区黄河上游敕勒川草原附近，是历史上茶叶之路的重要节点城市，“敕勒川，阴山下，天似穹庐，笼盖四野。天苍苍，野茫茫，风吹草低现牛羊。”这首驰名中外的《敕勒歌》描写的就是呼和浩特一带的美丽风光。

呼和浩特下辖新城区、回民区、玉泉区、赛罕区市内四区及土默特左旗、托克托县、和林格尔县、清水河县、武川县五个旗县，总面积 1.72 万平方公里，常住人口 314 万。其中城区面积 260 平方公里，人口 221 万。而在广袤的 16926 平方公里土地上分布着 989 个行政村，居住着 93 万农牧民。

2017 年，呼和浩特全市包括呼和浩特市图书馆在内仅有 11 个县级以上的公共图书馆和 95 个分馆，其中大部分馆设位于呼和浩特市区和 9 个县级城区。由于办馆条件比如薄弱，经费保障不足，加上地域辽阔，分馆覆盖率低，尽管呼和浩特地区公共图书馆坚持面向全社会免费开放，但服务效能不是太理想。以呼和浩特市图书馆为例，2017 年购书经费为 50 万元，免费开放经费 50 万元，藏书量 414197 册，外借量 23668 册，流通率为 0.057。

2017 年 6 月，呼和浩特市图书馆组织的一次调查显示：85% 以上的人们反映他们去一趟图书馆路上往返花费时间在 1—2 小时，地处偏远地区村镇的人们去花费 4 个小时左右；70% 以上的人们反映图书馆新书上架不及时，有的新书在书店已经上市 3 个月了，图书馆仍然借不到；90% 的人们希望通过增加图书馆服务点并借助互联网解决上述问题。

“鸿雁悦读”项目就是呼和浩特市图书馆在此背景下为解决上述问题在全市公共图书馆策划推广的图书馆营销活动。鸿雁是传统文化的典型元素，与阅读有着深刻的联系，中国传统文化有“鸿雁传书”的故事，“鸿雁悦读”之名即源于此。

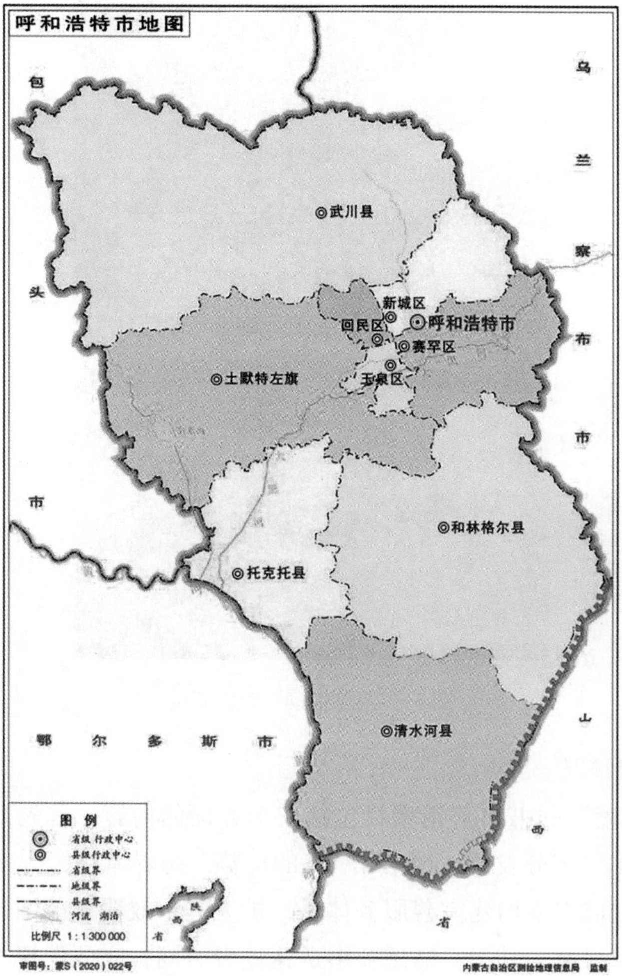

图 1 呼和浩特行政区划图

鸿雁是一种候鸟，每年飞越数千公里，冬天从北方的内蒙古飞到遥远的南方过冬，夏天再从遥远的南方飞回到北方的内蒙古。“鸿雁悦读”寓意为不管人们距离图书馆多远，图书馆都会像鸿雁一样把服务及时送达读者，让读者尽情享受阅读带给自己的快乐。

鸿雁悦读
HONG YAN ENJOY READING

图 2 “鸿雁悦读”项目 logo

图 3 “鸿雁悦读”宣传海报

二、项目情况

“鸿雁悦读”图书馆营销项目包括三个方面的内容：首先，降低图书馆服务获取成本。充分发挥“图书馆 +”的优势，跨界营销，大量设立图书馆分馆，迅速低成本地构建完善服务体系，扩大其有效覆盖范围，有效降低图书馆服务获取成本；其次，缩短新书送达读者时间。充分发挥“图书馆 + 书店”、“图书馆 + 互联网”作用，通过馆店合作，利用互联网技术变革图书馆印本图书采购和加工流程，缩短新书与读者见面的时间；第三，提升图书馆服务体验。发挥互联网不受时空局限的特点，线上线下开展线上服务和在线阅读服务。

1. 跨界融合，通过“图书馆 +”完善服务体系，降低图书馆服务获取成本

为节约成本，提高分馆设立效率，“鸿雁悦读”项目采取“图书馆 +”的模式，与社会各界合作建设图书馆分馆，由合作单位提供分馆所需场地、书架桌椅等家具、水电和日常管理员等条件，图书馆按照统一标准提供业务模式、图书、培训和运营支持，利用社会资源快速、低成本地建立起覆盖范围尽可能大、城乡一体的以市图书馆为中心馆、县级图书馆为总馆、乡镇街道鸿雁书屋

为分馆、村鸿雁书屋为服务站、流动书车为补充的公共图书馆中心馆—总分馆四级服务体系。

> 鸿雁书屋：呼和浩特市中心馆—总分馆服务体系分馆名称，由图书馆与合作方共同建设。部分鸿雁书屋为 24 小时无人值守智慧图书馆。

对于农村而言，人口密度低，基础设施不是很完备，社会机构很少，很难像城区那样找到项目的合作方。早在 2007 年，新闻出版署等部委为解决农村借书难读书难的问题，在全国农村投资建立了农村 / 草原书屋，各村的农村 / 草原书屋根据人口多少配备有几百册左右的图书，农村 / 草原书屋建成后交由村民委员会负责管理和运营。呼和浩特建有 900 多个草原书屋。书屋建成之后图书基本上没有进一步更新，加上没有纳入到公共图书馆体系中，缺乏图书馆专业技术支持，不少书屋处于停滞状态，使用效果不是很理想。

呼和浩特市图书馆与村民委员会合作，按照“图书馆 + 草原书屋”模式，依据图书馆业务标准对草原书屋进行业务流程再造，将草原书屋原有图书按照图书馆规范编目并纳入到图书馆馆藏书目系统，激活草原书屋沉淀资源，定期为草原书屋更新图书、增加设备，加强草原书屋人员培训，改善草原书屋的运营效果，将孤岛式的草原书屋升级为鸿雁书屋并与图书馆网络相连，使其成为图书馆中心馆—总分馆服务体系的有机组成部分，按照图书馆业务标准向农牧民提供图书馆专业服务，受到村民委员会和农牧民的热烈欢迎。

对于城区而言，人口密度大，基础设施完备，机构密集，设立分馆比较容易。通过“图书馆 +”模式，与社区、书店、学校、银行、医院、企业和政府单位等机构广泛合作建立鸿雁书屋，并纳入到图书馆服务体系。

通过快速、低成本扩大分馆数量，完善总分馆服务体系，扩大其有效覆盖范围，将分馆的服务半径控制在不超过 5 公里范围之内，缩短用户到达图书馆的物理距离。同时，全市公共图书馆还配备 10 辆“鸿雁悦读”流动书车，定期把图书馆服务送到群众身边；数字图书馆技术更进一步突破了时空局限，人们可以随时随地获取图书馆服务。上述一系列举措有效降低了用户获取图书馆服务的交通成本和时间成本。项目实施前人们往返图书馆平均花费时间 1—2 个小时，项目实施后人们往返鸿雁书屋平均花费时间降低到 0.5—1 小时以内，有效降低了群众获取图书馆服务的成本，使图书馆服务的可获得性大为增强。

图4　玉泉区郦城鸿雁书屋

图5　“鸿雁悦读”24小时书屋

图6　回民区蒙鑫国际鸿雁书屋

图 7　呼和浩特市图书馆工作人员在新城区哈拉更村鸿雁书屋进行业务辅导

图 8　鸿雁书屋中的数字图书自助借阅机

图 9　玉泉区后桃花村鸿雁书屋

图 10　玉泉区后桃花村村民在鸿雁书屋读书

图 11　鸿雁书屋中的读者

图 12　“鸿雁悦读”流动图书车开展服务

2. 通过“图书馆 + 书店”“图书馆 + 互联网”缩短新书获取时间

读者反映图书馆新书上架时间太长，不能及时看到新书以及自己喜欢看的书图书馆里却没有的问题，主要原因在于图书馆采购新书之后编目典藏所用时间比较长。“鸿雁悦读”项目引入以读者需求为导向的采购机制（Patron Driven Acquisition）解决上述问题，变革图书馆传统采购加工借阅业务流程，并让读者参与其中，将借阅前置于采购加工环节之前，满足读者多元化阅读需求。

具体做法是，借助信息技术和互联网，与实体书店合作开展“你荐书，我买单”服务，人们先在“鸿雁悦读”App 中绑定自己的读者证号，以此进行身份认证。读者在书店选中一本图书，用“鸿雁悦读”App 扫一扫所选图书 ISBN 码，App 自动判断图书是否符合荐购条件，符合条件的图书信息提交到“鸿雁悦读”App 系统，书店工作人员核对书籍信息无误后让读者借走图书，读者无需支付费用，由图书馆向书店统一支付相关费用，读者阅读之后将书就近还到图书馆或各分馆。

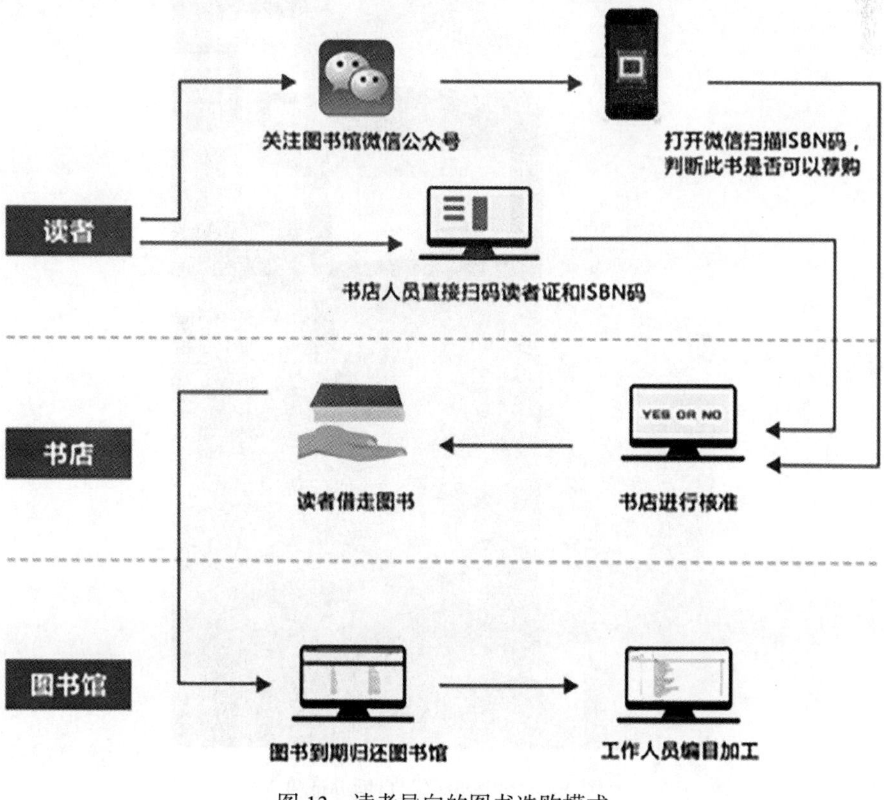

图 13　读者导向的图书选购模式

“鸿雁悦读”项目还与网上书店建立合作，开展“你荐书，我买单”活动，即使线下书店没有的新书，读者也可以通过“鸿雁悦读“App“鸿雁快借”功能选择自己喜欢的图书，在网上下单借阅，网上书店将书直接配送给读者，书款由图书馆和网上书店统一结算，读者免费看完后再就近还回图书馆或各分馆即可。无论是线上线下“你荐书，我买单”，都是先选先看，图书馆收到读者还回来的图书后再进行编目典藏加工。这样就有效缩短了新书到达读者的时间。

同时，呼和浩特市图书馆还成立读者选书委员会，定期组织成员向图书馆提出图书采购建议，图书馆进行采购；通过“鸿雁悦读”App、微信公众号、图书馆网站实现读者线上荐书服务。上述措施有效解决了新书上架时间慢、图书馆采购的新书不是读者需要的图书等问题。

图 14 “鸿雁悦读”自助办证机

图 15　读者在鸿雁书屋自助办理“鸿雁”读书卡

图 16　“鸿雁悦读”项目选书委员会成员进行座谈

3. 开发“鸿雁悦读”App 和微信公众号，线上线下结合提升服务体验

呼和浩特市图书馆还为本项目专门开发了“鸿雁悦读”App 和微信公众号，将图书馆线下职能和线上服务相结合，由此读者可以享受“你荐书，我买单”服务，可以在线检索馆藏书目、在线阅读数字资源，实现图书馆 + 移动网络的服务模式，有效弥补了实体图书馆的物理局限和时空局限，为人们提供了 7 × 24 小时不间断的服务。

呼和浩特市图书馆实行了“统一办卡、统一管理；一处办卡，多处可用；免费服务，资源共享”制度。读者只需办理一张读者证即可在全市的图书馆和367个鸿雁书屋享受图书免费借阅、通借通还等服务。同时，呼和浩特图书馆还设计了丰富多彩的活动，线下线上联动，定期举办各种展览、鸿雁健康讲座、鸿雁传书手书大赛、有奖问答、青城记忆线上展播等一系列丰富多彩的活动，吸引人们到鸿雁书屋或者通过线上参加图书馆的各项活动。通过一系列的活动有效提升了人们的服务体验。

图17 “鸿雁悦读”App

三、营销组合

产品：①“鸿雁悦读”中心馆—总分馆四级服务体系和服务模式。②基于服务体系的馆藏资源检索、阅览、借还以及空间服务，印本资源全市城乡通借通还服务。③“你荐书，我买单”服务。④“鸿雁悦读”App和微信公众号馆藏书目与数字资源在线检索阅读服务。

价格：本项目面向目标用户提供免费服务。目标用户获取服务所需时间与交通成本成为影响本项目推广的关键因素。项目实施前，目标用户往返图书馆平均需要1—2个小时，项目实施后，平均往返时间降低到0.5—1小时，交通与时间成本平均降低到之前的 50%；App 和微信公众号在线服务更是极大降低了图书馆服务获取成本。本项目具有极大的成本优势。

宣传：①利用项目本身四级服务体系进行宣传。②线下活动 + 线上推广。③传统媒体 + 新媒体宣传，通过组合宣传，将信息送达各年龄层受众，吸引更多人知晓并参与本项目。

为达到宣传效果，“鸿雁悦读”项目精心设计了两条宣传标语，用以激发人们对于阅读的热爱：①一卡品书香，鸿雁悦青城。②青城飞鸿雁，书香润心田。

渠道：①实体渠道：与村民委员会、社区、学校、咖啡馆、企业、事业单位、草原书屋和书店等机构合作，在农牧区和城区广泛设点布局，完善图书馆服务体系，将其作为分发渠道。②网络渠道：利用“鸿雁悦读”App 和微信公众号作为本项目网络分发渠道，有效克服时空和成本局限。

四、资源配置

为保证“鸿雁悦读”项目成功落地，呼和浩特市图书馆积极向地方政府争取资金，从 2018 年起呼和浩特市政府每年都为“鸿雁悦读”项目划拨专款。2020 年市政府拨款 683 万元作为项目经费，主要用于购买图书、“鸿雁悦读”App 升级维护费、草原书屋原有图书编目加工费、鸿雁书屋电脑、扫描枪、自动借书机等设施设备、物流成本和活动费用。

其中用户鸿雁书屋开展活动费用情况如下：2020 年新建 6 个鸿雁书屋举办开馆活动 6 次，其他已建成的鸿雁书屋举办线下线上阅读推广活动 120 次，合计活动费用 37.8 万元人民币。

人员分配方面，鸿雁书屋管理人员由合作机构委派，图书馆安排培训人员 3 名、管理员 3 名、技术人员 3 名，为全市鸿雁书屋提供后台支持。

材料配备方面，图书馆为每个鸿雁书屋开通图书馆自动化管理系统使用权，配备 500 册图书、一台电脑、一把扫描枪和一台借还机，图书每半年更换一次。草原书屋原有图书由图书馆统一编目纳入到馆藏书目中。鸿雁书屋场地、桌椅家具、网络环境、用电用水、纸张等由合作机构提供。

时间分配方面，每个鸿雁书屋用 2 周时间进行人员培训，3 周时间完成原有图书编目、4 周时间完成业务流程再造。每年举办阅读推广活动不少于 4 次。2020 年因为新冠肺炎疫情影响合计举办活动 126 次。

五、项目评估

本项目达到了营销目标，实现了营销目的。成功地向村民委员会、社区、书店、学校、企业、政府单位等合作机构负责人普及了现代公共图书馆体系化服务理念和模式，并获得他们的认可和支持；成功地建立起中心馆—总分馆四级服务体系建成；有效降低了图书馆服务获取成本，增强了图书馆对农牧民和城区居民等最终用户的吸引力，图书馆服务效能获得很大提升。

1. 相关数据

①体系建设

截至 2017 年 12 月 31 日，呼和浩特全市共有图书馆分馆 95 个，其中城区分馆 71 个，农村分馆 24 个。2018 年，新建鸿雁书屋分馆 70 个，其中城区新建鸿雁书屋 43 个，农村新建鸿雁书屋 27 个。

截至 2018 年 12 月 31 日，呼和浩特全市共有图书馆分馆 165 个，其中城区分馆 114 个，农村分馆 51 个。2019 年新建鸿雁书屋分馆 80 个，其中城区新建鸿雁书屋 38 个，农村新建鸿雁书屋 42 个；截止 2019 年 12 月 31 日，呼和浩特全市共有图书馆分馆 245 个，其中城区分馆 152 个，农村分馆 93 个。

2020 年新建鸿雁书屋 122 个，其中城区新建鸿雁书屋 56 个，农村新建鸿雁书屋 66 个；截止 2020 年 12 月 31 日，呼和浩特全市共有图书馆分馆 367 个，其中城区分馆 208 个，农村分馆 159 个。

从 2017 年到 2020 年，通过实施“鸿雁悦读”项目，呼和浩特市图书馆服务体系中分馆数量年均增长率超过 53.00%，城区分馆数量年均增长率超过 54.95%，农村分馆数量年均增长率超过 64.95%。农村分馆增长比例超过城区分馆增长比例，呈现出城乡均衡发展的态势。

②服务效能

2017 年全市持证读者 63148 人，其中城区 61520 人、农村 1628 人。2018 年全市持证读者 91517 人，其中城区 86583 人、农村 4934 人。2019 年全市持证读者 111552 人，其中城区 105428 人、农村 6124 人。2020 年全市持证读者 123125 人，其中城区 115741 人、农村 7384 人。

2017 年全市图书馆系统服务城乡居民 74.9266 万人次，外借图书 54.8154 万册次。2018 年全市图书馆系统服务城乡居民 139.4426 万人次，外借图书 45.3718 万册次。2019 年全市图书馆系统服务城乡居民 181.1614 万人次，外借图书 50.1145 万册次。2020 年全市图书馆系统服务城乡居民 128.2181 万人次，外借图书 34.4723 万册次。

“鸿雁悦读”项目体系建设、服务效能比项目实施前有了大幅度的提升，获得了专家、社会和媒体的一致好评，现在已经成为全国知名的全民阅读品牌。

2. 专家评价

国家公共文化服务建设专家委员会首席专家、北京大学信息管理系教授李国新认为：“鸿雁悦读”项目是这些年我国卓越的公共阅读品牌活动，具有四个鲜明的特点。①“鸿雁悦读”创造了政府主导全社会参与构建公共阅读服务体系模式，一大批政府主导的全社会各种力量参与的设施迅速的建设起来，整个呼和浩特的阅读设施体系、服务体系迅速铺展开来。通过这个项目的带动，一个覆盖呼和浩特城乡、满足老百姓需求的阅读服务体系假设起来了。②打造了一大批高品质的公共阅读空间，适应中国人民美好生活的需求，‘鸿雁悦读’创造的阅读空间不仅能提供一般的阅读服务，而且在追求审美化、品质化、舒适化，是新时代中国公共阅读空间发展的缩影和写照。③创造了一整套与互联网紧密结合、线上线下有机融合的服务方式，比如阅读过程中的互联网直播、线上线下的阅读分享，通过现代信息技术手段的应用，迅速扩大了覆盖面，提升了时效性。④创造了公共图书馆与经营性机构融合发展的模式，‘鸿雁悦读’与书商、书店的合作，一方面变革了几百年来公共图书馆资源采购的体制和机制，同时也有效促进了公共文化服务与公共文化产业的融合发展，有效地带动了呼和浩特的文化消费。”

3. 社会影响

“鸿雁悦读”项目已经由呼和浩特一个市的项目演变成内蒙古自治区全省的阅读推广项目，并已发展成为全国知名的全民阅读品牌，国家文化和旅游部、中央组织部将“鸿雁悦读”项目列为示范案例在全国推广其成功经验。“鸿雁悦读”项目多次应邀参加全国文博展览，介绍成功经验。截至2020年底，内蒙古包头市、乌海市、赤峰市、通辽市、鄂尔多斯市、呼伦贝尔市、巴彦淖尔市、乌兰察布市、兴安盟、锡林郭勒盟、阿拉善盟十二盟市已全部启动“鸿雁悦读”项目。

2020年11月27—30日，国家公共服务体系示范区公共图书馆创新发展研讨会在浙江嘉兴举行，呼和浩特市图书馆向参加代表介绍“鸿雁悦读”品牌活动及取得的成果。

2020年5月1日，“鸿雁悦读”赴乌兰浩特参加由呼和浩特市人民政府与兴安盟行政公署联合主办的“红城青城手牵手”文化旅游系列活动启动仪式。

2019年5月18—21日，“鸿雁悦读”参加第十五届中国（深圳）国际文化产业博览交易会。

2018年7月10—11日在牙克石市参加全区公共文化服务信息化建设助力脱贫攻坚现场推进会，呼和浩特市图书馆携“鸿雁悦读”项目进驻推进会，同各盟市交流“鸿雁悦读”项目实施经验，进一步促进公共文化在全区的交流和传播，以文化传播助力精准扶贫。

……

4. 媒体报道

“鸿雁悦读”项目受到媒体广泛关注，呼伦贝尔市电视台、《呼和浩特日报》、《内蒙古日报》、内蒙古电视台、《中国文化报》、《人民日报》等数十家媒体多次进行报道。截至2020年底，各类媒体对“鸿雁悦读”项目进行报道不下90次。

部分代表性媒体报道如下：

2020年12月29日，《中国文化报》以《内蒙古自治区呼和浩特市图书馆：“鸿雁”悦青城》为题对“鸿雁悦读”项目进行报道。

2020年11月20日，《北方新报》以《书香满青城“鸿雁悦读”让30余万人受益》为题对“鸿雁悦读”项目进行专题报道。

2020年11月17日，《呼和浩特晚报》以《3年内30万市民受益“鸿雁悦读”成为呼和浩特文化餐》为题对“鸿雁悦读”项目进行专题报道。

2020年11月5日，《呼和浩特日报》以《“精准供给”让首府公共文化更惠民》为题对“鸿雁悦读”项目进行报道。

2020年10月17日，呼和浩特市广播电视台新闻综合频道以《鸿雁书屋：读者身边不打烊的图书馆》为题对“鸿雁悦读”项目进行报道。

2020 年 3 月 12 日，人民网以《“鸿雁悦读”书香战“疫”——呼和浩特市图书馆疫情防控与业务建设两不误》为题“鸿雁悦读”项目进行报道。

2018 年 4 月 20 日，《人民日报》以《青城飞“鸿雁”书香润心田》为题对“鸿雁悦读”项目进行报道。

2017 年 11 月 24 日，《中国文化报》以《呼和浩特市：创新公共文化服务体制，“鸿雁悦读”接地气、得民心》为题，对“鸿雁悦读”项目进行报道。

……

呼和浩特构建“公共图书馆+新华书店”的合作模式，方便读者阅读

青城飞“鸿雁”书香润心田

关注全民阅读

你阅读，我买单，群众借阅图书很方便

改变了图书馆与新华书店的传统定位

打通线上线下，提供自助服务，搭建互动平台

新语

科技潮流中的变与不变

广州整治校外培训机构

图 18 《人民日报》报道“鸿雁悦读”项目

呼和浩特市：创新公共文化服务体制，“鸿雁悦读”接地气、得民心

图 19 《中国文化报》专题报道“鸿雁悦读”项目

内蒙古日報

2018年2月21日

中共内蒙古自治区委员会机关报

张灯结彩过大年 点亮美好新时代

春节文化在海外魅力绽放

——外国人欢度中国春节

书店里选书借阅 图书馆替你买单

“鸿雁悦读”打通公共文化服务最后一公里

6张“手绘地图”就是脱贫攻坚的作战图

在习近平新时代中国特色社会主义思想指引下——新时代 新气象 新作为

图 20 《内蒙古日报》头版报道“鸿雁悦读”项目

图 21 《内蒙古新闻联播》栏目报道“鸿雁悦读”项目

呼和浩特市图书馆

2021 年 2 月 18 日

附录七　“鸿雁悦读”计划相关媒体报道列表

序号	时间	报道主题	媒体单位（版次 / 栏目）	媒体类型
1	2017 年 11 月 4 日	【福利】“鸿雁悦读”：想看什么“点”什么	都市全接触	微信平台
2	2017 年 11 月 8 日	呼和浩特打造一流“鸿雁悦读”计划	呼和浩特市文化旅游广电局	微信平台
3	2017 年 11 月 9 日	呼和浩特打造一流“鸿雁悦读”计划	《内蒙古社区报》（百度号）、呼和浩特市人民政府网、e 线图情	网站
4	2017 年 11 月 23 日	一卡品书香 鸿雁悦青城——呼和浩特市“鸿雁悦读”计划正式启动	呼和浩特市人民政府网、e 线图情	网站
5	2017 年 11 月 24 日	呼和浩特市：创新公共文化服务体制，“鸿雁悦读”接地气、得民心	中国文化服、e 线图情	网站
6	2017 年 11 月 24 日	呼和浩特市正式启动“鸿雁悦读”计划 市民办卡后可免费借阅	内蒙古新闻网	网站
7	2017 年 11 月 24 日	“鸿雁悦读”：开启全民阅读呼和浩特模式	正北方网	网站
8	2017 年 11 月 24 日	呼和浩特市：创新公共文化服务体制，“鸿雁悦读”接地气、得民心	《中国文化报》第 6 版	报纸
9	2017 年 11 月 24 日	阅读很软，但有力量，让首府的“鸿雁悦读”计划带我们一起出发！	活力呼和浩特（搜狐号）	网站
10	2017 年 11 月 24 日	【FM107.4】好事儿！只要一张卡呼市市民以后可以免费借阅图书啦（内附借阅地点）	呼和浩特交通广播（搜狐号）	网站
11	2017 年 11 月 24 日	打通首府群众“阅读最后一公里 ”呼和浩特市“ 鸿雁悦读”计划正式启动	呼和浩特新闻网	微信平台
12	2017 年 11 月 24 日	呼和浩特市“鸿雁悦读”计划正式启动	昭乌达路街道发布	微信平台
13	2017 年 11 月 24 日	“鸿雁悦读”计划打通呼和浩特市群众阅读的“最后一公里”	文明内蒙古	微信平台

续表

序号	时间	报道主题	媒体单位（版次 / 栏目）	媒体类型
14	2017 年 11 月 24 日	专题 | 呼和浩特市：创新公共文化服务体制，“鸿雁悦读”接地气、得民心	e 线图情	微信平台
15	2017 年 11 月 25 日	【爱播·关注】呼和浩特市“鸿雁悦读”计划启动	腾格里新闻	微信平台
16	2017 年 11 月 25 日	“鸿雁悦读”计划：阅读 自己作主	青城眼	微信平台
17	2017 年 12 月 17 日	“鸿雁悦读”席卷文化草原	呼和浩特市文化旅游广电局、呼和浩特市公共文化	微信平台
18	2018 年 1 月 15 日	呼和浩特：“鸿雁悦读”计划服务全民阅读	中国文明网、内蒙古新闻网、中国社会科学网、图书馆界	网站
19	2018 年 1 月 22 日	呼和浩特“鸿雁悦读”荣登《文化部简报》	呼和浩特市公共文化	微信平台
20	2018 年 1 月 23 日	【围观】呼和浩特“鸿雁悦读”又获点赞～这次是国家文化部	活力呼和浩特	微信平台
21	2018 年 1 月 28 日	打通公共文化服务最后一公里 文化部简报介绍呼和浩特市“鸿雁悦读”计划	呼和浩特新闻网	微信平台
22	2018 年 1 月 29 日	文化部：“鸿雁悦读”打通公共文化服务最后一公里	呼和浩特市文化旅游广电局、e 线图情	微信平台、网站
23	2018 年 2 月 21 日	鸿雁悦读”打通公共文化服务最后一公里	人民网	网站
24	2018 年 2 月 24 日	【内蒙古新闻联播】“鸿雁悦读”：你阅读 我买单	央视网	电视
25	2018 年 3 月 19 日	用图书共享助力全民阅读“鸿雁悦读”计划启动 3 个月 图书馆书店图书借阅量均上涨	呼和浩特新闻网	微信平台
26	2018 年 3 月 19 日	“鸿雁悦读”计划打通阅读“最后一公里”	呼和浩特新闻综合广播	微信平台
27	2018 年 4 月 9 日	“鸿雁悦读”给市民献上“方便快餐”	呼和浩特市文化旅游广电局	微信平台
28	2018 年 4 月 20 日	青城飞“鸿雁”书香润心田	人民网、中国文明网、内蒙古旅游网	网站

续表

序号	时间	报道主题	媒体单位（版次 / 栏目）	媒体类型
29	2018年5月14日	“鸿雁悦读”让全民阅读更方便	《内蒙古日报》第2版、e线图情	报纸、网站
30	2018年5月15日	“鸿雁悦读”让全民阅读更方便	中国文明网	网站
31	2018年5月28日	呼和浩特：鸿雁书屋落脚青城驿站 方便市民阅读	正北方网、内蒙古新闻网	网站
32	2018年5月28日	呼和浩特“鸿雁悦读”知网杯手书信函有奖大赛 等你来战！	呼和浩特新闻网	微信平台
33	2018年5月30日	鸿雁书屋落脚青城驿站让阅读更“悦读”	内蒙古新闻网	网站
34	2018年5月31日	鸿雁书屋落脚青城驿站 方便市民阅读	内蒙古文明网	网站
35	2018年6月23日	青城飞“鸿雁”，书香润心田——“鸿雁悦读”计划介绍	e线图情	网站
36	2018年7月12日	新华书店携“鸿雁悦读”计划进驻全区公共文化服务信息化建设助力脱贫攻坚现场推进会	内蒙古新华书店图书大厦（搜狐号）	网站
37	2018年7月13日	以文化力量助力脱贫攻坚战—林城百姓嗅到“鸿雁”书香的甜美	内蒙古新闻网	网站
38	2018年8月24日	“鸿雁悦读”，让读书插上飞翔的翅膀！	呼和浩特市广播电视台	微信平台
39	2018年12月26日	“鸿雁悦读”平台开通	内蒙古自治区文化和旅游厅	网站
40	2019年1月18日	2019“开年阅”“鸿雁悦读”系列活动在市图书馆举办	呼和浩特市文化旅游广电局	微信平台
41	2019年1月19日	“开年阅”“鸿雁悦读”系列活动在内蒙古呼和浩特市图书馆开幕	图书馆界	网站
42	2019年2月3日	市图书馆市委组织部分馆“组工书屋”挂牌成立并举行启动仪式	呼和浩特市文化新闻出版广电局	网站
43	2019年4月4日	呼和浩特市图书馆鸿雁领读者全城招募	《呼和浩特晚报》第2版	报纸
44	2019年4月7日	“鸿雁悦读”计划落青城 引发全民阅读热潮满城飘书香	公益内蒙古（百度号）	网站

续表

序号	时间	报道主题	媒体单位（版次 / 栏目）	媒体类型
45	2019 年 4 月 16 日	“鸿雁悦读”系列活动第二届征文有奖大赛即将开启	呼和浩特市文化旅游广电局	微信平台
46	2019 年 4 月 17 日	让阅读更方便！读者可在我市这 25 家书店借书了	交通 1074 呼市应急广播（百度号）	网站
47	2019 年 4 月 17 日	奖品很吸睛！“鸿雁悦读”第二届征文有奖大赛邀你来参加…	呼和浩特新闻网	微信平台
48	2019 年 4 月 27 日	鄂温克中学举办“鸿雁悦读之书香索伦”为主题的诵读比赛活动	鄂温克族自治旗鄂温克中学	微信平台
49	2019 年 5 月 8 日	让阅读更方便！呼和浩特市将打造 70 座青城驿站鸿雁书屋	昭乌达路街道发布（搜狐号）、内蒙古新闻网	网站
50	2019 年 5 月 9 日	呼和浩特市将打造 70 座青城驿站鸿雁书屋	网易新闻	网站
51	2019 年 5 月 13 日	我市将打造 70 座青城驿站鸿雁书屋	直通首府（搜狐号）	网站
52	2019 年 5 月 17 日	【聚焦】呼和浩特市图书馆“鸿雁悦读”计划简介	呼和浩特市公共文化	微信平台
53	2019 年 5 月 20 日	全市残疾人文化周暨第四届残疾人阅读比赛举行	《北方新报》第 3 版	报纸
54	2019 年 7 月 10 日	打通“鸿雁悦读”的“最后一公里”	呼和浩特市文化旅游广电局	微信平台
55	2019 年 7 月 22 日	互通互融 共建共享 提升公共文化服务效能 ——内蒙古呼和浩特市实施“鸿雁悦读”计划推进全民阅读的探索实践	共产党员网	网站
56	2019 年 7 月 23 日	好消息！我市“鸿雁悦读”计划案例入选中组部党建丛书	呼和浩特市文化旅游广电局	微信平台
57	2019 年 7 月 26 日	呼和浩特“鸿雁悦读”计划案例入选中组部党建丛书	新华网、e 线图情	网站
58	2019 年 7 月 27 日	呼和浩特“鸿雁悦读”计划案例入选中组部党建丛书	《内蒙古日报》（百度号）	网站
59	2019 年 7 月 30 日	图情要闻 | 呼和浩特“鸿雁悦读”计划案例入选中组部党建丛书	e 线图情	微信平台

续表

序号	时间	报道主题	媒体单位（版次 / 栏目）	媒体类型
60	2019 年 8 月 6 日	内蒙古呼和浩特市实施“鸿雁悦读”计划推进全民阅读（图）	共产党员网、e 线图情	网站
61	2019 年 8 月 7 日	互通互融 共建共享 提升公共文化服务效能 ——内蒙古呼和浩特市实施“鸿雁悦读”计划推进全民阅读的探索实践	新华网	网站
62	2019 年 8 月 7 日	我市实施“鸿雁悦读”计划推进全民阅读	呼和浩特市文化旅游广电局	微信平台
63	2019 年 8 月 8 日	“鸿雁悦读”图书漂流第二站——走进新时代文明实践所活动启动	满州里日报（搜狐号）	网站
64	2019 年 8 月 8 日	节目 |“鸿雁悦读”让书香就在身边	新闻再观察	微信平台
65	2019 年 8 月 12 日	乌拉特中旗举办 2019“鸿雁悦读”“你荐书，我买单”活动	文明乌拉特中旗	微信平台
66	2019 年 9 月 6 日	“鸿雁悦读”为呼和浩特全民阅读助力	正北方网	网站
67	2019 年 9 月 11 日	「壮丽 70 年 · 奋斗新时代」“鸿雁悦读”为首府全民阅读助力	《内蒙古日报》（百度号）	网站
68	2019 年 9 月 25 日	呼市图书馆举办读书分享会等活动	《呼和浩特日报》第 2 版	报纸
69	2019 年 11 月 1 日	呼伦贝尔公路路政执法监察支队参加“鸿雁悦读”计划启动仪式	内蒙古交通综合执法总队三支队	微信平台
70	2019 年 11 月 3 日	一张借书卡，让你在图书馆和新华书店免费借书	呼伦贝尔新闻（企鹅号）	网站
71	2019 年 11 月 4 日	呼伦贝尔市启动实施“鸿雁悦读”计划积极推进全民阅读	内蒙古自治区文化和旅游厅	网站
72	2019 年 11 月 13 日	“鸿雁悦读”服务活动启动为阿拉善全民阅读助力	阿拉善广播电视台	微信平台
73	2019 年 11 月 18 日	“你荐书，我买单”——“鸿雁悦读”让书香在身边	阿拉善广播电视台	微信平台
74	2019 年 11 月 27 日	市委宣传部、图书馆联合新华书店开展“鸿雁悦读”计划推广活动	根河发布（百度号）	网站

续表

序号	时间	报道主题	媒体单位（版次 / 栏目）	媒体类型
75	2019 年 11 月 27 日	呼和浩特市委常委、宣传部部长张金萍调研呼和浩特市图书馆“鸿雁悦读”计划实施情况	e 线图情	网站
76	2019 年 11 月 29 日	鸿雁飞过处书香满草原	人民网（搜狐号）	网站
77	2019 年 12 月 23 日	我市启动“鸿雁悦读”服务打造书香乌兰察布	乌兰察布新闻	网站
78	2019 年 12 月 26 日	【蒙古文】阿拉善左旗“鸿雁悦读”计划启动	阿拉善左旗蒙古文版	微信平台
79	2019 年 12 月 30 日	“鸿雁悦读”为全民阅读助力	新右旗融媒体中心	微信平台
80	2019 年 12 月 31 日	“鸿雁悦读”计划 | 乌达区图书馆新华书店分馆今日挂牌	乌达发布	微信平台
81	2019 年 12 月 31 日	旗新华书店举办“鸿雁悦读”计划启动仪式	新右旗政能量	微信平台
82	2020 年 1 月 9 日	西乌珠穆沁旗图书馆分馆开馆仪式暨“鸿雁悦读”计划启动仪式圆满举办	内蒙古自治区文化和旅游厅	网站
83	2020 年 3 月 6 日	“鸿雁悦读”书香抗疫	《呼和浩特晚报》（百度号）	网站
84	2020 年 3 月 11 日	内蒙古呼和浩特市图书馆疫情防控和业务工作 “两手抓、两不误、两促进”	内蒙古自治区文化和旅游厅、文化和旅游部	网站
85	2020 年 3 月 13 日	“鸿雁悦读”书香战“疫” ——呼和浩特市图书馆疫情防控与业务建设两不误	人民网	网站
86	2020 年 4 月 15 日	“你荐书，我买单”“彩云服务”——“鸿雁悦读”	美篇网	网站
87	2020 年 4 月 22 日	“鸿雁悦读”书润红山	赤峰机关党建	微信平台
88	2020 年 4 月 22 日	“鸿雁悦读”：一本书的旅行计划	青山人青山事（中共包头市青山区委宣传部）	微信平台
89	2020 年 4 月 23 日	“鸿雁”飞进社区 书籍近在咫尺	人民网、金台资讯（百度号）、新浪网	网站

续表

序号	时间	报道主题	媒体单位（版次 / 栏目）	媒体类型
90	2020 年 4 月 23 日	镶黄旗旗图书馆启动“鸿雁图书阅读”计划活动	发现锡林郭勒（搜狐号）	网站
91	2020 年 4 月 23 日	世界读书日 | “鸿雁悦读” · 让书香飘满法院	呼和浩特市中级人民法院	微信平台
92	2020 年 4 月 23 日	“4 · 23 世界读书日”额济纳旗全民阅读活动暨“鸿雁悦读”计划启动	中国额济纳	微信平台
93	2020 年 4 月 23 日	呼和浩特 2020 草原阅读季聚焦脱贫奔小康	文旅中国	网站
94	2020 年 4 月 23 日	世界读书日：呼和浩特乡村草原书屋开馆 村民免费借阅	中国新闻网（百度号）、环京津新闻网（百度号）	网站
95	2020 年 4 月 23 日	鸿雁书房正式投入使用	直通首府	微信平台
96	2020 年 4 月 24 日	悦读青城	《内蒙古日报》第 2 版	报纸
97	2020 年 4 月 24 日	我市启动 2020 草原阅读季全民阅读系列活动	《呼和浩特日报》第 5 版	报纸
98	2020 年 4 月 24 日	打造就近阅读圈 鸿雁书房飞到居民家门口	潇湘晨报（新浪号）、呼和浩特新闻网（新浪号）	网站
99	2020 年 4 月 24 日	呼和浩特市启动 2020 草原阅读季全民阅读系列活动	潇湘晨报（新浪号）、呼和浩特新闻网（新浪号）	网站
100	2020 年 5 月 20 日	新城区首家鸿雁书屋试开放	发现新城（搜狐号）	网站
101	2020 年 5 月 20 日	新城区首家鸿雁书屋试开放 2000 余册书籍供您阅读	呼和浩特新闻网	网站
102	2020 年 5 月 26 日	让书籍插上鸿雁的翅膀 ——青山区“鸿雁悦读”计划全面启动	青山人青山事（中共包头市青山区委宣传部）	微信平台
103	2020 年 5 月 27 日	青山区“鸿雁悦读”计划全面启动 让书籍插上鸿雁的翅膀	包头文明网	网站
104	2020 年 5 月 25 日	通辽市“‘鸿雁悦读’图书大漂流”国资系统启动仪式举行	新浪网	网站
105	2020 年 5 月 25 日	通辽市“‘鸿雁悦读’图书大漂流”国资系统启动仪式顺利召开	通辽市国有资产监督管理委员会	微信平台

续表

序号	时间	报道主题	媒体单位（版次 / 栏目）	媒体类型
106	2020 年 5 月 29 日	呼和浩特市新城区首家鸿雁书屋试开放啦	内蒙古晨报（网易号）	网站
107	2020 年 5 月 29 日	青山区启动“鸿雁悦读”计划 三年让 10000 本书完成“旅行”	包头广播电视台	微信平台
108	2020 年 6 月 1 日	【鸿雁悦读】“书香校园 再添新香”——光荣道小学庆“六一”主题队日活动	青山区光荣道小学（搜狐号）	网站
109	2020 年 6 月 1 日	额济纳旗举办 2020 年“爱心圆梦”微心愿暨“鸿雁悦读”进校园主题活动	中国额济纳	微信平台
110	2020 年 6 月 2 日	“鸿雁悦读”，书香校园——青山区鸿雁悦读计划走进校园	青山人青山事（中共包头市青山区委宣传部）	微信平台
111	2020 年 6 月 3 日	青山区“鸿雁悦读”计划走进校园——鸿雁悦读，书香校园	包头文明网	网站
112	2020 年 6 月 4 日	2020 年“爱心圆梦”微心愿暨“鸿雁悦读”进校园主题活动	额济纳旗广播电视台	网站
113	2020 年 6 月 17 日	你阅读我买单！“鸿雁悦读”计划请您免费读书	东乌珠穆沁旗宣传平台	微信平台
114	2020 年 7 月 3 日	“鸿雁悦读”服务活动又增加合作书店	阿拉善盟图书馆	网站
115	2020 年 7 月 21 日	“鸿雁悦读”图书馆暨和林格尔县图书馆税务局分馆揭牌仪式举行	e 线图情	网站
116	2020 年 7 月 24 日	呼和浩特：鸿雁书房服务读者不打烊	光明网、金台资讯（百度号）、潇湘晨报（百度号）	网站
117	2020 年 8 月 6 日	【先锋·新时代文明实践】“鸿雁悦读”计划“强势”来袭！	先锋 i 党建	微信平台
118	2020 年 9 月 8 日	2020 年巴彦淖尔市“鸿雁悦读”系列活动正式启动！	巴彦淖尔文旅广电（搜狐号）	网站
119	2020 年 9 月 11 日	呼和浩特市图书馆加强鸿雁书房巡查管理	潇湘晨报（百度号）	网站
120	2020 年 9 月 27 日	用声音传递力量，为抗疫助力加油——市图书馆面向市民开展主题朗读活动	《呼和浩特晚报》第 4 版	报纸

续表

序号	时间	报道主题	媒体单位（版次 / 栏目）	媒体类型
121	2020 年 9 月 27 日	呼和浩特市举办首届“鸿雁杯”青少儿公益诵读比赛	内蒙古融媒网	网站
122	2020 年 9 月 27 日	首届“鸿雁杯”青少儿公益诵读比赛复赛成功落幕	北方网头条、都市观察（搜狐号）、东方资讯、上游新闻、新浪网、网易新闻、澎湃新闻	网站
123	2020 年 10 月 10 日	首届“鸿雁杯”青少儿公益诵读比赛开赛	直通首府	电视
124	2020 年 10 月 12 日	首府举办首届“鸿雁杯”青少儿公益诵读比赛	潇湘晨报官方百家号、正北方网	网站
125	2020 年 10 月 12 日	首府举办首届“鸿雁杯”青少儿公益诵读比赛	《呼和浩特晚报》第 3 版	报纸
126	2020 年 10 月 12 日	首届“鸿雁杯”青少儿公益诵读比赛开赛	青城眼	电视
127	2020 年 10 月 17 日	爱上诵读！呼市 16 名小选手厉害了！	新华融媒、网易新闻、教育信息速报、搜狐网、极目新闻、澎湃新闻	网站
128	2020 年 10 月 18 日	首届“鸿雁杯”青少儿公益诵读比赛圆满落幕	青城眼	电视
129	2020 年 10 月 23 日	鸿雁书房让首府市民爱上阅读	环京津网（百度号）、潇湘晨报（百度号）	网站
130	2020 年 10 月 30 日	蒙古文 | 扎鲁特旗“鸿雁悦读”图书漂流活动启动仪式举行	扎鲁特宣传	微信平台
131	2020 年 11 月 3 日	我市启动 2020 年草原阅读季全民阅读系列活动	《呼和浩特日报》第 5 版	报纸
132	2020 年 11 月 5 日	青城文化讲坛:《感动鸭绿江》——CCTV7 抗美援朝特别节目总撰稿人萨苏讲述志愿军老兵的故事	中旗网	网站
133	2020 年 11 月 17 日	“鸿雁悦读”：3 年内 30 万市民受益	《呼和浩特晚报》官方微信平台	微信平台
134	2020 年 11 月 17 日	3 年内 30 万市民受益“鸿雁悦读”成为首府文化餐	正北方网	网站
135	2020 年 11 月 18 日	“鸿雁悦读”：3 年内 30 万市民受益！	呼包鄂乌协同发展服务中心	微信平台

续表

序号	时间	报道主题	媒体单位（版次/栏目）	媒体类型
136	2020年11月19日	3年内30万市民受益“鸿雁悦读”成为呼和浩特文化餐	《内蒙古日报》（百度号）	网站
137	2020年11月20日	书香满青城“鸿雁悦读”让30余万人受益	呼和浩特新闻网、新浪网	网站
138	2020年12月1日	鸿雁书房有了新分馆 一起体验阅读乐趣	正北方网（百度号）	网站
139	2020年12月1日	呼和浩特市图书馆参加国家公共服务体系示范区公共图书馆创新发展研讨会	内蒙古自治区文化和旅游厅	网站
140	2020年12月2日	“鸿雁悦青城”经验获专家学者首肯	《呼和浩特日报》	网站
141	2020年12月11日	“绿色书签行动——‘鸿雁悦读’送书进校园”走进通辽市蒙古族幼儿园	文明通辽	微信平台
142	2020年12月16日	【鸿雁悦读】“你荐书，我买单”	内蒙古新华书店	微信平台
143	2020年12月24日	市委宣传部联合新华书店开展“鸿雁悦读、流动书屋”赠书活动	根河发布（百度号）	网站
144	2020年12月29日	市人大常委会机关举行“悦读屋”——“‘鸿雁悦读’呼和浩特图书馆分馆”揭牌仪式	首府人大	微信平台
145	2020年12月30日	“鸿雁悦读”丨青城书香满溢 今年你读了几本书?	壮美内蒙古v亮丽风景线	微信平台
146	2021年1月8日	阿拉善盟四项举措合力推进“鸿雁悦读”服务活动延伸公共文化服务终端	内蒙古自治区文化和旅游厅、文旅阿拉善	网站、微信平台
147	2021年1月15日	“鸿雁悦读”，延伸公共文化服务终端	今日阿拉善	微信平台
148	2021年1月22日	阿盟大力推进“鸿雁悦读”服务活动解决居民阅读“最后一公里”问题	正北方网、网易、e线图情	网站
149	2021年2月4日	陈旗举办铸牢中华民族共同体意识“鸿雁悦读”进机关启动仪式	呼伦贝尔蒙古语广播	微信平台
150	2021年2月24日	“鸿雁悦读”计划 提升公共文化服务	阿拉善广播电视台	微信平台

续表

序号	时间	报道主题	媒体单位（版次 / 栏目）	媒体类型
151	2021 年 3 月 3 日	呼和浩特市图书馆鸿雁书房（各分馆）位置	呼和浩特本地宝	网站
152	2021 年 3 月 7 日	呼和浩特各鸿雁书房恢复开放	正北方网	网站
153	2021 年 3 月 11 日	自治区党委宣传部戚向阳一行对我市“草原书屋”和“鸿雁悦读”一体化建设开展督查调研指导	呼和浩特市文化旅游广电局	微信平台
154	2021 年 3 月 25 日	书香中国文化基金呼和浩特公益行 鸿雁数字悦读进校园	人民网、呼和浩特市人民政府、呼和浩特市文化旅游广电局、呼和浩特新闻网、内蒙古融媒网（搜狐号）	网站
155	2021 年 4 月 1 日	又一座鸿雁示范书屋揭牌 呼和浩特市已建成鸿雁书屋及分馆 145 座	呼和浩特新闻网、网易	网站
156	2021 年 4 月 1 日	体育场鸿雁书房启动	内蒙古频道（视频号）	微信平台
157	2021 年 4 月 1 日	让阅读更方便！呼和浩特市又新建了两个鸿雁书屋	腾格里新闻	手机客户端
158	2021 年 4 月 1 日	书香世界 溢满青城：鸿雁示范书屋仪式在呼和浩特体育馆举行	凤凰新闻	手机客户端
159	2021 年 4 月 1 日	呼和浩特市图书馆举行强军书屋揭牌仪式及体育场鸿雁示范书屋启动仪式	呼和浩特本地手册（搜狐号）	网站
160	2021 年 4 月 1 日	武警呼和浩特支队强军书屋揭牌	新浪网	网站
161	2021 年 4 月 1 日	书香世界，军民共建：武警呼和浩特支队“强军书屋”正式启动	北国风光杂志（网易号）	网站
162	2021 年 4 月 1 日	又一座鸿雁示范书屋揭牌 呼和浩特市已建成鸿雁书屋及分馆 145 座	呼和浩特新闻网	微信平台
163	2021 年 4 月 1 日	军民共建共享，武警呼和浩特支队强军书屋正式启动	内蒙古融媒网	微信平台

续表

序号	时间	报道主题	媒体单位（版次 / 栏目）	媒体类型
164	2021 年 4 月 2 日	呼和浩特市图书馆举行强军书屋揭牌仪式及体育场鸿雁示范书屋启动仪式	内蒙古自治区文化和旅游厅	网站
165	2021 年 4 月 2 日	今日，又一鸿雁示范书屋启动	新华融媒新消费（百度号）	网站
166	2021 年 4 月 2 日	呼和浩特启动鸿雁示范书屋	文旅中国（百度号）	网站
167	2021 年 4 月 2 日	书香世界，军民共建：武警呼和浩特支队“强军书屋”正式启动	北国风光文化旅游（搜狐号）	网站
168	2021 年 4 月 2 日	建成鸿雁书屋及分馆 145 座 呼和浩特市构建 30 分钟公共阅读服务圈	正北方（企鹅号）	网站
169	2021 年 4 月 8 日	呼和浩特市图书馆图书流动车“公交服务模式”停靠兴康社区站点开展流动服务	内蒙古自治区文化和旅游厅	网站
170	2021 年 4 月 10 日	直播——体育场鸿雁书房举办小嘎鲁活动	内蒙古电视台《新闻天天看》栏目	电视
171	2021 年 4 月 12 日	体育场鸿雁书屋举办“阅趣小嘎鲁”少儿悦读活动	呼和浩特市人民政府	网站
172	2021 年 4 月 13 日	呼和浩特市体育场鸿雁书屋举办“阅趣小嘎鲁”少儿悦读活动	内蒙古自治区文化和旅游厅	网站
173	2021 年 4 月 14 日	乐享阅读	《北方新报》第 3 版	报纸
174	2021 年 4 月 17 日	“心怀国之大者 传诵百年荣光”读书演讲诵读活动征集作品	《呼和浩特晚报》第 4 版	报纸
175	2021 年 4 月 17 日	“鸿雁悦读”让读书成为习惯	新浪网、呼和浩特新闻网	网站
176	2021 年 4 月 17 日	“鸿雁悦读”让读书成为习惯	《呼和浩特晚报》第 4 版	报纸
177	2021 年 4 月 18 日	服务优化科技加持“鸿雁悦读”让您“悦读”	青成眼	微信平台
178	2021 年 4 月 19 日	内蒙古网红打卡地 丨 呼和浩特体育场鸿雁书屋	新浪内蒙古	网站

续表

序号	时间	报道主题	媒体单位（版次 / 栏目）	媒体类型
179	2021 年 4 月 22 日	呼和浩特市图书馆迎来“敕勒川阅读季”	《北方新报》第 3 版	报纸
180	2021 年 4 月 22 日	“敕勒川阅读季”来袭	《呼和浩特晚报》第 2 版	报纸
181	2021 年 4 月 23 日	2021 年世界读书日活动暨师大附二中鸿雁书屋揭牌仪式	呼和浩特本地手册（搜狐号）	网站
182	2021 年 4 月 23 日	让阅读成为一种生活方式	《呼和浩特日报》第 8 版	报纸
183	2021 年 4 月 23 日	诵读红色经典 传承红色基因	内蒙古新闻网	网站
184	2021 年 4 月 23 日	世界读书日：呼和浩特市图书馆开启“敕勒川阅读季”	内蒙古自治区文化和旅游厅	网站
185	2021 年 4 月 23 日	呼和浩特市图书馆推出“敕勒川阅读季”活动	《呼和浩特日报》第 5 版	报纸
186	2021 年 4 月 23 日	“阅读红色经典 点亮爱党红心”——师大二附中鸿雁书屋揭牌	内蒙古晨报（网易号）	网站
187	2021 年 4 月 23 日	鸿雁书屋进校园 足不出校悦群书	直通首府	微信平台
188	2021 年 4 月 23 日	阅读红色经典 点亮爱党红心	呼和浩特新闻网视频号	微信平台
189	2021 年 4 月 23 日	师大附二中鸿雁书房启动	内蒙古自治区文化和旅游厅	网站
190	2021 年 4 月 23 日	呼市图书馆第一家中学鸿雁校园书屋启动	内蒙古大公网	网站
191	2021 年 4 月 23 日	半小时，你与书店的距离	内蒙古新闻广播	网站
192	2021 年 4 月 24 日	打造就近阅读圈鸿雁书房飞到居民家门口	新浪网、呼和浩特新闻网、潇湘晨报	网站
193	2021 年 4 月 24 日	2021 年敕勒川阅读季拉开序幕	《呼和浩特日报》第 2 版	报纸
194	2021 年 4 月 24 日	呼和浩特市图书馆师大二附中分馆鸿雁书屋揭牌	《呼和浩特晚报》第 3 版	报纸

续表

序号	时间	报道主题	媒体单位（版次 / 栏目）	媒体类型
195	2021 年 4 月 25 日	呼和浩特市图书馆师大二附中分馆鸿雁书屋揭牌	潇湘晨报（百度号）、今日头条	网站
196	2021 年 4 月 25 日	呼和浩特市图书馆分馆揭牌仪式举行	文化和旅游部	网站
197	2021 年 4 月 27 日	科左中旗举行“‘鸿雁悦读’图书大漂流”启动仪式	神圣达尔罕	微信平台
198	2021 年 5 月 24 日	呼和浩特市：馥郁书香飘满城	人民资讯（百度号）	网站
199	2021 年 5 月 26 日	我为群众办实事丨体育场鸿雁书屋主题党日活动	草原古都生活宝典（搜狐号）	网站
200	2021 年 5 月 27 日	全国人大立法调研组实地调研呼和浩特市体育场鸿雁书屋	内蒙古自治区文化和旅游厅、e 线图情	网站
201	2021 年 5 月 27 日	全国人大立法调研组实地调研呼和浩特市体育场鸿雁书屋	呼和浩特市文化旅游广电局	微信平台
202	2021 年 5 月 31 日	“书香中国文化基金呼和浩特——鸿雁数字悦读进校园”捐赠仪式	呼和浩特市文化新闻出版广电局、《北国风光杂志》（网易号）	网站、微信平台
203	2021 年 6 月 6 日	书香中国文化基金呼和浩特公益行——鸿雁数字悦读进校园捐赠仪式举行	内蒙古新闻网	网站
204	2021 年 6 月 9 日	央视名嘴刘栋栋与明星乌兰图雅联袂推介“呼和浩特鸿雁书屋”	呼和浩特市文化旅游广电局	微信平台
205	2021 年 6 月 11 日	央视名嘴刘栋栋与明星乌兰图雅联袂推介“呼和浩特鸿雁书屋”	二三里客户端（企鹅号）	网站
206	2021 年 6 月 11 日	走进鸿雁书房“静”享阅读乐趣	潇湘晨报（百度号）	网站
207	2021 年 6 月 11 日	呼和浩特市图书馆体育场鸿雁示范书屋	新浪内蒙古	网站
208	2021 年 6 月 17 日	呼和浩特市图书馆图书流动车走进贝尔路小学北校区少年宫	内蒙古自治区文化和旅游厅	网站
209	2021 年 6 月 30 日	我县举办“大手拉小手·永远跟党走”“鸿雁悦读”图书漂流活动启动仪式	风采卓资	微信平台

续表

序号	时间	报道主题	媒体单位（版次 / 栏目）	媒体类型
210	2021 年 7 月 1 日	卓资县举办“大手拉小手・永远跟党走”“鸿雁悦读”图书漂流活动启动仪式	乌兰察布扫黄打非	微信平台
211	2021 年 7 月 14 日	呼和浩特市图书馆图书流动车“公交服务模式”停靠后桃花村站点开展流动服务	内蒙古自治区文化和旅游厅	网站

后 记

“鸿雁悦读”计划是呼和浩特市文化旅游广电局在内蒙古自治区党委宣传部支持下，借鉴内蒙古自治区图书馆“彩云服务”经验，指导呼和浩特市图书馆推出的公共文化服务创新品牌项目，旨在解决地域辽阔，分馆覆盖率低，图书馆服务获取成本高、新书获取时间长等问题，是呼和浩特市创建国家公共文化服务体系示范区过程中，着力打造的具有地方特色又具有一般指导意义的公共文化服务体系建设模式——呼和浩特模式的核心品牌。经过近四年的持续培育，“鸿雁悦读”已经成为具有相当影响的公共文化服务品牌，在书香呼和浩特建设过程中发挥了积极作用，并逐步在内蒙古自治区全区进行推广，这是很难得的。

“鸿雁悦读”计划未来如何更上一层楼？在城市阅读品牌战略高度上对“鸿雁悦读”计划进行定位将对其高质量发展起到积极作用。城市阅读品牌对于推动公共文化服务体系建设，对于塑造城市文化品格和特色，对于宣传和扩大城市影响力，对于增强城市乃至国家文化软实力、坚定文化自信具有积极的作用和意义。在城市阅读品牌打造过程中，政府主导、统筹发展，整合政府资源、公共文化服务机构资源和社会力量资源共同推动城市阅读品牌发展大有可为，对于文化、宣传、广电、图书馆、出版、发行、文创全业务链条发展都有积极带动作用。

本书的研究的目的，一方面是对“鸿雁悦读”计划进行阶段性总结，提炼其创新亮点，分析其存在的问题，为下一步工作开展提供思路；另一方面也希望为我国公共文化服务工作高质量发展提供参考和借鉴。

由于编著者水平有限，本书难免存在着诸多不足，敬请读者朋友批评指正！

刘锦山

2021 年 11 月 18 日